VERGEEF ME, IK WIST N

Anna Reynolds

Vergeef me, ik wist niet wat ik deed

UITGEVERIJ M & P – WEERT

Oorspronkelijke titel
Tightrope
Uitgave
Sidgwick & Jackson, Londen

Vertaling
J.A. Westerweel-Ybema
Omslagontwerp
Sjef Nix

ISBN 90 6590 582 0 CIP NUGI 661

Dit boek draag ik op aan Chrissie
die zo dapper en goed is
en die veel meer verdient
dan een aan haar opgedragen boek

Dankwoord

Er zijn zoveel personen die ik hier zou kunnen noemen: mijn dank aan Pam, voor alles; aan Ken en Jo, omdat ze er altijd wáren; aan Debb, Paul, Chris, Cyril en Davey, voor hun bijdragen; aan Maggie en Linda, die boven alle lof verheven zijn; aan Graham, omdat hij – ondanks zijn beroep – zo meeleefde; aan Andy W., die een deel van het verdriet met mij deelde; aan dr. Dalton, voor haar voortdurende campagne; aan Roy, die me steeds heeft verdragen; aan Judith en Jonathan en alle anderen die actie voerden en zo ingespannen en met succes hebben gestreden; aan Jude, die vaak knarsetandde en me pratend door de moeilijke perioden hielp; aan Donna en al haar zusters die – ondanks hun eigen ellende – mij kracht schonken; aan zuster Austin, voor haar aanhoudende werk in de gevangenis en omdat ze altijd opnieuw hoop en uitzicht uitstraalde; aan alle mensen die ik tijdens mijn beproeving heb ontmoet en die me iets van zichzelf meegaven; aan Henry en de andere twee, voor hun troost en liefde; aan al mijn vrienden die tijdens het schrijven van dit boek met me zijn opgetrokken; aan Susan, voor haar intuïtie bij het persklaar maken van dit boek; aan Lucinda, die erin geloofde; en ten slotte aan de man van wie ik houd en die me onbaatzuchtig door het ergste heen heeft geholpen en mijn hand heeft vastgehouden totdat we het beste vonden.

Proloog

Op de laatste zittingsdag scheen de zon, hoewel ik er nauwelijks iets van merkte. Het kon me ook niet schelen. Er was geen wolkje te zien en mijn bewaaksters trokken hun dikke wollen jasjes uit en veegden hun rode, bezwete gezichten af. Ze keken me aan, nieuwsgierig en bereid tot medeleven. Ik antwoordde op vlakke toon en met eenlettergrepige woorden op hun beleefde opmerkingen.

We waren er binnen heel korte tijd – dit keer geen enkel oponthoud of een verkeerd adres. Het gebouw leek weer net zo groot en indrukwekkend als altijd. Ik rilde en keek omhoog, heel hoog tot het punt waar het steen plaats maakte voor de hemel erboven. Ik stapte als laatste uit en gaf antwoord op de gebruikelijke nutteloze vragen die mijn begeleidster me stelde, en verliet het voertuig. Plotseling knikten mijn knieën en het koude zweet brak me uit op een huid die niet meer aan buitenlucht gewend was.

De anderen stonden in groepjes om me heen en keken me af en toe van terzijde bezorgd aan. Ik had het idee dat ik ze door besmeurd matglas zag. Ik voelde me misselijk. Ze kwamen op me toe en ik stond onvast op mijn benen, maar ik wilde geen scène veroorzaken. Er was nu geen terug meer. Ik had de raderen die mijn lot voortstuwden in beweging gebracht en ze hadden me na een kringloop van twee jaar teruggebracht in de maand van de geboorte van Alex, de lente, het seizoen van nieuw leven en hoop, de tijd van hernieuwing. En ik liep voorwaarts.

Hoofdstuk een

Op vrijdag, vrijdag de dertiende, vatte de rechter in een neutrale, hoogdravende en langdradige speech de zaak samen terwijl de ogen van sommige juryleden glazig voor zich uit begonnen te staren. Omstreeks tien uur verliet de jury de zaal. Op die laatste dag mocht ik merkwaardigerwijze vrij rondlopen, maar moest wel binnen de muren van het gerechtsgebouw blijven. Daarvóór was ik steeds naar de cellen beneden gebracht om daar te wachten totdat de zitting werd hervat. Nu, op de laatste dag, de ergste, de spannendste, kreeg ik enige vrijheid. Ik drentelde naar de wachtkamer achter de rechtszaal, voelde me ellendig en ging op de rand van een tafel zitten. Het wachten zou wel eens lang kunnen gaan duren. De verpleegster en de twee reclasseringsambtenaren die me gezelschap hielden, deden dappere pogingen om te voorkomen dat ik me in de nesten zou werken, op de manier waarop je probeert een kind bezig te houden. Ze brachten me koffie, snoep, tijdschriften en kranten. Ze probeerden me te interesseren voor de modepagina's en de kruiswoordpuzzel, praatten over het weer, hoe het er voor het weekend uitzag, over sport. Eigenlijk irriteerde hun gebabbel me, hoewel de gesprekjes in mijn belang werden gevoerd. Op een gegeven ogenblik liep de rechter door de wachtkamer, ergens naar toe, gevolgd door een gehaaste klerk. Dit beeld van strak aangehouden ceremonieel paste niet goed bij het informele vertrek waar ik en de rechercheurs rusteloos rondhingen. De lucht hing vol rook. De rechter bekeek me aandachtig en probeerde zich vermoedelijk te herinneren wie ik was.

De tijd verstreek ondraaglijk langzaam onder een stolp van verveling. Ik wist wat er zou gebeuren, en nu dit – het wachten op een vonnis, de veroordeling – het was allemaal slechts een formaliteit. Ik verlangde naar de veiligheid en onvermijdelijke chaos van de vrouwengevangenis in Holloway. Op dat ogenblik vond ik alles beter dan de eenzaamheid en de angst van het ziekenhuis.

Omstreeks elf uur keerde de jury terug, maar had meer instructies nodig. Daarna dromden we weer allemaal naar buiten. Ik voelde me nu al dodelijk vermoeid. De klok tikte veel te luid en even ergerde ik me mateloos aan die lelijke, plastic wijzerplaat. Vóór één uur kwamen de juryleden nog twee keer terug, waarna de rechter aankondigde dat de zitting tot na de lunch zou worden geschorst.

Na de lunch – niet voor mij, mijn maag draaide al misselijk makend in me om – was de jury nog maar nauwelijks terug of ze vroegen de rechter of deze een meerderheidsuitspraak van 10-2 of minder zou accepteren. Hij gromde zijn toestemming en ze verdwenen opnieuw. Iedereen hield nu scherp de klok in de gaten, want ze voelden aankomen dat hun weekend de mist in ging.

Omstreeks halfvijf kwamen ze met een laatste vraag, maar nu waren ze binnen een half uur terug en op hun gezicht was besluitvaardigheid te lezen – ik wist het al. Alle anderen namen aan dat dit inhield dat ze tot een veroordeling wegens doodslag waren gekomen in plaats van over te gaan tot een riskant vonnis. Roy boog zich voorover en vroeg geluidloos: 'Alles in orde?' Ik knikte lusteloos.

De reclasseringsambtenaar zei: 'Alles komt in orde, meisje. Dat zei ik je toch?'

Het deed er weinig toe wat hij me zei. Er was maar één ding dat nog gezegd kon worden, en één persoon die het moest zeggen. Ik stond volgens voorschrift op om het vonnis aan te horen.

De voorzitster van de jury stond op en zei met een heldere, duidelijke stem: 'Schuldig.' Iederen in de zaal luisterde er geschokt en in doodse stilte naar, maar ik schrok niet.

De volgende minuten gingen in een waas voorbij totdat ik een ambtenaar naast me fluisterend hoorde vragen of ik soms ging flauwvallen? 'Nee, nee,' antwoordde ik. Toen zei de rechter dat het hem speet, maar gezien de uitspraak had hij geen andere keus dan me te veroordelen tot levenslange gevangenisstraf; dat was de enige straf die bij dit vonnis paste.

Achter me op de galerij hoorde ik iemand zacht geschokt snikken, maar ik kon me niet omdraaien. Ik moest nu al mijn bewegingen zorgvuldig beperken om zo de nodige energie op te brengen. Ik werd snel naar de cellen beneden gebracht en moest daar vast formulieren met de nodige gegevens invullen om als we aankwamen tijd te sparen. Roy, de advocaat, en de politiearts kwamen me beneden opzoeken, maar ik had hun niets te zeggen. Alleen enige woorden van troost voor Roy die zo geschrokken en in de war was als ík eigenlijk had moeten zijn. Ik bedankte hem houterig voordat ik naar het busje werd gebracht dat me naar Londen zou brengen.

Het was donker buiten, dat zag ik nog vaag. Ik zag verschillende dingen in een glimp; de juryleden die snel naar hun auto liepen, blij de rechtszitting achter de rug te hebben en naar wachtende echtgenoten of vrouwen te kunnen gaan die met het eten klaar zaten. Ik voelde de al lang in me opgespaarde vermoeidheid zich verspreiden tot in al mijn botten; ik kon zelfs niet goed meer denken. Ik keek naar de neonlichten die het busje binnen flitsten toen we snel door Archway reden, over de Holloway Road, om de kerk heen, naar huis. Naar huis...

De beambte die me opving bij de receptie, vertelde me dat ik een shock had. 'Arme ziel, je bent in shock. Waarom hebben ze je in 's hemelsnaam levenslang gegeven?' Ik schudde mijn hoofd en kon geen woord uitbrengen. Ik bleef in de hal staan terwijl een beambte mijn gegevens opnam, een ander me een ruwe, harige ochtendjas bracht die betere tijden had gekend, en weer een andere me opdracht gaf me helemaal uit te kleden en het kledingstuk aan te trekken. Al die procedures waren bekend en ik kon ze ondergaan zonder erbij na te denken. Daarna werd ik gefouilleerd, gebaad en van een nummer voorzien, de gevangenisarts keek me even aan en schreef me een voorraad slaappillen van een week voor.

Algauw werd ik naar een eenpersoonscel boven in de ziekenafdeling gebracht, waar ik die eerste nacht moest blijven. De deur sloeg achter me dicht en ik ging op de keiharde matras zitten, dankbaar dat die niet meegaf. Ik had geen zin om te gaan slapen en verlangde er ook niet naar dat het gauw weer licht zou worden. Die eerste nacht bracht ik door met beurtelings tussen de tralies door te staren en in het celletje rond te lopen om maar niet te hoeven denken. Gedachten zouden alleen maar tranen meebrengen, onbegrip, verdriet, en in de door mijzelf opgetrokken gevangenis was geen plaats voor dergelijke gevoelens. Alles was naargeestig, en alles was verdriet, en toch hielden dat verdriet en die pijn me op de been; ze waren scherp en fel en prikten me in mijn ziel. Ze gaven me iets om me aan vast te houden, om me in op te rollen en tegen me aan te drukken. Dat was van mij. Ik had het gevoel dat alles grauw was, ik was ergens beland waar alles slechts één kleur had, maar zonder enige nuance van licht of schaduw. Ik schuwde het licht, licht dat scheen op mijn bundel ellende, schaamte, angst en afschuw van het wezen dat ik nu was. De duisternis was zo dicht, zo volkomen dat hij me omhulde en opslokte. Het was een opluchting en ik liet de tranen stilletjes over mijn gezicht en in de kraag van mijn stijf gesteven nachtjapon rollen, om in de nacht te verdwijnen.

Hoofdstuk twee

Mijn grootmoeder was afkomstig van de westkust van Ierland en had zich gevestigd in het plaatsje Kenilworth in Warwickshire. Intussen was ze met mijn grootvader getrouwd, een man van wie ik niets af weet, behalve dat hij zelden iets zei. Binnen zeer korte tijd hadden ze vijf kinderen op de wereld gezet: Michael, Patrick, Josephine, Margaret en Elizabeth – mijn moeder, die in 1925 was geboren. Mijn grootmoeder was een vurig kerkgangster en nam haar tegenstribbelende kinderen elke zondagochtend vroeg zonder mankeren mee naar de mis, en daar mocht vrijwel niets tussenkomen – afgezien van een sterfgeval natuurlijk, dat gevolgd werd door een degelijke Iers-katholieke dodenwake en begrafenis. Ze was een nogal felle vrouw, emotioneel en wispelturig; bovendien erg opvliegend, maar haar boze buien waren snel voorbij en vergeten. Dan begreep ze absoluut niet waarom haar kinderen in een hoek van de kamer waren weggekropen en hun hoofd hadden gebogen uit angst door een of ander rondvliegend voorwerp te worden getroffen. Ze zei altijd dat ze weekhartig kon zijn als dat nodig was. Ze was een sluw wijfje, en het verschil tussen haar en de kinderen was fascinerend. Mijn moeder, bijvoorbeeld, kon nooit zo snel van humeur veranderen als oma.

Daar zij de oudste dochter was, was het vanzelfsprekend dat mijn moeder de verantwoordelijkheid voor het gezin Glaswell overnam toen de twee jongens in 1939 ten oorlog waren getrokken. De hele oorlog door werkte ze in het nabijgelegen Coventry als secretaresse en cheffin van het kantoor van een grote autofirma. Ze gaf bijna haar hele karige loontje aan haar moeder, maar later, toen haar zusters volwassen waren, hoefden zíj dat niet te doen. Dat verbitterde haar, maar als een goed katholieke dochter liet ze daar niets van merken. De drie zusters, die qua leeftijd maar een paar jaar verschilden, verschilden qua opvatting en instelling hemelsbreed van elkaar. Het is bijna ondoenlijk een beeld van mijn moeder in haar jeugd te schetsen, want toen kende ik haar natuurlijk niet, maar we spraken zo vaak over haar jeugd en brachten zo veel avonden door met mijmeren over de eigenaardigheden in haar familie, dat haar gevoeligheid ten aanzien van vroegere kwetsuren me even diep roerde als had ik het allemaal zelf meebeleefd.

Mijn moeder had bij haar geboorte een rusteloze geest meegekregen, en ze wist eigenlijk nooit precies wat ze wilde – maar ze wilde het in ieder geval beter hebben. Ze verlangde er vurig naar haar status in het leven te verbeteren. Ik wist wel ongeveer welke verlangens ze ooit moest hebben gehad en verdrongen; ze had zich willen losmaken uit het arbeidersmilieu waarin ze geboren was, dat haar had verbitterd en haar aangezet had erbovenuit te willen komen, naar het milieu waarvan ze voelde dat ze erin thuishoorde – de zegeningen van de middenstand, de bourgeoisie. Maar die gedachten werden nooit geuit, het bleven wensdromen.

Ze vertelde me dat ze wel dacht dat ze een man en kinderen wilde hebben. Elke vrouw hoorde dat toch te willen? Maar verder brachten haar dromen haar niet, ze verdorden met nog slechts de vage geur van de hoop en wensen uit het verleden, scherven van vervlogen illusies. Ze verschilde in zoverre van haar leeftijdgenoten dat ze niet zo maar genoegen nam met wat haar moeder en haar moeders moeder als vanzelfsprekend hadden aangenomen – het idee alleen te bestaan als verlengstuk van een man, altijd een dochter, een echtgenote, een moeder te zijn en nooit zelf een vrouw met eigen gedachten en rechten, een vrouw met dromen en hoop en idealen en doelstellingen. Ze wist dat er iets meer moest bestaan, maar kreeg nooit de kans dat te bereiken. Of misschien was ze er ook bang voor.

Toen ze op haar vijftiende van school kwam en aan het werk ging, ontdekte ze dat ze kon organiseren en op de plek waar ze werkte verantwoordelijkheden op zich durfde nemen. Ze wierp alle angsten en teleurstellingen van thuis van zich af, ze stortte zich op haar werk en maakte zich onmisbaar. In die tijd waren er niet voldoende mannen en veel vrouwen, ook mijn moeder, begonnen te beseffen welke mogelijkheden ze hadden. Ze beseften dat ze zakenvrouw konden worden, of een leidinggevende functie bekleden. Ze waren opgevoed om de schaduw van hun moeder te worden,maar nu hadden ze een nieuwe en ontzagwekkende kans gekregen hun eigen lot te bepalen. Coventry was omdat het een industriestadje was, zwaar gebombardeerd, maar mijn moeder vond de oorlogsjaren niet angstig. Ze maakte zich geen zorgen. Voor haar was het een tijd van zelfontdekking, opwinding en onbegrensde mogelijkheden. Vaak zei ze vol heimwee dat het de beste tijd van haar leven was geweest. Het waren de enige jaren die haar geluk hadden gebracht.

In en rond Coventry waren duizenden GI's gelegerd, Amerikaanse soldaten, die misschien wel oversekst waren en te veel soldij ontvingen, waardoor ze bij hun Engelse rivalen bijzonder impopulair waren, maar ze waren ook erg leuk. Mijn moeder werd verliefd op een heel knappe Amerikaan die Bob heette en die op een filmster leek. Hij veroverde haar totaal met zijn charmante en voor een soldaat ongewoon ridderlijke manieren. Later vroeg ze zich vaak af hoe zo'n zachtaardige man het in de hitte van het gevecht had gered. Mijn moeder heeft nooit geweten of hij de oorlog had overleefd. Als kind keek ik naar de vergeelde maar fantastische foto's van hem en bewonderde zijn knappe uiterlijk. Ik vroeg me dan af of hij, als hij nog leefde, net zo zou zijn geworden als de vele Amerikanen die vaak in Stratford-on-Avon rondliepen met hun dikke billen in opzichtige geruite broeken. Mijn moeder probeerde op een romantische manier te ontsnappen aan de vreselijke banaliteit van haar leven als vrouw en moeder door 's avonds de verschillende kiekjes van Bob te bekijken en zich af te vragen wat er van hem was geworden.

Intussen ging het leven in oorlogstijd door in Kenilworth. Mijn moeder was nog steeds een maagdelijk, katholiek meisje – naïef, maar toch nuchter genoeg om te weten dat ze een goede en plichtsgetrouwe echtgenoot moest zoeken. En Amerikaanse militairen waren daarvoor absoluut niet geschikt, tenzij je het niet erg vond later in een armoedig optrekje ergens in de wildernis van Ohio terecht te komen, zoals sommige GI-bruiden was overkomen.

Pas na de oorlog ontmoette mijn moeder William Reynolds, de man met wie ze uiteindelijk zou trouwen. Hij kwam uit een arm maar fatsoenlijk arbeidersgezin in Birmingham. Toen zijn vader in de Eerste Wereldoorlog sneuvelde, bleef zijn moeder met vier jonge zoontjes achter die ze in haar eentje moest grootbrengen. Nadat de drie oudere broers waren getrouwd, waren Bill en zijn moeder ten slotte in Kenilworth komen wonen. Mevrouw Reynolds was niet bepaald de hartelijkste en liefste vrouw in mijn vaders leven, maar hij was erg loyaal en bleef tot zijn huwelijk bij zijn moeder.

Vanaf 1940 had hij bij de onderzeedienst gediend, waar hij had geleerd angsten als claustrofobie te overwinnen. Die ervaring moet, volgens mij, zoiets zijn geweest als het leven in een gevangeniscel – maar dan veel en veel erger, met die eeuwige dreiging van de dood in die bedompte lucht onder water. Mijn vader heeft daarbij de ziekte opgedaan waaraan hij zijn hele verdere leven zou lijden. Een stof die fosgeen wordt genoemd, een kleurloos giftig gas dat in onderzeeboten hing, zette zich af op de longen van heel wat bemanningsleden, net als asbest. Daardoor kreeg mijn vader een grauwe huidkleur en de blaffende hoest die hij nooit meer is kwijtgeraakt. De druk en spanning van het leven in een onderzeeboot putten hem totaal uit en joegen hem doodsangst aan – als die op hun hoogtepunt waren, kwam hij weer bij en scheen te teren op gedachten die diep in zijn hoofd nestelden. Hij trok vaak zulke diepe rimpels in zijn voorhoofd dat het leek of het ploegvoren waren en dan dacht ik dat hij pijn had, maar het waren alleen zijn ongrijpbare herinneringen.

Mijn vader en zijn kameraden uit de oorlog hadden, diep onder de blauwe zee en opgesloten in hun gevangenis onder water, het uiterste van hun uithoudingsvermogen moeten vergen. Op lange termijn was een van de resultaten daarvan voor mijn vader dat het aan zijn leven een zekere dwang gaf, een wanhoop die heel veel leek op het gevoel uit de gevangenis bevrijd te zijn. Hij scheen altijd angstig te wachten op de dag dat ze hem zijn vrijheid weer zouden ontnemen.

Na de oorlog kwam hij thuis, in leven, maar geestelijk vol littekens en lichamelijk een wrak. Voor de oorlog was hij monteur geweest, en nu ging hij dit werk weer doen bij een firma in de stad. Omdat hij zijn dagen doorbracht onder de grote druk van een lichamelijk zware baan, zocht hij een nieuw leven in de schilderkunst, wat een vreedzaam, bezadigd tegenwicht vormde.

Intussen ging mijn moeder zo af en toe nog weleens uit met mannen die uit de oorlog terugkwamen. Ze was in een echt arbeidersgezin opgegroeid, maar had meer aspiraties dan de meesten, gedreven als ze door armoede en schaamte was om uit het drijfzand los te komen waarin ze zich voelde wegzinken. Ze wilde zich dolgraag verheffen tot een middenstandsbestaan en gaf haar achtergrond de schuld van de banaliteit van haar leven. Ze was rusteloos en ongelukkig en wilde een man leren kennen die in staat zou zijn haar een leven te verschaffen in de sociale klasse waarvan zij vond dat ze er thuishoorde. Omstreeks die periode in haar leven, begin twintig, had ze verschillende keren een zenuwinstorting. Die waren ten dele het gevolg van de druk thuis met een snauwende, veeleisende moeder, broers en zusters die, volgens haar, egoïstisch waren, want ze zadelden haar op met de plichten voor de hele familie, ook de belangrijkste financiële lasten – maar haar geestelijke gezondheid had ook te lijden van het gebrek aan hoop dat haar leven ooit echt gelukkig zou worden.

Toen verscheen Bill, die een vrouw zocht. Hij was ongeduldig en wilde niet te lang wachten met het stichten van een gezin. Je hoeft geen psycholoog te zijn om te begrijpen waarom hij verlangde naar een nauw gezinsverband: hij had een trieste jeugd gehad, waarin hij mettertijd ging beseffen dat de oorlog hem zijn vader had ontnomen, wat zijn moeder enorm verbitterd en wrokkig had gemaakt. Tijdens zijn eigen oorlogsperiode had hij geen thuis gekend, niets of niemand gehad die echt bij hem hoorde. Nu had hij de kans daarin verandering te brengen en hij was vastbesloten dat te doen.

Hij was een heel knappe man, op een vreemde, intense manier. Hij leek stil, zwijgzaam zelfs, en had een somber en donker getint gezicht; groene ogen, net als ik, onder een zwaar gerimpeld voorhoofd, een lange rechte neus en die grauwe, gerimpelde huid die al zo verlept leek; dikke lippen en bijna wolfachtige tanden. Hij was heel mager en pezig na alle oorlogsontberingen, en hij omschreef zichzelf eens tegenover mij als 'behoorlijk versleten tweedehands goed'. Kortom, hij was het absolute tegenovergestelde van de propere en goedverzorgde Amerikaanse soldaat.

Mijn moeders air van waardigheid en ogenschijnlijke hooghartigheid intrigeerde hem; zij zag hem als de ridder die, als hij daartoe werd overgehaald, haar uit de werkelijkheid kon meenemen op zijn op benzine lopend ros (hij had destijds een motorfiets) en haar een beter leven kon bezorgen. Maar mijn vader dacht er anders over. Hij wilde een vrouw, en hij wilde dat die vrouw vrouwelijke dingen deed – eten koken, het huis schoonhouden en de huishoudknip beheren. Wat hij níet wenste was een vrouw die hem beschouwde als de katalysator om haar manier van leven te veranderen. Misschien hebben ze elkaar nooit verteld wat ieder voor zich van het huwelijk verwachtte.

Bill wilde geen werkende vrouw en in zeker opzicht kwam dat mijn moeder wel goed uit, want ze was niet zo erg ambitieus, ondanks haar duidelijke competentie in de zakenwereld. Wat ze meer dan iets anders wenste, was dat degene met wie ze trouwde haar uit haar eigen omgeving zou weghalen, naar een beter huis, een betere levensstandaard en een ander sociaal klimaat. Ze wilde uit Kenilworth weg, waar alle buren haar kenden en van alle schande in haar familie op de hoogte waren.

Ze begonnen een versnelde verkering, niet zozeer op basis van romantiek, hoewel er heel in het begin misschien wel zoiets in aanwezig was, maar meer uit noodzaak. Mijn vader wenste geen tijd te verspillen met het zoeken naar een vrouw, en mijn moeder begon eraan te twijfelen of ze haar ware Jacob nog wel zou vinden als ze nog langer bleef rondhangen. Zelfs zij moet zich gerealiseerd hebben dat ze in een kleine plaats slechts keus had uit een uiterst beperkt aantal mannen, en de meesten kende ze, door de kerk en de feestjes die via de kerk werden georganiseerd, al haar hele leven. Die feestjes waren uiterst keurige dansfeesten en andere partijtjes waarop geen alcohol werd geschonken. Het leek dus voor hen beiden de beste oplossing en zo werd hun lot bezegeld.

Ze trouwden en stonden prachtig op de trouwfoto's – mijn vader met een ernstige blik in zijn ogen, en mijn moeder bleek en peinzend door een waas van kant en bloesemranken kijkend. Maar pa ziet er oud uit, want de oorlogservaringen hadden blijvende lijnen van woede, teleurstelling en verdriet in zijn gezicht geslepen. Hij ziet er moe uit van al die drukte rond de huwelijksplechtigheid en schijnt niets op te hebben met al die opgeklopte vrolijkheid die nu eenmaal bij een bruiloft hoort. Mijn tantes poseren schutterig als bruidsmeisjes en voelen zich duidelijk niet op hun gemak in hun mooie kleren met hun lange tienerbenen. Mijn grootmoeder is het toppunt van Ierse onsterfelijkheid en haar zwijgzame man naast haar glimlacht vaag en goedmoedig naar de camera en verlangt er vermoedelijk naar gauw weer thuis te zitten met zijn pijp en zijn krant.

Niemand wist precies wat hij aan mijn vader had; hij was zo heel anders dan de familie Glasswell. Hij had niet de gewoonte elke gedachte, woord en daad te analyseren, zoals zijn aangetrouwde familie deed, en zat nooit aan de grote geboende houten tafel in de drukke keuken te vertellen hoe de wereld eigenlijk in elkaar zou moeten zitten. Hij had evenmin zin om uren achter elkaar over kunst, literatuur en filosofie te praten – misschien was de familie van mijn moeder naar haar idee niet zo chic maar aan geestelijk leven of cultuur ontbrak het ze niet. Pa had zijn eigen liefhebberijen en had geen behoefte om 'altijd maar te praten'. (Mijn grootvader was net zo en speelde het klaar te blijven zwijgen, zijn leven lang, te midden van een familie van vrouwen die eeuwig praatten.) Het huwelijk van mijn ouders was in de meest letterlijke zin van het woord gemengd, en was vrijwel vanaf het begin gedoemd te mislukken. Maar de partners vochten door en toonden de buitenwereld alleen de zoete, zonnige buitenkant.

Mijn vader bracht zijn leven door tussen werk en kunst. Hij vond evenveel bevrediging in zijn baan als monteur, die zichtbare resultaten opleverde, als in zijn schilderkunst – al klinkt dat misschien een beetje neerbuigend. Maar het is nooit zijn bedoeling geweest – en hij heeft het zeker niet gewild – dat zijn schilderijen hem beroemd zouden maken of hem geld zouden opleveren; hij wilde er alleen maar plezier aan blijven beleven en ze blijven zien als de bron van ontspanning die hij erin gevonden had. Hij schilderde mijn moeder, en later mij, een lachend hummeltje met gouden krullen in een blauwe strookjesjurk. Op een zeker ogenblik voelde hij dat hij techniek miste en gaf zich op voor een schildercursus bij de plaatselijke bibliotheek. Dat was geen succes. Op een avond zat hij sprakeloos en verbaasd te luisteren toen de leraar een bandje met jazzmuziek opzette en de klas aanspoorde 'jullie penselen te bewegen op de inspiratie die de muziek je geeft'. Pa liep het lokaal uit en is er nooit meer heen gegaan.

Hij legde zichzelf nu taken op, leerde hoe hij met olieverf moest omgaan, hoe hij met houtskool moest schetsen en hoe hij pasteltekeningen moest maken. Met wat hij opstak van het werk van de impressionisten probeerde hij de schilderijen van Renoir, Monet en Manet te evenaren, zo prachtig vond hij de japonnen van de vrouwen, de kleuren van de Titiaan-rode lokken van de vrouwen bij Renoir en de spelingen van licht en schaduw die de impressionistische doeken tot leven brachten.

Het is mogelijk dat mijn vader – omdat ik zo laat in zijn huwelijk werd geboren – zijn schilderijen als zijn kinderen beschouwde. Ik weet niet eens of hij wel naar een kind verlangde. Hij was niet het soort man dat wanhopig naar een zoon uitzag; er was geen Reynolds-dynastie. Hij was ook geen emotioneel of overgevoelig mens. Net als mijn moeder was hij uiterst gereserveerd; hij hield niet van zoenen en omhelzen in het openbaar en wist ook eigenlijk niet hoe hij zijn liefde voor mij tot uiting moest brengen; toch hield hij van me op zijn eigen vage en afstandelijke manier die niet minder was omdát die vaag was.

Lang heb ik mezelf gekweld met de mogelijkheid dat ik misschien wel geadopteerd was – mijn ouders leken soms zo onzeker hoe ze zich tegenover mij moesten gedragen, alsof ik een vreemd maar wel interessant wezen was dat plotseling bij hen terecht was gekomen toen ze al op middelbare leeftijd waren. Daar draaide vermoedelijk alles om. Toen ik in 1968 ten tonele kwam, was mijn moeder drieënveertig en mijn vader tweeënvijftig. Ze waren al achttien jaar getrouwd en nog kinderloos, en al kun je van een paar mensen tussen de twintig en de dertig verwachten dat ze weten hoe ze met een kleuter moeten omgaan, voor een echtpaar dat zich al in de crisis van de middelbare leeftijd bevond, moet een veeleisende baby wel een hele opgave zijn geweest.

Een ander moeilijk punt was dat pa niet bereid was zijn leven zodanig te veranderen dat mijn moeder een treetje hoger op de sociale ladder kwam, maar wèl als vanzelfsprekend aannam dat ze redelijk tevreden zou zijn als ze genoeg geld had om zich aantrekkelijk te kleden en het huis in te richten zoals zij wilde. Toen gebeurde er iets merkwaardigs – ik kwam. En ze begonnen in te zien dat baby's veel uitgaven met zich meebrengen.

Het moet een ongelooflijke inbreuk op hun vreedzaam leventje hebben betekend, plotseling een kleine, schreeuwende derde in huis te hebben. Ma ontdekte algauw dat er niet alleen heel wat geld voor nodig was om me te kleden en te voeden, maar dat ik haar ook heel wat energie kostte. Misschien dacht ze dat ze het leven van een baby even goed kon organiseren als ze haar kantoorwerk had gedaan, maar die vergelijking hoeft natuurlijk niet op te gaan.

Ik was een makkelijk kind, is me later verteld – afgezien van de verrassende draagwijdte van mijn kreten. Hoewel ik weinig huilde en niet erg lastig was, produceerde ik als ik geschrokken of bang was een lawaai dat in de hele straat te horen was. Ik werd er beroemd om. Ik heb nooit een schoonheidswedstrijd voor baby's gewonnen, maar ik had een prijs kunnen winnen als de baby met de verst dragende stem in heel Kenilworth. Maar ik bléef een makkelijk kind. Iedereen hield van me, buren vochten erom om op me te mogen passen, vreemden kietelden me onder de kin en oude mannen lieten me op hun knie paardje rijden. Dat laatste vond ik helemaal niet leuk en ik liet dat ook onmiddellijk en heel duidelijk merken. Als ma De Blik tijdig genoeg zag, nam ze me haastig van een knie af om te voorkomen dat ik op iemands schoot plaste.

Al was ik als verrassing gekomen, toch was ik vermoedelijk net op tijd om een leegte in het leven van mijn moeder te vullen. Ik nam algauw de sfeer van onvervulde dromen en teleurstellingen in me op die in huis hing, en merkte, naarmate ik ouder werd, wat er van me werd verwacht. Met de intuïtie van de jeugd, nog niet aangetast door wijsheid en verstandelijke overwegingen, voelde ik dat ik een succesnummer moest worden, knap, de ster die alle anderen van mijn generatie in de schaduw stelde... onuitgesproken wensen werden al op jeugdige leeftijd, toen ik nog heel ontvankelijk was, in me geplant. Aanvankelijk genoot ik van deze sfeer vol hoop en plannen, en begreep nog niet dat die in later jaren grote druk op me zou uitoefenen.

Ik merkte niets van de ragfijne banden die mijn ouders samenhielden, zelfs al was ik er daar een van. Mijn geboorte vormde een soort bezegeling voor hen, was een bevestiging van hun huwelijksgelofte. Voor mijn moeder moet het de vervulling van het katholieke ideaal zijn geweest – het enige doel van seks is kinderen voortbrengen. Ze was, evenals mijn grootmoeder, een vurige en trouwe kerkgangster, en ze geloofde stellig in de voorschriften en ethiek van het geloof. Ik twijfel eraan of ze het verstandelijk eens was met de uitleg van sommige voorschriften – vooral die betreffende seks en de rol van de vrouw – maar haar opvoeding had haar geleerd alles zonder vragen te aanvaarden, en dat deed ze ook, al ging het niet van harte. Mijn kleuterjaren, voor ik naar de lagere school ging, verliepen zonder veel ingrijpende gebeurtenissen, afgezien van enkele voorvallen die ten dele de neurotische aard van mijn moeder verklaarden. Als heel kleine baby probeerde ik te lopen voordat ik kon kruipen, en viel prompt tegen de hardstenen open haard, waardoor er een barst in mijn schedel kwam. Ik schreeuwde zo hard als ik nog nooit had geschreeuwd – en dat wilde bij mij wel wat zeggen – en werd naar het ziekenhuis gebracht waar ze me weer heel maakten.

Toen ik viereneenhalf was, beschikte ik al over een uitgebreide woordenschat, dank zij mijn moeders overtuiging dat ik goed m'n mondje moest kunnen roeren. Ze slaagde in haar opzet, maar wel in haar nadeel. Bij de kruidenier bij ons in de buurt zag ik op een dag een dikke vrouw – echt een heel dik mens. Zoiets had ik nog nooit gezien en dat liet ik de wereld om me heen luidkeels weten. Boos toegesiste vermaningen noch dreigen met een pak voor m'n broek konden mij beletten het ongelukkige slachtoffer te vragen waarom ze nu toch zo dik was. Thuis strafte mijn moeder me met een ijzige stilte omdat ze zich zo voor me geschaamd had. Verontwaardigd protesteerde ik: 'Ik wilde alleen maar weten waaróm. Ik moet van jou toch altijd vragen waaróm iets is zoals het is?' Dat was de volle waarheid. Dat was me geleerd – maar de bedoeling was wel geweest dat ik mijn vragen tactvol stelde. Ik had m'n lesje geleerd en dempte voortaan mijn stem als ik wat vroeg.

Op de kleuterschool vertoonde ik heel bijzondere talenten. Een jongetje dat Nigel heette, werd smoorverliefd op me, niet om mijn lange krulhaar of onschuldige groene ogen, maar omdat ik kon hinniken als een paard. Maar de liefde van Nigel en mij was geen toekomst beschoren. Twee dagen voor mijn zesde verjaardag blinddoekte hij me en gaf me opdracht zo hard ik kon over de speelplaats rond te rennen (ik weet niet meer wat eigenlijk de gein van dat spelletje was). Zonder een hand voor ogen te kunnen zien liep ik regelrecht tegen de eerste de beste stenen muur op en brak mijn arm. Vanaf die dag moest Nigel heel wat boze blikken verduren.

De lijst met ongelukjes groeide even hard als ikzelf. Toen ik een jaar of acht, negen was gebeurde er iets naars met een van de horloges uit pa's verzameling waar ik mee speelde. Hij had me eens toevertrouwd dat hij spaarde om een armvol horloges bij elkaar te krijgen en ze dan allemaal tegelijkertijd wilde dragen. Nadat hij er twee van een verre verwant had geërfd, was hij zo onvoorzichtig mij ermee te laten spelen. Terwijl ik op de trap zat, kwam ma naar beneden en zei op bestraffende toon: 'Zo gaan ze nog kapot als je ermee speelt.' Ik liet prompt een van de horloges van de trap af naar beneden op de grond van de gang vallen. Per ongeluk natuurlijk, maar de hel brak los.

Twee maanden later was ik bij een toneelstuk op school een ontluikende Assepoester. Toen ik achter de deur naar het podium stond te kijken, verwondde ik in mijn opwinding mijn hand aan de stijl. Een kleine ellendeling die me bespiedde, kwam achter me staan en trok de deur dicht. Onmiddellijk ging de nagel van mijn duim af en een kreet van pijn maakte de verzamelde trotse ouders in het zaaltje beneden aan het schrikken.

Ik herinner me dat ik in m'n prille jeugd elke zondag en op alle heiligendagen naar de mis ging, beide paasdagen, en natuurlijk beide kerstdagen. Het kwam eigenlijk nooit bij me op om een zondagmorgen ergens anders door te brengen. En alles was nauw verbonden met schuldgevoelens – schuld als je niet naar de mis ging (je verzaakte je plichten) en schuld als je wel ging, maar ondertussen aan ongepaste dingen dacht. Ik was altijd bang in de doodse stilte in de kerk te moeten niezen, of betrapt te worden op het uitwisselen van blikken met een vriendinnetje dat ook naar de mis moest. En ik dacht er ook niet over zo oneerbiedig te zijn een spijkerbroek naar de mis aan te trekken, want er was me streng verteld dat God me misschien wel zag en het onbehoorlijk zou vinden als ik in mijn spiksplinternieuwe spijkerbroek naar de kerk zou willen.

In de loop van de tijd ging ik helemaal op in de geest van het katholieke geloof. Ik werd eerst Kabouter en toen Gids en ging naar alle uitjes die de kerk organiseerde. Die waren nooit echt leuk: meestal een retraite in Stone, in Staffordshire, waar ik elke zomer veertien dagen op mijn knieën doorbracht om er met tegenzin en vol twijfel te bidden. Ik bad dat ik nooit non hoefde te worden, want ik gruwde van oude behaarde gezichten van de nonnen die in volstrekt stilzwijgen het klooster leidden. Ik begon die reisjes altijd in het vooruitzicht dat ik me weer vreselijk zou vervelen. Hoewel de Iers-katholieke gemeenschap waarin ik opgroeide onverstoorbaar haar plichten vervulde, hadden mijn ouders ieder zo hun eigen opvatting over hun geloofsplichten. Mijn vader ging naar de kerk als hij er zin in had en dat was niet vaak. Twee keer per jaar tijdens de vakantie ging hij naar een kerk waar hij niets te maken had met de kwezels uit Kenilworth die onregelmatige kerkbezoekers altijd op het matje riepen omdat ze niet trouw kwamen. Mijn moeder was het omgekeerde – wat haar godsdienstige plichten betrof. Jaren van indoctrinatie en een intens gelovige omgeving hadden alle twijfels omtrent haar geloof in haar gesmoord, als ze die al ooit had gehad.

Een tijdlang ging mijn moeder elke dag naar de mis om te bidden voor de zielen van dierbare afgestorvenen (en dat waren er heel wat in onze familie). We hielden ons aan de regels voor de Vasten en gehoorzaam ontzegden we ons een pleziertje om aan het geloofsvoorschrift te voldoen dat 'alle goede katholieken tijdens de Vasten iets moeten opgeven; dat moet aan God worden opgedragen, opdat het aan hun ziel ten goede zal komen'. Ik gaf mijn spel met mijn Assepoester-poppen op, het stilletjes gebruiken van mijn moeders nagellak, en kauwgom kauwen. Moeder gaf zoetigheid en roken op. Vader, een protestant die zelden naar de kerk ging, snoof eens en zei dat wij, volgens hem, een dokter nodig hadden in plaats van een priester. En dat was eigenlijk wel waar.

Toen ik zeven was, werd ik naar een katholieke school gestuurd die beweerde de catechismus te onderwijzen. Hij lag bijna drie kilometer van mijn huis af en ik haatte het daar zo intens als een kind maar kan haten. (Het was een zalige opluchting een school en een stelsel ronduit te haten; veel fijner dan een mens te haten – dat kon je tenslotte alleen maar de straf opleveren van drie weesgegroetjes en een Onze Vader te moeten bidden.) Ik haatte het daar vooral omdat het hoofd een draak was die regelrecht uit de hel was gestuurd om kleine kindertjes het leven zuur te maken – zo leek het tenminste. Ze was ook de moeder van mijn beste vriendinnetje en de hele klas had erg met hun jonge klasgenootje te doen.

Na twee jaar die voor mij vol tranen en ellende waren geweest, verhuisden ik en mijn katholieke klasgenootjes naar een andere katholieke school die ik via een busoverstapje kon bereiken. Dat nieuwe gebouw was groter, frisser, modern en kleurig; we vonden het er leuk en voelden ons er anoniemer opgaan in de massa kinderen die overal vandaan kwamen. Er hing een sfeer van aanpakken en efficiency en ik had het gevoel dat ik hier goed zou kunnen leren. Ik had, ondanks mijn jeugdige leeftijd, al besloten wat ik wilde worden. Ik wilde schrijfster worden en artieste (ik wilde me niet tevredenstellen met maar één mogelijk beroep). Thuis zat ik in een zijkamer te tekenen terwijl mijn vader in de huiskamer aan het schilderen was; ik probeerde net zo op mijn potlood te kauwen als hij op zijn penseel als het hem – of mij – even aan inspiratie ontbrak.

Algauw maakte ik kennis met de grootste pestkop van school, een kind dat er bedrieglijk engelachtig uitzag, als een soort kruising tussen Kristalvleugeltjes en de Gemene Heks uit het Westen uit *De Tovenaar van Oz.* Ze genoot ervan me aan allerlei geestelijke wreedheden te onderwerpen, omdat ze wel aanvoelde dat ik zwak en overgevoelig was en dat ze me makkelijk aan het huilen kon krijgen. Ze pakte de paar vriendinnetjes die ik had van me af, kneep en beet me in de klas, en wachtte me om de hoek op, waarna ze met alle anderen hard van me wegliep. Ik begon bijna dagelijks aan zware hoofdpijnen te lijden en tegen het eind van de laatste les waren ze zo hevig dat ik ernaar verlangde om naar huis te gaan. Na een jaar vol dergelijke kwellingen leed ik ook aan vervolgingswaan en deed het ergste wat je op school kunt doen – ik vertelde thuis onder een stortvloed van tranen alles aan mijn moeder. Ze ging met op elkaar geknepen lippen naar mijn onderwijzeres die het doorgaf aan het hoofd – en daar bleef het steken. Ja, zeiden ze beschaamd, ze hadden wel iets gemerkt. Ja, ze hadden maar gedaan alsof ze niets zagen. Misschien had het kind een hekel aan me, dachten ze, omdat ze me zo 'gewoontjes' vond, met andere woorden: omdat ik uit een arm gezin kwam – mijn vader verdiende weinig en mijn ouders hadden al een hypotheek genomen voordat ze met hun onkosten voor mij geconfronteerd werden.

De andere meisjes, die met de pestkop mee hadden gedaan, kwamen nu, geschrokken door mijn bleke gezicht en de zwarte kringen onder m'n ogen, mak geworden door de reprimande van het schoolhoofd, naar me toe. Ze sloegen hun armen om me heen, gaven me cadeautjes en aaiden over mijn haar – maar ik was niet meer te paaien. Ik was zo teleurgesteld in de mens en vroeg me af of volwassen zijn betekende dat je klakkeloos een leider volgde en niet in staat was als een zelfstandig denkend en voelend individu te handelen. Ik wilde dat ze excuses maakten, een bewijs dat het nou ook weer niet zó afschuwelijk was om met mij om te gaan, maar ze hadden er geen flauw benul van wat ze me aangedaan hadden. De aanstookster (ik wil haar naam niet noemen) had hen gedwongen mee te doen: zwakke karakters die een sterkere persoonlijkheid volgden. We waren toen pas negen, maar ik voelde me stokoud. Mijn moeder en ik keken elkaar spottend aan als de telefoon ging en er weer een moeder van een van de meisjes larmoyant haar spijt betuigde.

Waarom zaten ze me toch zo fel op m'n huid? Misschien omdat mijn vader in hun ogen maar een 'gewone' man (dat wil zeggen uit de arbeidersklasse) was; en omdat ze hun neus voor mijn moeder ophaalden en haar maar 'vreemd' vonden (ze bedoelden 'ambitieus', of 'iemand die hoopte hogerop te komen'). Misschien omdat we arm waren – misschien dachten ze dat armoede besmettelijk was. En misschien omdat ik nogal gereserveerd deed, niet meedeed met het gegiechel van de meisjes op het speelplein en me liever in een boek verdiepte – een eigen droomwereld waarin ik kon verzinken. Als klein kind al leerde mijn moeder me de waarde van het verstandige economische gebruik van woorden, gesproken, geschreven of gedacht – omdat ze wel wist dat een gevoelig kind zich tegen de wereld moet kunnen verdedigen. Misschien besefte ze ook dat boeken een zekere redding voor me zouden zijn. Overal in huis, in zware houten boekenkasten, stonden klassieken uit de literatuur: Dickens, Jane Austen, Tolstoi, Eliot. We hadden thuis ook veel dichtbundels, van Tennyson, Browning, Keats, Blake en Shelley. Mijn moeder was dol op romans uit de Victoriaanse tijd en op de nuchterheid uit het begin van de negentiende eeuw, een tijd waarin ze zich veel meer op haar plaats zou hebben gevoeld.

We hadden veel dingen gemeen. Frustratie over ons eeuwig geldgebrek bracht ons ertoe eindeloos te winkelen in het nabijgelegen Leamington of Coventry – meestal alleen maar smachtend etalages bekijken, maar soms ook doken we een goedkope winkel in om een koopje te halen. Mijn moeder leek geschapen voor dure kleding van goede snit, want door stijl en voorkomen viel ze op in elk gezelschap. Ze verlangde er vurig naar chique en moderne kleren te kopen, maar ons inkomen was onvoldoende voor merkkleding, laat staan jasjes van $200. Als troost liepen we de tweedehands boekwinkels af en marktkraampjes achter vrachtwagens, en als we een werkelijk koopje op de kop tikten, hadden we enorm plezier. Dan namen we, heel buitensporig, een kop echte koffie (een traktatie) in een echte coffeeshop, en daarna vochten we om een plaatsje in de bus naar huis. Dan keerden we met buit beladen terug en ik, impulsief en ongeduldig als ik was, holde naar boven om mijn aandeel voor de verweerde spiegel te passen.

Vader mocht er niets van weten – het was ons geheim. We lachten zo'n beetje als hij naar een oude rok van mij keek en vroeg: 'Wanneer heb je dat ding gekocht? Heb je mijn geld er weer doorgejaagd?' Maar hij merkte er niets van als ik, trillend van een heerlijk soort angst, in een nieuwe uitrusting verscheen. Hij had zo zijn eigen wijze van intimideren – een stille, iets dreigende kracht die zich zelden uitte behalve in de vorm van wanhoop. Als kind had ik hem om mijn pink kunnen winden als ik op manipuleren uit was geweest, maar gelukkig wist ik niet dat zoiets mogelijk was en onze verhouding was vrij goed omdat we openhartig tegenover elkaar waren.

Omdat we zo weinig geld hadden, had vader mijn moeder wat onwillig toestemming gegeven om weer aan het werk te gaan; ze werkte in een zaak die Spaans aardewerk verkocht. Algauw maakte ze promotie en deed de boekhouding in plaats van als verkoopster op te treden, daarna mocht ze inkopen en uiteindelijk werd ze cheffin. De verkoop steeg verrassend snel omdat moeder zo goed met klanten om kon gaan. Nu werd de druk van vader afgenomen; hij was niet meer de enige kostwinner. Zijn onwrikbare ideeën over het thuisblijven van de vrouw veranderden toen de toestand werkelijk wanhopig werd, en ik denk dat zelfs hij moet hebben ingezien met hoe weinig per week zij moest zien rond te komen.

Toen ik acht of negen was, ontwikkelde ik een hartstocht voor paardrijlessen; het werd zelfs een obsessie. Er werd me in duidelijke bewoordingen te verstaan gegeven dat ik zoiets beter uit mijn hoofd kon zetten; paarden waren alleen voor rijke nietsnutten, gromde mijn vader. Ik was even koppig als hij en weigerde het idee op te geven; vastbesloten begon ik plannen te maken om genoeg geld te verdienen om deze buitensporigheid te kunnen bekostigen. Ik werd een echte kleine ondernemer en begon de auto's van de buren te wassen, liet hun vieze bemodderde honden uit, suste hun krijsende baby's en spitte hun tuin om. Het was een prima uitlaat voor mijn energie, maar niet half genoeg om paardrijlessen te kunnen betalen. Dus ging ik naar de plaatselijke manege en vroeg om een baantje. Nee, zei de eigenaar, een vrouw met vooruitstaande tanden, een zware boezem en billen als een paard. Ik was te jong en te klein.

Ten slotte gebeurde er een wonder in de vorm van een dametje uit onze kerk die een pony had en dat beestje, zei ze, was nu net geschikt voor mij om het op te leren. Onwetendheid is vaak een zegen. Ik zuchtte en koos voor lessen op Flower – een klein, gedrongen zwart paardje met enorm uitpuilende ogen en wijde neusgaten, maar het was in ieder geval beter dan niets. Voor £1 per week, die ik verdiende door Flower en haar stal schoon te houden, mocht ik op haar brede rug gaan zitten en rustig op een veldje rondlopen. Ze was niet te bewegen iets anders te doen dan stapvoets te gaan, tenzij ik steeds belachelijke maar wel nodige geluiden maakte om haar wat op te juinen.

Toen ik in mijn puberteit kwam, ontdekte ik dat mijn familie wel heel anders was dan die van andere kinderen. Mijn vader en moeder leken vreemder, excentrieker. Ik vroeg me af hoe dat kwam. Vreemd genoeg kwam nooit het duidelijke leeftijdsverschil tussen mijn ouders en mij bij me op, en toch viel dat al mijn vriendinnetjes op die me een paar jaar later vertelden hoe vreemd ze onze familiedriehoek vonden. Mijn ouders verschenen vrijwel nooit op schoolevenementen, ondanks het feit dat ouderdagen en sportdagen de gelegenheden zijn waarbij de meeste liefhebbende pa's en ma's komen opdraven om trots naar hun kroost te kijken. De mijne niet, meestal omdat vader moest werken en nooit ergens heen ging waar hij een beetje vlot met mensen om moest gaan, en omdat ma het niet prettig vond dat die evenementen altijd buiten de stad of 's avonds plaatsvonden – jarenlang hadden we ook geen betrouwbaar vervoer. We waren te trots om een lift te vragen of te accepteren als ons die een enkele keer werd aangeboden, omdat we nooit een tegenaanbod konden doen. Dus slenterde ik op zo'n schoolavondje doelloos door de gangen en het eindigde er meestal mee dat ik met een boek in de bibliotheek ging zitten. Dus zagen mijn vriendinnen nooit mijn vader en moeder. Als ik ze heel soms eens bij mij thuis uitnodigde, voelde ik me akelig verscheurd door loyaliteit jegens enerzijds mijn ouders en anderzijds mijn verbaasde, nieuwsgierige en vaak ronduit onbeleefde vriendinnen.

Mijn grootmoeder speelde geen onbelangrijke rol in het vreemde leven van mijn familie. Ik vond het vreselijk als ik naar haar toe moest, was altijd weer bang haar onomwonden commentaar op mijn groei te horen, mijn schoolvorderingen (of gebrek daaraan) en algemeen gedrag. Ze was oud en praatziek, keek me met half dichtgeknepen ogen aan en riep dan uit: 'Hemel! Maar jij bent een pier van een meid.' 'Pier' was mijn grootmoeders excentrieke uitdrukking voor slungel, of voor iemand die lange rokken droeg. Ik was toen een lang, mager kind, een en al armen en benen. Dat soort opmerkingen werden in het Iers ten beste gegeven – en zij had echt nog geen oud stemmetje. Ik had het idee dat ze eeuwig zou blijven leven.

Ze had nog steeds de macht om de hele familie te laten beven evenals buren die haar niet zinden. Op een dag toen ze ging winkelen (die uitstapjes duurden uren omdat ze altijd wel iemand tegenkwam om mee te praten en dan doodmoe thuiskwam, terwijl ze helemaal vergeten was wat ze had willen kopen) had ze Pidge, de hond van de familie, meegenomen. Een buurvrouw die voorbijfietste, moest voor hem uitwijken toen het beest de straat op rende en de vrouw viel van haar fiets. Mijn grootmoeder was niet onder de indruk. Ze was ervan overtuigd dat het de schuld van de fietser was en maakte zich op om de verbaasde vrouw te vertellen dat ze voorzichtiger moest rijden en beter op moest letten. Toen ze eindelijk klaar was, was de buurvrouw ervan overtuigd dat het allemaal háár schuld was geweest. Na thuiskomst kreeg Pidge een stuk biefstuk voor de schrik en oma vertelde de andere buren zwaar beledigd en gegriefd wat er was gebeurd.

Toen we haar eens op een warme zomermiddag opzochten en zoals gewoonlijk achterom liepen vonden we haar voorover in haar stoel hangen met een fles naast zich waarop 'afbijtmiddel' stond. Het bleek dat ze haar hoestdrank in die oude fles bewaarde – God mag weten waarom, en misschien had zelfs Hij niet gerekend met iemand die zo excentriek was als mijn oma. Ma in paniek. De mosterd werd te voorschijn gehaald, en melk, en alles werd in de nu eindelijk eens stilstaande mond van mijn grootmoeder gegoten om haar te laten braken. Er gebeurde niets, behalve veel gehijg en gezwoeg. Ik stelde schuchter voor het eens met zout te proberen en toen we haar dat hadden toegediend kwam er een dun straaltje vocht uit haar mond. Uiteindelijk bracht een ambulance ons met z'n drieën naar het ziekenhuis, oma op de brancard, ma en ik van streek door die vreselijke gebeurtenis.

Oma herstelde, maar haar borstkwaal werd erger, en niet lang daarna stierf ze zo rustig als we maar hadden kunnen hopen. Tegen die tijd waren het zenuwgestel en de gezondheid van mijn moeder erg achteruitgegaan. Ze had geprobeerd tijdens haar ziekte voor oma te zorgen, en tegelijkertijd voor mijn vader die ook vaak ziek was. Bovendien zorgde ze voor mij en hield het huishouden gaande. De rest van de familie was vreemd genoeg afwezig op dit toneel. Destijds begreep ik niet waarom ze op de begrafenis niet huilde. Achteraf beschouwd twijfel ik eraan of ze tijd voor tranen had gehad, of voor de energie die een werkelijk rouwproces vergt.

Er was al vastgesteld dat ma neurotisch was, en ze kreeg nu last van haar schildklier waarvoor ze vaak naar het ziekenhuis moest. Ik kan me de polikliniek het beste herinneren, want daar kreeg ik chocoladekoekjes van vriendelijke zusters die probeerden daarmee huilbuien te voorkomen. Ze kenden het klappen van de zweep, maar ik was een taaie en werd naar behoren beloond met een bezoek aan de dokterskamer waar ze me lieten zien hoe een stethoscoop werkte, en met allerlei heerlijke traktaties voor lieve kinderen die niet huilden als ze zagen hoe er met scherpe naalden in hun mammie werd geprikt. Er werd mijn moeder zo veel bloed afgenomen dat ik me bezorgd begon te maken of ze wel genoeg overhield om door te leven, maar de dokter vertelde me lachend dat bloed zichzelf snel vervangt. Ma zelf kon niet naar al dat geprik kijken, maar voor een nieuwsgierig aagje als ik was het allemaal een groot avontuur.

Op zekere tijden in mijn jeugd leek het me dat een van mijn ouders met een afschuwelijke regelmaat ziek was. Pa werkte te hard; afgezien van zijn volledige baan – die vrijwel zeker al te zwaar voor hem was – had hij de verantwoordelijkheid voor een oude dame op zich genomen die een vriendin van ma was. Ze kwam uit een chique familie die hun geld hadden verloren, maar ze leefde niet bepaald in armoede; ze was wel eenzaam en had geen vrienden. Haar hele familie was dood en zij was nooit getrouwd geweest; in plaats daarvan was ze een typische Victoriaanse oude vrijster geworden die thuis werd gehouden om huishoudster voor haar broers te spelen. Pa bezocht haar regelmatig als hij van zijn werk kwam, zelfs als het hartje winter was, en dat met die onbetrouwbare auto die we toen hadden. Wanneer de auto het niet deed, fietste hij heen en terug naar en van zijn werk, maar hij vergat nooit even bij haar langs te wippen. Dan werd hij minstens een uur door haar vastgehouden met hoogdravende verhalen waarbij ze allerlei woorden en uitdrukkingen gebruikte die allang niet meer in zwang waren. Het arme mens was duidelijk niet meer aan gezelschap gewend en kon zich maar moeilijk bij het moderne leven aanpassen. Dromerig praatte ze over het verleden en scheen niet te weten wat voor dag, datum, of zelfs maar welk jaar het was. Eenzaam en verward in een vreemde wereld tussen een andere generatie – een omstandigheid die mijn vaders hart raakte. Hij had geen geduld met dwazen en had weinig op met de slappe houding van sommige mensen, maar hij was een toonbeeld van zachtmoedigheid voor mensen die echt problemen hadden.

Toch begon dit geheel invloed op hem te hebben, hetgeen duidelijk te zien was aan de diepe rimpels in zijn grauwe gezicht. Hij had last van zijn hart, iets waarvan ik me vaag bewust was sinds ik oud genoeg was om de woorden te kunnen begrijpen. Er werd me nooit iets uitgelegd en op mijn nieuwsgierige vragen werd ik afgescheept met ontwijkende, nietszeggende antwoorden. Ik was eraan gewend luistervink te spelen en luisterde vaak aan de deur, waardoor ik allerlei onwelkome en dreigende dingen hoorde die ik als een spons opzoog. Op school keek ik er medische boeken op na en begon te begrijpen waarom er kleine veranderingen in onze eetgewoonten werden aangebracht. Onze voeding draaide helemaal om wat vader wel en niet mocht eten. We waren geen van allen grote vleeseters, maar wanneer er rund- of varkensvlees in huis verscheen, werd haastig al het vet weggesneden. Geen volle melk meer voor ons, maar altijd magere, ook voor moeder en mij, voor het geval dat vader zou proberen van onze melk te snoepen. En tot zijn grote ellende moest mijn vader veel groente eten. Dat was allemaal om het risico van een hartaanval te vermijden. Op zomerochtenden zaten pa en ik 's morgens vroeg op de stoep achter gezellig naast elkaar ontbijtvlokken met magere melk te eten. Er werd geen woord gesproken; we zaten daar te kijken naar de zon die hoger en hoger boven de bomen aan de horizon verrees. Ik hield eigenlijk niet van ontbijtvlokken, maar wilde pa gezelschap houden, en als hij die croquante oranje dingetjes moest eten, dan deed ik het ook maar.

Na het werk en tijdens de weekeinden zat ik naar hem te kijken als hij schilderde, met de tong tussen zijn gelige tanden, of als hij aan het sleutelen was aan een van zijn successieve auto's. Hij besteedde veel aandacht en zorg aan die wagens, maar ze hadden zelden meer dan een paar meter gelopen of ze stonden hopeloos schokkend midden op straat stil. Ik voelde me veilig en geborgen, als in een baarmoeder, in de sfeer van zijn mannelijke uitstraling – de geur van sigarerook, en zijn platte pet en overjas die aan de garagedeur hingen.

Ik maakte me vooral bezorgd als hij asgrauw werd na een bijzonder inspannend weekeinde waarin hij had geprobeerd ons huisje wat uit te breiden. Mijn moeder wilde er iets bij hebben en om haar een plezier te doen had vader zich in de warme zomer van 1976 in het zweet gewerkt. Tegen de muren van onze tuin lag het katholieke kerkhof van de stad dat ik vanuit mijn raam kon zien. Ik stond daar vaak midden in de nacht te luisteren naar de geluiden uit de kamer naast de mijne, waar mijn vader van de pijn nauwelijks kon slapen. Ik keek uit over de grijze vormen in de door de maan verlichte nevelige nacht, stukken steen met daarop opzichtige kransen, en dan zuchtte ik en klom weer in mijn bed.

In een lente, terwijl de abrikoze- en lindebomen in het nabijgelegen veld bloeiden, waren mijn beide ouders ziek. Ma was met spoed naar het ziekenhuis gebracht voor een ernstige schildklieroperatie, en mijn vader was daar omdat hij weer vage hartklachten had. Ik werd naar de dichtstbijzijnde, maar niet meest geliefde tante gebracht, een zuster van mijn moeder die een man en twee kinderen had. Mijn oom, Gordon, vond het vreselijk als er logés waren, – zelfs als dat zijn eigen dochters waren, vermoedde ik. Hij was een stille vage man, somber en weinig spraakzaam.

Tante Peggy wist niet goed wat ze met me moest beginnen en nam me mee naar een café in de buurt waar ze een toekan hadden die Percy heette en die heel brutale dingen kon zeggen op een verontschuldigende, sombere toon terwijl hij bezoekers met zijn wilde zwarte oogjes bijziend aankeek. Het leek of hij zich schaamde dat hij zijn soort op deze manier moest vertegenwoordigen. Ik had vreselijk met hem te doen, en liep dagelijks even langs om hem een chocoladebol te brengen die mijn ongelukkige tante voor mij had gekocht.

Terwijl ik bij mijn tante logeerde zwoegde ik aan een beterschapskaart voor ma (niet voor pa – ik mocht niet weten dat hij ziek was). Het ding was samengesteld uit stukjes stof, glinsterend papier en klatergoud en nu ik erover nadenk moet het er vreselijk hebben uitgezien. Ik weet niet hoe ma hem had moeten krijgen zonder dat ik ondiplomatiek zou worden. Maar ze heeft hem nooit gekregen omdat de toch al onpopulaire Gordon zich nog onpopulairder bij me maakte door (per ongeluk) mijn prachtig mooie kaart in de haard te gooien, denkend dat het rommel was. Ik was woedend. Ik redde wat er te redden viel en hete tranen schreiend bracht ik mijn halfverbrande gave naar het ziekenhuis.

Ons geringe inkomen, zelfs toen ma ook werkte, hield in dat we de kunst hadden geleerd om dagenlang van een zielig klein stukje vlees te eten. Ook stommelden we voorzichtig in het donker rond en wasten ons met koud water om elektriciteit te sparen. Dit betekende niet dat ik van alles in mijn jeugd moest ontberen – ik denk dat het zelfs wel goed voor me was. Ik leerde nooit te vragen om zakgeld en er ook niet op te rekenen, maar ik ging aan het werk zodra iemand mij in dienst wilde nemen. Een zak snoep was iets waar ik lang mee deed, niet iets dat ik verwachtte.

Maar de spanning van zo'n altijd zuinig leven en het eeuwig in de zorgen zitten over rekeningen zetten de verhouding van mijn ouders zwaar onder druk. We hadden toch al geen gelukkig gezin, maar het werd langzamerhand een plek waar een stille, dreigende onrust heerste. Ik was altijd een teruggetrokken, stil kind geweest, doordat we zo geïsoleerd leefden, en nu voelde ik steeds de sombere sfeer tussen mijn ouders. Tenslotte waren zij voor mij het voorbeeld. Geen van beiden had echte vrienden, afgezien van de oude dame die door pa was geadopteerd, en dus was ons huis een plek waar nooit vrolijke stemmen en helder gelach weerklonken. Ma had niemand om mee te praten over de toestand in de wereld zoals ze thuis als meisje gewend was geweest, en pa had altijd al genoeg aan zichzelf gehad. Zolang ik me kon herinneren sliepen ze in afzonderlijke kamers. Ik was er allang mee opgehouden vriendinnen mee naar huis te nemen of anderen op te zoeken, want ik kon niets terugdoen en zo werden we alle drie op zichzelf staande individuen in plaats van een gezin. Ma was meestal in huis bezig, maakte in de keuken lawaai met potten en pannen om de vreselijke stilte te verjagen. Pa was in de garage of schilderde aan zijn laatste kunstwerk terwijl ik achter hem aanliep, of in mijn kamer was en over dit alles nadacht. Ik bracht veel tijd door met over de toekomst van ons gezin te denken. Ik trok me in mezelf terug en deed een beroep op mijn reserves, terwijl ik me vastklampte aan de snel verdwijnende veiligheid om me heen. Ik voelde dat ik koud werd naarmate de deken van comfortabele normaliteit om me heen werd weggehaald. De prettige dingen van een warm en geborgen gezinsleven (volgens theorieën die ik in boeken had opgedaan, hoorden die bij elkaar) schenen me te ontglippen.

Mijn ouders spraken zelden met elkaar, maar communiceerden via mij, omdat er enkele dingen waren waarin ma tegen haar zin mijn vader moest betrekken, en andersom. Ik was een beetje nijdig op hen allebei omdat ze elkaar zo nodeloos ongelukkig maakten, maar ik durfde niets te zeggen uit angst degene te worden die de vonk in het kruitvat zou zijn. Ik werd hun boodschapper en begreep niet hoe ze zo zwijgend konden doorgaan; ik voelde dat mijn moeder nijdig op me werd. Ik kreeg koeltjes de opdracht als de schuldige die van papa hield: 'Zeg tegen je vader dat het eten klaar is.' Heen en terug als een boodschappenjongen op kantoor. 'Zeg tegen je moeder dat ik helemáál geen eten hoef.' Ik scheen mijn identiteit als kind kwijt te raken en werd, in hun ogen, een volwassene die best een situatie kon begrijpen waarvan ze beiden geen enkel begrip hadden.

In die stille dagen werd ik vroeg rijp, alsof ik een spoedcursus volgde. Om kleinigheden werden hele ruzies uitgevochten (er was nooit echt met vuisten gevochten thuis, maar ik weet zeker dat beide zijden er wel eens naar verlangden). Woorden waren zeldzame en kostbare juweeltjes en werden uitgewisseld tijdens scherpe confrontaties wanneer mijn ouders hun stilte verbraken om uiting te geven aan zorgvuldig gekoesterde grieven. Beiden werden steeds verbitterder, om elkaars tekortkomingen en om de wereld. Ik luisterde zwijgend naar beide kanten en was een oor dat toevallig bij de hand was waaraan ze hun opgekropte gevoelens kwijt konden.

Doodsbang dat deze toestand het einde van ons gezinsleven zou kunnen betekenen (ik hield geen rekening met de afwijzende stellingname van de kerk tegen een echtscheiding), werd ik in mezelf gekeerd en stil op school en keek met zielige blikken naar andere kinderen die elke ochtend met rode ogen en nasnikkend op school verschenen. Alle ouders schenen te gaan scheiden en ik was ervan overtuigd dat de mijne het ook zouden doen. Ik leefde in voortdurende angst dat ze op een dag tegen me zouden zeggen: 'Ga eens zitten, we hebben je iets te vertellen.' Het is nooit gebeurd, maar de koude en bijna tastbare stilte bleef en werd steeds erger. Ik huilde elke avond stilletjes uit angst dat ze me zouden horen en ik dan zou moeten vertellen waarvoor ik zo bang was.

Hoofdstuk drie

Ons kleine, uit elkaar vallende gezin bestond nu uit twee totaal afzonderlijke helften die elk een eigen manier van leven hadden. Pa was altijd al graag alleen en ma voelde zich gevangen in een wereld die ze verachtte en buitengesloten uit de elitaire omgeving waarnaar ze verlangde. Daar werd 's morgens koffie gedronken, iedereen kleedde zich elegant en duur en er werden daar intieme dineetjes gegeven. Maar onze jaarlijkse vakantie ging nog steeds gewoon door en daar was ik erg blij om. Zolang aan deze gewoonte van samenzijn (opgesloten in een piepklein flatje) nog de hand werd gehouden, moest er nog hoop voor het huwelijk bestaan. We gingen altijd naar hetzelfde vakantieoord, Weston-super-Mare, een verlopen kustplaatsje in de buurt van Bristol. Ik was er dol op en had er eigenlijk veel medelijden mee, juist omdat het zo vervallen en sjofel was. Er waren niet veel attracties voor kinderen, maar het was er zelfs in de drukke zomermaanden vrij rustig en ik maakte er met pa lange wandelingen over het eenzame, modderige strand waarbij we beiden zwegen, elk in onze eigen gedachten verdiept en onbewust met dezelfde bezorgde frons op ons voorhoofd. Het was pa's gewoonte om de avondwandeling daar altijd te besluiten met een zak vettige, bruine frieten die hij op de lawaaiige pier kocht. Ik keek altijd wat angstig naar de zwarte dingetjes tussen de frieten, maar omdat pa ze snel en met veel smaak verorberde, zette ik mijn kieskeurigheid van me af.

We waren niet vaak samen en juist daarom was die tijd des te kostbaarder voor me. We praatten weinig en raakten elkaar nooit aan, gaven elkaar zelfs geen nachtzoen, maar toch communiceerden we op een of ander onuitgesproken niveau waar we elkaar begrepen. Hoewel ik in veel opzichten op mijn moeder leek (en lijk), heb ik toch ook op een subtieler vlak eigenschappen van mijn vader geërfd. Vermoedelijk had hij juist tijdens vakanties het gezelschap van een zoon meer op prijs gesteld, om samen echt 'mannelijke' dingen te doen, maar om hem te plezieren verplaatste ik me in de rol van een jongen zonder de werkelijkheid uit het oog te verliezen.

Hij vond het prettig een dochter te hebben die niet al te verlegen was en voor mijn tweeslachtige rol zorgde ik door mijn haren kort te houden en altijd in een broek en vormeloze T-shirts rond te lopen zodat ik voor een jongen kon doorgaan. Ik was helemaal niet zo wild – eigenlijk was ik dol op mooie kleren en leuke dingen – maar ik wilde zijn zoals hij me graag zag. Hier ging vader naar de kerk, bracht hij tweemaal per jaar zijn bezoek aan het moderne Anglicaanse gebouw in de stad, terwijl moeder en ik naar de grote, oude katholieke kerk op de heuvel gingen waar de pastoor een typisch accent had dat bij het westen van het land hoorde.

Voor mijn moeder was het geen vakantie. Ze haatte het plaatsje met een intense haat en vond dat het er zelfs armoedig rook, het typisch iets voor arbeiders was, hopeloos maar 'het beste dat die mensen zich konden veroorloven'. Het leven was hier niet anders voor haar. Ze ging inkopen doen, maakte de flat schoon, maakte vlees en drie groentemaaltijden per dag voor mijn vader klaar die, wat voeding betrof, aan traditie hechtte. Hij zei dat hij nooit met vakantie naar het buitenland wilde, omdat hij 'niets met dat rare, nare buitenlandse eten op had'. Zij hield niet van de zon en bedekte zich van top tot teen tegen de zwakke, zeldzame stralen van de Engelse zon.

Wat mij betreft, ik werd verliefd op een pony die Pinto heette en die hooghartig over de stranden van Weston heen en weer liep om kinderen eens iets anders te bieden dan het gebruikelijke ritje op de rug van een ezel. Pinto was een vreemde mengeling, half New Forest en half onbekend. Alleen al omdat ik het zo fijn vond bij hem te zijn, haalde ik de eigenaar over mij de twijfelachtige eer te gunnen om met zijn dieren het strand op en neer te lopen en de kinderen op hun rug vast te houden. Vaak zei een tevreden vader of moeder die aan het eind van het korte ritje hun spruit kwam ophalen: 'Dank je wel, jongen' tegen me en klopte me op mijn rug. Ik weet eigenlijk niet of ik dat wel zo leuk vond en misschien is dat de reden waarom ik op alle vakantiefoto's met een boos gezicht sta afgebeeld. Aan het eind van de vakantie wilde ik dolgraag Pinto mee naar huis nemen en maakte allerlei duidelijke opmerkingen tegen mijn vader en moeder over hoe gemakkelijk het was om een klein paard mee naar huis in Kenilworth te nemen. Ma maakte zich overal vanaf, maar mijn vader was buiten zichzelf. 'Stom kind! Toen ik zei dat je een vakantieherinnering mocht hebben, bedoelde ik niet een pony.' Maar hij begreep dat het kwam omdat ik zo wanhopig behoefte had aan 'iets van mezelf' om van te houden en hij voelde mijn steeds groeiende eenzaamheid en het feit dat ik langzamerhand geen kind meer was. Overbodig te zeggen dat Pinto en ik aan het eind van die veertien dagen afscheid van elkaar moesten nemen, onder veel gesnik en tranen aan mijn kant – hij vond het denk ik niet zo'n groot verlies.

Aan het eind van onze vakantie gingen we naar huis terug en het leek of de stilte nog nadrukkelijker werd in deze omgeving, die ene grote kamer waarin de weinige gesproken woorden een echo kregen. Er was natuurlijk geen zichtbare afleiding van het werk geweest, of andere dingen die onze aandacht hadden opgeëist. We gingen op dezelfde manier door, gevangen in een stilte die het gevolg was van onze frustratie en verwarring, en we wisselden vrijwel geen woord.

Die laatste vakantie in Weston viel in de zomer van 1979. De volgende winter ging ik helemaal op in de pogingen van pa in de eetkamer om – een grote stap voor hem – zelf iets te schilderen in plaats van de schilderijen van anderen te kopiëren. Hij zat daar maar een grote jampot vol goudgele narcissen te bestuderen, zijn tong een eindje uit zijn mond omdat hij zich enorm concentreerde; zo werkte hij door tot diep in de nacht en deed zijn uiterste best. Ik zat op mijn hurken naast hem, gefascineerd door de tere penseelstreken en zijn lange, knokige vingers die zijn werk omklemd hielden om het zo stil mogelijk te houden.

Het woord 'hartklachten' dat steeds vaker werd gebruikt, maakte dat ik me voortdurend ongeruster maakte. Mijn moeder noch iemand anders uit de familie wilde me precies vertellen wat er aan de hand was. Ze vonden het blijkbaar beter mij nog niet met een dergelijke wetenschap te belasten, maar ik maakte me nu vaak onnodige zorgen omdat ik niet precies wist wat hem mankeerde. Pa lag in verschillende ziekenhuizen voor deze mysterieuze 'hartklachten' en ik kreeg een bezorgde frons op mijn voorhoofd. Ik mocht hem niet bezoeken – ik mocht eigenlijk niet eens weten dat hij ziek was. Mijn verbeelding nam ongekende vormen aan en ik zag pa in coma, op zijn doodsbed met verpleegsters met engelengezichten die om hem heen dreven, en ik kreeg steeds meer nachtmerries. De doktoren hadden tegen ma gezegd dat alle onnodige druk of opwinding mijn vader een hartaanval konden bezorgen. Een van de dingen die mijn vader altijd weer van streek maakten – en dus de kansen op een hartaanval vergrootten – was autorijden. God helpe de mensen die zijn pad kruisten, vergaten richting aan te geven, of hem te snel passeerden. Eens besloot hij dat we iets zouden doen dat in ons gezin nog nooit was gebeurd – we zouden samen uit rijden gaan, met zijn drieën. En we vertrokken voor wat hij wat brommerig een 'tocht met onbekende bestemming' doopte. We kwamen terecht in het exotische stadscentrum van Coventry, tien kilometer verderop, en ma en ik smoorden meelevend ons lachen toen hij ons aldoor weer vroeg: 'Jullie weten niet waar je heen gaat, hè?' Natuurlijk wisten we dat wel. Met de bus reden we dezelfde route, maar we konden zijn poging om de zaak weer te lijmen en een soort wapenstilstand tot stand te brengen toch niet bederven? Ma vertelde me fluisterend dat hij haar, toen ze elkaar net kenden, elke zaterdag meenam op zo'n 'tocht met onbekende bestemming' en dan kwamen ze altijd weer in Banbury terecht. Ze glimlachte wat witjes en zei dat dit uitstapje in ieder geval toch iets anders was.

Maar een autotochtje was niet compleet zonder dat pa de nodige opmerkingen maakte betreffende andere autobestuurders. 'Stomme wijven!' riep hij dan. 'Die zouden zonder hun man niet mogen rijden. Kijk daar nou eens naar! Stomme trut! De weg af!' En dat ging allemaal vergezeld van woedende gebaren vanuit het snel neergedraaide portierraampje. Misschien was dat doodgewoon in Bombay, maar niet in Warwickshire. Toen ik dit eens tegen hem zei, keek hij me dreigend aan en zei dat er hier of daar in zijn familie Indiaas bloed zat. Daar had ik geen antwoord op – tijdens de oorlog had hij zelfs racistische narigheden gehad omdat zijn huis zo exotisch donker was, en hij zwart haar en gloeiende ogen had.

Ondanks het feit dat hij pijn kreeg bij zijn hartaanvallen, kon hij zich toch niet voldoende beheersen als hij achter het stuur zat. Op een zeker ogenblik gaf hij het op en ging weer op de fiets. Dan zag je hem 's morgens, een lange magere figuur die bijna op het stuur hing, slappe wieltjes die griezelig zwieberden als hij wegreed en zo hard mogelijk met zijn mooie stem galmde: 'O, wat een heerlijke ochtend, o, wat een zalige dag...'

Op een dag gingen pa en ik naar Leamington om een paar schoolschoenen voor mij te kopen. Pa vond winkelen met vrouwen verschrikkelijk en toen we in de stad aankwamen besloot hij zichzelf de ellende van het rondhangen in schoenenwinkels te besparen. Hij ging naar een boekhandel om er kunstboeken te bekijken en zou me om elf uur bij de auto weer terugzien. Ik nam de tijd en toen ik eindelijk een paar schoenen had uitgezocht, merkte ik dat het al kwart voor twaalf was. Ik holde naar de auto, doodsbang dat hij nijdig zou zijn. Het was een ijskoude februaridag en er lagen nog sneeuwrestjes uit januari te smelten. Hij stond daar met zijn voeten te stampen tegen de kou en keek boos en bezorgd naar me uit. Hij was zo boos dat hij totdat we bijna thuis waren, geen woord zei. Er waren onlangs twee meisjes van mijn leeftijd bij ons in de buurt op klaarlichte dag ontvoerd. Opeens wendde hij zich tot mij en zei: 'Waar bleef je, verdomme? Heb je er een moment aan gedacht hoe ongerust ik ben geweest? Nee, vast niet – daar ben je veel te ijdel en egoïstisch voor, net als je moeder.' Op weg naar huis vloekte hij op andere autobestuurders, was woedend om hun stommiteiten en reed veel te hard. Zelfs zijn gezicht was grauw van pijn en hij hield zijn handen om het stuurwiel geklemd alsof hij zich zo overeind moest houden.

Thuisgekomen holde hij regelrecht naar de 'studeerkamer', het slaapkamertje dat hij al in gebruik had vanaf het begin dat hij en mijn moeder afzonderlijk gingen slapen. Ik liep langzaam achter hem aan de voorkamer in waar mijn moeder was; ik voelde me ellendig schuldig en egoïstisch. Zij zag er moe uit alsof ze nu echt niet verder kon en met zichzelf in tweestrijd was. Er kwam een angst in me op waarvoor ik geen verklaring had, maar bij al die misère in ons gebroken gezin hield ik me stil.

Later die avond zaten we als gewoonlijk voor de televisie. Pa nam geen notitie van me. Er was geen sprake van dat hij mijn moeder zou vertellen wat er die ochtend was gebeurd; dat soort dingen deed hij nooit, uit principe. Op een gegeven ogenblik stond hij op om een ander kanaal te kiezen en werd griezelig grauw en blauw om zijn mond. Plotseling viel hij zwaar op de grond en mijn moeder en ik keken als verlamd toe terwijl hij probeerde iets te zeggen en het zweet op zijn voorhoofd parelde van inspanning. Toen kwam ma in actie en riep dat ik een ambulance moest bellen. Trillend van angst gehoorzaamde ik. Intussen probeerde zij pa ervan te weerhouden zich te bewegen, en dat was geen gemakkelijke opgave. Na een eeuwigheid kwam de ambulance. Wij gingen erin zitten, versteend terwijl het vanbinnen blauw-wit verlichte voertuig met gillende sirene door de verlaten straten van het stadje reed.

Na aankomst in het ziekenhuis in Warwick werden we naar de artsenkamer gebracht. Ze vroegen of we een kop thee wilden, het Engelse medicijn tegen alle ziektes en rampen, maar we bedankten. Algauw kwam de dokter, vergezeld van een stoet assistenten (ik denk dat het een chirurg was, maar de diverse rangen in de medische stand zeiden me niets). Hij had een langzame, plechtstatige manier van spreken en bovendien een eentonige stem die typerend is voor de graafschappen om Londen. We hadden het gevoel dat we gek werden, zo langzaam en bijna onverschillig sprak hij. Hij zei dat er dit keer geen kans op herstel was. Het hart was zo vermoeid door de vorige aanvallen dat het einde nabij was. Maar dat hadden we al eerder te horen gekregen, nietwaar? Ik keek naar ma en merkte dat zij allang had geweten dat er grote kans bestond dat er zoiets zou gebeuren. Ik voelde tranen in mijn ogen opkomen en drukte ze met een niet al te schone vinger weg. De dokter boog zich over me heen en brulde bijna in mijn oor dat ik een 'lief, dapper meisje moest zijn, even lief en dapper als je vader nu probeert te zijn'.

De tijd kroop. We waren moe en rusteloos. Ik herinner me een eindeloze stroom koppen koffie, en een eindeloze stroom verpleegsters die niets wisten, maar toch beroepsmatig sympathiek deden. ('Het komt wel weer in orde met hem, kindje, kijk niet zo bang'.) Artsen met een bezorgd gezicht holden voorbij, met een klembord en het nodige gevolg. Er kwamen allerlei luchtjes op me toe – van ontsmettingsmiddelen, gesteven lakens, ziekte. Ik dacht aan de ziekenhuisbezoeken met mijn moeder voor al haar bloedproeven. Ik zat aan dat alles te denken terwijl ma als versteend naast me zat, met ijskoude handen en zonder haar koffie aan te raken. Zelfs in deze crisis die ons beiden raakte, konden we elkaars gevoelens niet delen, maar verzonken allebei in onze eigen gedachten.

Eindelijk kwamen ze zeggen dat we hem mochten zien, maar niet moesten schrikken van alle slangen en apparatuur. God! Ik was elf en had neiging gauw bang te zijn. Het was middernacht op de vuile ziekenhuisklok toen we de zaal voor intensive care-patiënten mochten betreden. Ik huilde niet, maar had het gevoel dat ik in een dik blok ijs zat ingevroren dat me beschermde tegen de gevoelens die ik nu eigenlijk zou moeten hebben. Hij was met allerlei slangen aan diverse apparaten bevestigd en zag nog steeds een beetje blauw. Ik had, geloof ik, gedacht dat de doktoren in staat zouden zijn geweest om zijn gewone uiterlijk weer terug te toveren.

Ik was de zaal nog niet uit of ik gaf vreselijk over. Ik schaamde me dood. Ik rilde en ma verontschuldigde zich voor me, hoewel ze zelf doodsbleek was toen ze hem zo zag en door mijn aanwezigheid nog nerveuzer werd. We kregen de afgezaagde geruststelling te horen: 'Zijn toestand is naar omstandigheden redelijk stabiel', en we mochten die nacht 'voor alle zekerheid' in het ziekenhuis blijven – wat er mis kon gaan werd ons niet verteld. Maar ik begreep heel goed wat die woorden betekenden. We werden naar het kleine bijgebouw gebracht dat voor dit soort gelegenheden dienst deed en de zuster gaf ons elk een stijve nachtpon en een harde tandenborstel. We voelden ons ellendig toen we in de hoge, hobbelige ziekenhuisbedden lagen en probeerden te slapen, wat natuurlijk niet lukte. Ma sprak geen woord over pa, misschien om zich beter te kunnen beheersen en in de hoop dat slaap ons zou kunnen helpen te verdragen wat ons de volgende dag misschien te wachten stond.

Toen er eindelijk een eind aan die nacht kwam en we wakker werden, waren we stijf van de gesteven lakens en hadden overal jeuk. Door het raam keken we uit op helpers die de ongevallen van die nacht aanvoerden, net als een stel geslachte dieren die bij een slager werden binnengedragen. We werden naar de zaal gebracht waar pa lag, een ruimte speciaal voor hartpatiënten. Ik wist nog steeds niet wat er eigenlijk was gebeurd. Hij was nog altijd grauw en blauwachtig, maar wel bij kennis en bijna opgewekt. Het leek of er aan alle kanten slangen uit zijn lichaam kwamen. Hij lachte vaag tegen me en sprak even zachtjes met mijn moeder; daarna leek het alsof alle anderen in de zaal vervaagden. Hij wenkte me naar zich toe. Ik kwam langzaam dichterbij, zo vol liefde voor hem dat het bijna pijn deed en ik was bang voor hem zoals hij daar lag, zo zwak en met een wit ziekenhuishemd aan. Hij fluisterde tegen me dat de zusters echte kenau's waren en dat ze hem niet uit bed wilden laten gaan (hij was een verschrikkelijke patiënt). 'Het zijn krengen!' riep hij uit. Zijn ogen gloeiden. Toen werd hij rustiger en zei dat ik nu voor moeder moest zorgen en goed – geen wegloperij meer, vermaande hij me knipogend. (Dit sloeg op de tijd dat ik, als ik boos was, verkondigde dat ik zou weglopen, maar wel kon worden verleid terug te komen – 'O, ga je nou net voor de thee weg? Dan is alle cake dus voor mij.' Daarna werd me gezegd bij het bed weg te gaan want de dokter zou dadelijk op zijn ronde langskomen.

Intussen was het halfnegen en ma stond erop dat we naar huis gingen, zodat ik mijn schooluniform kon aantrekken en nog op tijd op de les zou zijn. Ik vond dat niet zo belangrijk, maar een verpleegkundige bood ons een lift naar Kenilworth aan en we vertrokken. Ik kon nog net de bus pakken en stond tussen mijn schoolkameraadjes, maar voelde er niets voor ze te vertellen wat er die nacht was gebeurd. In gedachten was ik niet op school, maar in de zaal waar mijn vader lag. Het ziekenhuis lag een eindje verderop aan de weg waar mijn school was, en tijdens de lunchtijd vloog ik erheen. In de zaal kon niemand me vertellen waar hij naar toe was gebracht en of hij misschien naar huis was gestuurd. De zusters waren niet erg spraakzaam tegen me – heel anders dan de vorige avond – en ik liep langzaam terug.

Na school haastte ik me naar huis, maar nadat ik mijn tas in de gang neer had gegooid bleef ik abrupt staan toen ik zag dat ma aan het telefoneren was. 'Zijn officiële papieren en geboortebewijs stuur ik u dadelijk,' zei ze op een vreemde, duidelijke manier. Toen ze mij zag, legde ze de hoorn neer en keek naar me. Op mijn vraag: 'Hoe is het met hem? Kunnen we hem vanavond gaan opzoeken?' streek ze met haar hand over haar bleke gezicht en zei: 'Nee. Nee. Hij is vanochtend gestorven.'

Daar stond ik, ijskoud en niet in staat me te bewegen. Ze liep de keuken in en bewoog zich zo stijf als een oude vrouw. We waren twee afzonderlijke individuen die zelfs in ons verdriet niet samen konden komen. Ze sprak tegen me, maar het leek alsof haar woorden van heel ver kwamen. Ze vroeg me wat ik wilde eten. Ik staarde haar aan, maar er kwam geen antwoord, want ik durfde mijn mond niet open te doen. Op die dag was ik voor het eerst doodstil bij de confrontatie met een te groot en pijnlijk verdriet.

De avond verstreek. Ik voelde me totaal leeg, had geen tranen en kon niet huilen. Ook ma huilde niet. Mijn tante kwam ons troosten, nogal onhandig, maar ze bedoelde het goed. Ze had een Mars voor me meegenomen; waarom weet ik niet. Ik ging naar bed toen me dat gezegd werd, heel gedwee, met gebogen hoofd; ik wilde alleen zijn om zonder me te hoeven schamen stil te blijven.

Toen ik het deurtje van het medicijnkastje in de badkamer opendeed om de tandpasta eruit te halen en in mijn verwarring de talk pakte die ik pa voor Kerstmis had gegeven, werd ik door een andere en nieuwe vlaag van verdriet overvallen. Hij zou die nooit meer gebruiken... de werkelijkheid drong langzaam tot me door, alsof een koude slang in mijn binnenste kroop, en ik kroop in bed, het oude tweepersoonsbed waarin ik ongetwijfeld gemaakt was. Ik lag met droge ogen hoewel ik voelde dat mijn keel vol tranen zat, maar ik had altijd geleerd dat je niet mocht huilen. Ik was wel zo verstandig geen lawaai te maken en ma van streek te maken. Bovendien zorgden mijn schuldgevoelens ervoor dat ik me stilhield; dat voelde ik in mijn onderbewustzijn. Ik trok mijn knieën tot aan mijn niet aanwezige borsten op en koesterde mijn schuldgevoelens; misschien had ik ze nog eens nodig. Het was het enige dat me aan hem herinnerde.

In die tijd vond ik het leven afschuwelijk en wreed en ik bekeek alles met achterdochtige blikken. De dag voor de begrafenis werd vastgesteld en er werd veel aandacht geschonken aan het punt of iedereen de juiste kleren zou dragen. Het was merkwaardig dat ma nog steeds niet huilde – een soort zelfbescherming, een trek die we gemeen hadden. Ik had het door een soort osmose van haar geleerd. We wilden geen van beiden het leed in de ander losmaken en dus bleven we opgesloten in onze eigen onzekere wereld vol schuldgevoelens, zelfverwijten, boete en beproevingen. Ik had het gevoel dat ik hem had vermoord en wist niet of zij het wist. Wat haar betrof, zij dacht ongetwijfeld dat hun jaren van vervreemding de schuld waren. Hadden we maar iets gezegd, dat zwijgen doorbroken. Maar geen van beiden hadden we de moed of de kracht om onze gevoelens met de ander te delen en eindelijk uit te spreken. Dit keer was er geen bevrijdende Ierse dodenwake, alleen een sobere plechtigheid en een begrafenis op het nabijgelegen kerkhof.

Het was een bitterkoude dag en we droegen allemaal een paar lagen winterse wol over elkaar. Misschien kwam het niet door het weer, maar door de manier waarop we alles zagen. Ma was beheerst, maar doodmoe en dat was te zien. Geen tranen; we klemden ons ook niet aan elkaar vast. Ik liep met gebogen hoofd en zij hield het hare juist opgeheven. Tijdens de dienst – een katholieke, de godsdienst waar mijn vader zo'n hekel aan had gchad – probeerde de geestelijke dapper iets over pa te zeggen, maar hij had hem te slecht gekend en we wensten allemaal vurig dat hij zijn mond hield. Uiteindelijk moesten we naar het kerkhof en we liepen langzaam naar buiten. Ma's gezicht stond verbitterd en koud door al haar ellende.

De werkelijkheid drong plotseling fel tot me door, maar de begrafenis zelf vond ik erg onecht; die pastoor die maar doorpraatte over een man die hij nooit had gekend, en de mis een ritueel uit een godsdienst waarin mijn vader nooit had geloofd. Maar ik dacht niet echt aan hem of aan de kist en wat die nu bevatte. We stonden bij het pas gedolven graf en de wind huilde om ons heen. De kist werd in het gat neergelaten. Ik wendde mijn ogen af. De eenzaamheid van die verbanning in de diepte trof me even erg als mijn wanhopige verlies. Na de dienst werd me gezegd een handvol aarde op de kist te strooien. Dat kon ik niet. Ik voelde dat aan als de laatste zonde tegenover hem, hem zo over te laten aan de bevroren grond en dus plukte ik een roos van een familiegraf ernaast en legde die boven op zijn kist.

Inmiddels waren we allemaal blauw van de kou en mijn voeten voelden aan als loodzware ijsklompen. Op de terugweg naar huis kwamen mensen even ma's hand schudden, haar op de rug kloppen en er werden meelevende woorden gemompeld die ze met een koninklijk hoofdknikje aanvaardde.

Thuis had mijn oom warme soep en een grog klaarstaan. Hij vond dat wij allemaal een alcoholische opkikker nodig hadden – zelfs de twee honden die aanwezig waren – en had in de soep, de thee en de koffie een flinke scheut cognac gedaan. De pastoor, iemand die nooit een druppel alcohol zou weigeren, deed zich te goed aan de soep. Ma en ik konden niets door onze keel krijgen, maar liepen de kamers door met schotels met een hapje; ik was stomverbaasd dat mensen na de begrafenis zo goed konden eten. Ma ging naar boven om alleen te zijn. Ik lag in elkaar gedoken op het logeerbed en probeerde wanhopig om niet te huilen. De hond van een van de begrafenisgasten kwam halfdronken naar mijn bed toe gescharreld om me gezelschap te houden en snurkte bij mij zijn roes uit. Beneden waren twee familieleden met dubbelslaande tong verhit aan een politiek debat begonnen.

Na een tijdje kwam mijn nicht naar boven om te zien waar ik bleef en drong erop aan dat ik naar beneden kwam. Woedend siste ze: 'Waarom moet je altijd alles zo dramatisch verwerken?' Tegen mijn wil liet ik me naar beneden slepen. Mijn nicht zei: 'Ik vond haar boven liggen pruilen; ik weet niet wat ze heeft.' Een oudere nicht met een rood gezicht en een rode neus van te veel soep, antwoordde: 'Nou zeg, wat denk je dat ze heeft? Haar vader is net gestorven!'

Op dit dramatische ogenblik gebeurde er iets: de pastoor die niet aan zo'n overvloedige met drank overgoten gastvrijheid gewend was, was voor de open haard gaan staan om zich te warmen en daarbij vatte per ongeluk zijn soutane vlam. Nadat het vuur in allerijl met vochtige theedoeken was gedoofd, sloop de man Gods naar huis, onderwijl heftig pepermuntjes kauwend om te voorkomen dat de geoefende neus van zijn strenge huishoudster lucht kreeg van zijn kegel.

Een belachelijke begrafenis; jaren later maakte een tante waar ik niet zo dol op was, nog eens een opmerking over hoe idioot het allemaal geweest was. Voor ons, verzonken in ons verdriet, was het niet zo. Toen de familie, die ons allemaal hulp en steun hadden toegezegd, vertrokken was, bleven ma en ik met ons tweeën achter, bijna voor het eerst samen sinds de dood van pa. Mijn oom had het beter gevonden ons even met rust te laten; het komende weekeinde zouden we naar hen toe gaan, maar tot dan waren we aan elkaars genade overgeleverd. We hadden geen van beiden honger of slaap en probeerden maar normaal door te gaan alsof er niets was gebeurd. We spraken absoluut niet over vaders dood of over hem als persoon en zijn rol in ons leven.

Ik ging weer gewoon naar school. Ma deed inkopen, kookte, maakte het huis schoon en ging weer aan het werk om wat geld te verdienen waar we van konden leven nu de hoofdbron van onze inkomsten was weggevallen. Op school was gezegd dat mijn vader was overleden en dat ik net zo als alle anderen moest worden behandeld. De onderwijzeres was geschokt door mijn brandende ogen en geforceerde opgewektheid en vertelde de klas waar ik niet bij was dat ik mijn vader had verloren. Mijn schoolkameraadjes durfden er niet met mij over te praten tenzij ik er zelf over begon, maar dat deed ik niet. Ik was ervan overtuigd dat ze nergens vanaf wisten en dat wilde ik zo houden. Ik had totaal geen behoefte aan vervelende quasi-belangstelling. Dus draaiden we een beetje om elkaar heen, zij keken of ik tekenen van verdriet of zo vertoonde en ik deed m'n uiterste best om te zorgen dat ze niets aan mij merkten. Jaren later, toen we allemaal een stuk rijper waren, praatten we over deze periode in mijn leven. Zij hadden zich afgewezen gevoeld, verbaasd dat ik niets wilde doen of zeggen. Maar we waren nog maar kinderen – en vrij wrede, meedogenloze kinderen bovendien.

Het werd onze familiepolitiek, nu we met z'n tweeën waren overgebleven, te zorgen dat we door anderen niet onthaald werden op ongewenst vertoon van medeleven, of – erger – van medelijden. Een kind dat nergens van had gehoord, vroeg me na een ouderavond nieuwsgierig waarom mijn moeder niet was gekomen, of ik een vader had, en, zo ja, wat hij dan deed? De vaders van de meeste andere kinderen konden in twee categorieën verdeeld worden: of ze waren werkloos of ze hadden een vrij beroep – artsen, leraren, advocaten en zakenlieden. Ik kon de juiste woorden niet vinden. Ik kon toch onmogelijk zeggen: 'Hij is dood.' Dat zou de werkelijkheid gevaarlijk dicht bij de horizon van mijn onwerkelijke wereld hebben gebracht, de wereld die mij staande hield. Dus stond ik daar aan de grond genageld, niet in staat een woord uit te brengen, en liet het kind in de waan dat ik werkelijk geen vader had en dat ik derhalve een onwettig kind was.

Het grote probleem waar mijn moeder en ik acuut mee te maken hadden was geldgebrek. Pa's firma hoefde ons geen pensioen te betalen als gevolg van een of andere vage onlogische technische fout. Dus merkten we dat we moesten zien rond te komen van hetgeen mijn moeder verdiende plus een kleine overheidsuitkering – een mager weduwenpensioentje plus kinderbijslag. We leerden algauw nog zuiniger te leven dan we altijd al gedaan hadden en keken bij de kruidenier altijd eerst rond naar speciale aanbiedingen. Vroeger leefden we aan de grens van de armoede, maar hadden een klein maar vast inkomen per week. Nu moesten we de eindjes moeizaam aan elkaar knopen en was het echte armoe geblazen. Voor ma moet het een vreselijke, beklemmende tijd zijn geweest met de eeuwige angst dat ze niet in staat zou zijn genoeg voor ons beiden te verdienen. Maar voor mij was het iets nieuws en het was spannend te zien met hoe weinig we ons konden redden.

Ik besloot zelf mijn kerstcadeautjes te maken en verzamelde sodakristallen en kleurstof om er badzout van te maken. Ma betrapte me bij het verven toen de kristallen net een griezelig kleurtje paars werden – en ikzelf en de keuken ook – en zei geschrokken dat we nu ook niet zó ver hoefden te gaan. En, zei ze, eigenlijk had ze de keuken in de oorspronkelijke kleur mooier gevonden. Bovendien vierden we eigenlijk nooit Kerstmis. Wel toen ik klein was; dan zetten lieve ooms en tantes mijn kamertje vol cadeautjes, maar nu ik ouder werd had het feest minder aantrekkingskracht voor me, en omdat ma er net zo over dacht, probeerden we er niet te veel drukte van te maken. We gingen meestal naar ma's zuster en zwager, maar we wilden maar 't liefst dat al dat opgeklopte feestgedoe zo gauw mogelijk weer voorbij zou zijn.

Nog maanden na de dood van pa waren we allebei behoorlijk uit ons doen, al besefte ik dat toen niet zo omdat we ieder in onze eigen onwerkelijke maar niet zo erg van elkaar verschillende wereldjes opgingen. Beiden beschouwden we het leven als een soort stormbaan waar we ons doorheen moesten werken, en we raakten min of meer de draad kwijt van wat er werkelijk om ons heen gebeurde. Omdat we geen van beiden een uitweg vonden om door te gaan met ons leven zoals het moest, droomden we herhaaldelijk weg om de pijn van de werkelijkheid niet te beleven.

Deze periode van vallen en opstaan tussen ma en mij werd niet beter door het verschijnen van een nieuwe mannenfiguur in ons huis. Op een dag kwam ik thuis uit school en vond hem daar in mijn vaders stoel zitten! De stoel was versleten en versteld, had overal thee- en asvlekken en er waren uithollingen in de armleuningen waar pa op gesteund had om op zaterdagmiddag de worstelaars op de televisie vanuit zijn eersterangs fauteuil aan te moedigen. Het mooiste servies stond op tafel, en er was een schotel met cake – en dat in een huishouden waar al in geen tijden enige luxe was geweest. Ik was op m'n hoede, nauwelijks beleefd – zeker niet aardig. Ik wilde wel eens weten wat hij in ons huis te zoeken had, en waarom hij in Die Stoel zat. Hij heette Frank.

Na een tijdje ontdekte ik dat Frank de broer was van de oude dame die door pa was geadopteerd en dat hij bijna tachtig was; mijn belachelijke angst dat hij misschien mijn vader zou gaan vervangen, verdween. Niemand zou met zo'n oude man willen trouwen, dacht ik vol afschuw, preuts en wreed zoals alleen een jong kind kan zijn. Hij was verschrikkelijk mager, bijna een geraamte – 'Geeft niemand u te eten?' vroeg ik nieuwsgierig en voelde dat ma me woedend aankeek. Hij was heel lang en zwaaide een beetje alsof hij zijn lange gestalte niet in evenwicht kon houden. Hij was ook erg grijs, over z'n hele lijf, als een wegrottende vis en zo rook hij ook – een bedompte lucht die aan museumzalen deed denken. Hij had een groot gezicht dat altijd verontschuldigend keek, vol rimpels en zakken en zijn grijze ogen lagen in diepe grijze gaten. Daarmee keek hij mij met mijn twaalfjarige boze gezicht aandachtig aan. Hij maakte me angstig en ik voelde de fundamenten van mijn moeizaam weer opgebouwde wereld trillen.

Omstreeks deze tijd leden we meer dan ooit ernstig geldgebrek en ma had een andere baan op een advocatenkantoor aangenomen. Daar nam ze dictaat op voor een blinde jurist, een enigszins verwaarloosde man die geleerd had al zijn zintuigen goed te gebruiken als vervanging voor datgene wat hem nu ontbrak. Een van de partners in de firma, een ex-militair, droeg altijd opvallende krakende schoenen en ma's werkgever zuchtte dan en gaf haar een wenk dat ze even moest ophouden met opnemen zodra hij dat geluid hoorde, want hij wist dat Majoor Kraakschoen altijd met slecht nieuws kwam.

Hebben juristen wel eens ander nieuws? Deze wereld van het recht en de misdaad bevestigde voor mij al vroeg mijn desillusie over het leven. Ik was een buitengewoon cynisch kind. Ik was door de slechte gezondheid van mijn ouders en daarna hun breuk zo aan ellende gewend geraakt dat ik dit als een normaal en integrerend deel van het familieleven beschouwde. De schuldgevoelens over mijn vaders dood waren nog niet weggesleten en ik was er nog steeds van overtuigd dat ik zijn heengaan op mijn geweten had. De moeilijkheden van het dagelijks leven aanvaardde ik als een noodzakelijk kwaad. Ik balanceerde tussen katholieke gebeden en een naar zelfmoord neigende pijnlijke depressie en veronderstelde dat ieders leven zo was. Ik verbaasde me erover dat mijn leeftijdgenootjes alleen maar vreugde en plezier in hun leven verwachtten, net zoals ze nu ondervonden. Omdat ik katholiek was, werden mijn opvattingen nog eens versterkt door vermaningen zoals: 'Alles wat je hebt is waardeloos. Geef alles weg behalve het hemd dat je draagt', 'Wees dankbaar ook voor kleine dingen, omdat God wanneer Hem dat behaagt, alles van je kan wegnemen', 'Stof zijt ge en tot stof zult ge wederkeren' – en al dat soort onzin.

Zo tussen mijn twaalfde en dertiende jaar begon ik de ban van het katholicisme langzaam te doorbreken en ontdekte ik de waarheid achter die godsdienst. Het probleem was alleen dat ik erg verbitterd was waardoor mijn visie nogal werd beïnvloed. Als God zo liefhebbend en mededogend was, hoe had Hij het dan kunnen goedvinden dat mijn vader stierf? Goedbedoelende familieleden probeerden het me uit te leggen en zeiden: 'Nou ja, schat, Hij wil de goeden bij zich hebben, nietwaar?' Maar dát geloofde ik niet. Ik was gefrustreerd in mijn godsdienstige gevoelens door idiote priesters die te veel dronken op de begrafenis van een van hun parochianen en zichzelf in brand staken, en die als begerige wolven lachten.

Mijn maandelijkse bloedingen begonnen en ik schrok dat de vloeiing zo zwaar was. Ik kreeg bloedarmoede en moest van de dokter staalpillen slikken. Maar ik was van streek door al dat bloed; ik had het gevoel dat het een zonde was, want er was me verteld dat mannen het bloed konden ruiken en me dan achterna zouden komen. Ik beschouwde het als het begin van mijn seksualiteit die alleen kon worden gebruikt binnen de heilige huwelijksband en zelfs dan alleen maar voor het krijgen van kinderen. Andere gedachten waren een doodzonde – en ik had het gevoel dat mijn schuldige gedachten duidelijk waren en bewezen dat ik een slet was dat ik heimelijk zulke dingen van seks dacht. Waarom was Het zo schandelijk en pijnlijk? Ik vermoedde dat Het erg pijnlijk en onplezierig was en begreep nu best waarom mijn ouders ieder in een eigen bed hadden geslapen.

Het werd een moeilijke periode toen jongens wezens werden waar je mee flirtte en die je uitdaagde. De nieuwe school was begonnen in de herfst van het jaar waarin mijn vader was gestorven en lag in een nogal ruwe buurt. Wij meisjes moesten een nieuwe manier vinden om met die wezens om te gaan die op school naar after-shave roken en die dagelijks een andere stem schenen te hebben. We beseften niet dat de ellende van hun puberteit vermoedelijk nog erger was dan die van ons, want er waren honderden meisjes en weinig jongens op school. Plotseling wilden ze onze boeken dragen, ze gaven ons een lift achter op hun fiets naar huis en ze kwamen met kerstcadeautjes aanzetten. Maar op de schooldiscofeestjes wilden ze niet met ons praten; dan stonden ze in groepjes bij elkaar en namen ons op om te zien of wij reageerden op hun seintjes.

Ik vond ze onvolwassen en zocht in mijn omgeving naar oudere mannen als vriend. Ik ging met enkelen uit, maar nadat ik ontdekt had dat ze ondanks hun leeftijd toch nog onvolwassen waren, begon ik teleurgesteld elders rond te kijken. Ik wilde als compensatie voor het verlies van mijn vader weer een overheersende mannelijke figuur in mijn leven, en ik wilde hem nú. Helaas bleek de man die ik koos veel onrijper te zijn dan ik zelf was, al zag hij er veel ouder uit dan zijn achttien jaar.

Alan had onlangs zelf een verlies geleden: zijn vader was er met een andere vrouw vandoor gegaan. De jongen was verbitterd en wilde zich wreken, maar had niet de moed om zijn vader eens ronduit te zeggen wat hij van hem dacht. Dus bleef hij in stilte wrokken. Ik wilde dat de hele wereld leed onder de dood van mijn vader, maar mijn gezond verstand zei me dat ik daar niemand de schuld van kon geven behalve mezelf – en juist daarom was ik zo boos. Wat dat betrof pasten we dus wonderwel bij elkaar met onze heimelijk ziedende gevoelens, maar dat was ongetwijfeld ook de reden waarom de verhouding vanaf het begin tot het einde een ramp was. Ik was zo in de war als een tiener maar kan zijn, en hij was een verbitterde, nog maar net de jongenstijd ontgroeide jonge man.

We vonden elkaar omdat hij zo aanhield; ik wees al zijn avances af en dat prikkelde hem alleen maar om nog fanatieker achter me aan te gaan. Ik had gewoon geen belangstelling voor hem. Ik was al met een paar onbetrouwbare knapen uit geweest en had geen zin opnieuw te beginnen met weer een opgewonden jongen en uit te vissen in hoeverre hij te vertrouwen was. Maar op een gegeven moment ging ik weinig elegant door de knieën.

Alan was fysiek heel anders dan de jongens van mijn eigen leeftijd: lang en ogenschijnlijk zelfverzekerder, hij had gelukkig geen puistjes en was niet onhandig in zijn bewegingen. Bij onze eerste uitjes was hij degene die de touwtjes in handen nam, de maaltijd bestelde, de drankjes betaalde en uitmaakte waar we naar toe gingen. Hij stond er altijd op te betalen en al had ik een deeltijdbaantje, toch had ik niet genoeg geld om de dingen te betalen die we deden. Maar hij had een volle baan en een goed salaris. Ik vond het heerlijk eens geen verantwoordelijkheid te hoeven dragen. Mijn moeder en ik waren erg zelfstandig en dit was nu eens iemand die bereid was alles te regelen zo lang ik me maar goed kleedde voor deze gelegenheden en er aantrekkelijk uitzag. Ik was me niet bewust van alle opofferingen en compromissen die me dat zou gaan kosten.

Na drie maanden omgang, een blijkbaar vaste verkering (mijn in de steek gelaten vriendinnetjes begrepen niet dat ik met iemand van achttien uitging – 'Maar hij is al zo oud...') zei hij dat hij van me hield. Het was niet bepaald een romantische gelegenheid – we stonden voor het kerkhof geparkeerd. Ik denk dat Alan had besloten de oude truc toe te passen van Zeg-dat-je-van-haar-houdt-en-dan-krijg-je-haar-wel-zover. Maar ik was er al van overtuigd dat ik niet echt iemand was om van te houden, dus duwde ik hem boos weg en rende de auto uit.

Ik vond dat het onmogelijk was dat iemand van mij hield; als mijn eigen ouders niet echt van me konden houden, waarom zou een ander dan wèl van me houden? In die tijd voelde ik me niet zo zeer onbemind als wel veronachtzaamd. Hoewel ik een enig kind was en daarom een zekere hoeveelheid aandacht kreeg, geloof ik toch dat mijn ouders me al op mijn elfde als volwassen beschouwden en me daarom iemand vonden die geen liefde nodig had of wenste, evenmin als kussen, geknuffel en dergelijke. Ik denk dat ik dat beeld nog versterkte door me in een droomwereld terug te trekken waar altijd alles rozegeur en maneschijn was; ik verwerkte ook altijd alle zich voordoende moeilijkheden alleen. Die arme Alan! Hij begreep er niets van en was verstrikt geraakt in een web van emotionele en ingewikkelde gevoelens en complexen waarin voor hem geen plaats meer was.

Niet lang na het voorval in de auto begon ik van school weg te blijven; onder andere omdat ik bang was. Zwakkeren werden gekoeioneerd en het leek of de leraren liever de andere kant op keken dan in te grijpen; dan zouden ze zelf risico lopen. Ik wilde heel graag leren en was een oplettende leerlinge, ik dacht altijd aan mijn toekomst en ik vond discipline niet erg. Maar op mijn katholieke school heersten radicale ideeën en we werden aangemoedigd onze eigen zin te volgen. Omdat we geen schooluniform droegen, geen vaste schooltijden hadden en er vaak geen leerkracht in de klas was, leerden we vrijwel niets behalve hoe we onfatsoenlijk konden zijn. Ik was geen aantrekkelijk kind en de anderen die zich verveelden, plaagden me genadeloos en lachten om mijn verdriet. Algauw werden al die plagerijen en beledigingen voldoende reden voor me om niet meer naar school te gaan.

Op die manier verruilde ik de dagelijkse maagpijn, het bijna-overgeven van angst en onzekerheid, voor een mengeling van verveling en opluchting. Maar elke dag dat ik niet naar school ging begon ik me beter te voelen. Steeds op de uitkijk naar leraren en mensen die spijbelaars opspoorden, besteedde ik mijn dagen met door de stad rond te zwerven en uren te lopen. Ik liep rond met allerlei mensen die winkelden en een kopje koffie dronken, dan met de mensen die tijdens hun lunchpauze rondslenterden. 's Middags was het vaak mistig, want het was midden in de winter, de zon gaf niet veel warmte en ging al vroeg onder, blij met zijn taak klaar te zijn. Dan vloog ik naar de bus, vermeed de beschuldigende blikken van mijn kameraadjes die wel de schoolplicht gehoorzaamden en zich elke dag meldden. Thuis was het heerlijk warm en daar begon ik een verzonnen verhaal over de gebeurtenissen van die dag. De depressies kwamen weer terug en ik voelde me bijna verpletterd onder de last van alle leugens en bedrog. Maar ik verwerkte het alleen, zat uren stil te denken en na te gaan hoe die dag van de laatste hartaanval van mijn vader toch was verlopen.

Elke avond en elk weekeinde zag ik Alan. Ik had het gevoel dat ik met open ogen, maar volkomen hulpeloos ergens inliep dat onvermijdelijk was en dat ik niet meer de baas zou kunnen. We zeiden weinig tegen elkaar en gingen naar luidruchtige feestjes of cafés waar gesprekken niet alleen onnodig maar ook onmogelijk waren. Dan gingen we laat naar huis en hij parkeerde voor ons huis en probeerde mijn – volgens hem nog sluimerende – hartstocht op te wekken. Maar dat was het niet – ik was bang, voor God en Zijn wraak, en voor Alan zelf. Zijn ruwe, onvoorzichtige en onervaren handen bezorgden me veel pijn. Ik hield me stil en ergerde me eraan dat hij er zonder meer van uitging dat hij me vroeg of laat toch wel zover zou krijgen. Ik piekerde erover wat ik zou doen. Zou ik naar een pastoor gaan en opbiechten hoe ver we al gingen, of zou ik naar een vrouwenrubriek in een krant schrijven waar je je hart kon uitstorten en om raad vragen? De moeilijkheid was dat ik geen seks met Alan wilde en ook niet naar hem verlangde, maar ik had het gevoel dat ik al zoveel zonden had begaan dat één meer of minder toch geen verschil meer maakte. ... Ik was ervan overtuigd dat, nadat ik de dood van mijn eigen vader had veroorzaakt, ik echt niet lager kon zinken. Uiteindelijk, terwijl ik zuchtte om de dwaasheid en zonde die ik beging, gaf ik toe. Ik liet hem doen wat hij wilde. Ik vond niet dat er liefde of zelfs seks aan te pas kwam; het was eerder een verkrachting zonder verzet. Mijn lichaam hield zich stil en gaf toe, maar mijn geest verzette zich tegen dit binnendringen. Ik bloedde als een rund, had erge pijn en voelde me misselijk.

Naderhand, toen hij me zwijgend naar huis reed, voelde ik me anders. Hij voelde zich ongetwijfeld de overwinnaar terwijl ik eerder vond dat ik nu voor al mijn zonden was gestraft. Het leek me toe of ik mijn levenlang geconfronteerd werd met allerlei beslissingen die iets met zonde te maken hadden. Die avond nam ik de verkeerde beslissing en op mijn dertiende werd ik ruw, pijnlijk en zelfs bloedig ontmaagd. Er waren geen verontschuldigingen voor me, al bloos ik nog terwijl ik dit neerschrijf. Ik had een week lang problemen met lopen. De schok van de pijn hielp me uit de droom: dit was dus waarom we steeds tegen de gruwelen van seks gewaarschuwd waren. Het ging niet om de angst voor zwanger worden, maar omdat de pijn te vreselijk was. Toch leerde ik algauw hoe ik de ellende moest verdragen. Ik merkte dat het verstandig was gewoon te gaan liggen en aan Engeland te denken. Ik maakte boodschappenlijstjes in gedachten, bedacht liedjes en verzon een hele wereld met denkbeeldige mensen terwijl ik zo op mijn rug lag. Als een ervaren hoer beschouwde ik het als iets dat maar zo gauw mogelijk voorbij moest zijn. Op die manier redde ik mijn geestelijke gezondheid.

Maar elke keer bloedde ik hevig. Als hij het al merkte, zei hij er niets over of misschien voelde hij zich ook schuldig. Hij deed me pijn en ik haatte hem, zwijgend maar onverminderd. Ik vond hem geen vaderfiguur meer. Hoe had ik hem ooit zo kunnen zien? Ik liet nooit merken dat ik pijn had, maar bleef gereserveerd. Het afschuwelijke was dat ik begon in te zien wat de katholieke leer bedoelde met verhalen over seks die zondig was als die niet in een huwelijk plaatsvond. Ik besefte dat mijn enige hoop om 'mijn man vast te houden' daarin lag dat hij seksueel gebonden moest raken. Ik begon zelfs te vermoeden dat hij het fijn vond me pijn te doen. Misschien, zo redeneerde ik, kwam het door de woede op zijn vader, daar had hij nu een uitlaat voor – mij.

Mijn ongesteldheidsperioden begonnen onder al dit geweld te lijden; elke maand werd de menstruatie heviger en de bloedklonten gaven aan dat het daarbinnen goed mis was. Ik ging met ma naar een gynaecoloog, doodsbang dat hij een of andere proef zou doen en merken dat ik geen maagd meer was. Dat deed hij niet, maar hij zei wel dat hij zonder een volledig onderzoek geen oorzaak voor de moeilijkheden kon vaststellen. Ik kon hem of ma natuurlijk niet vertellen wat ik dacht dat de oorzaak van deze maandelijkse vloedgolven was. Ik hield me voor dat ik dit alles verdiende en dat ik moest lijden. Alan en ik gingen gewoon door, beiden zwijgend, zonder werkelijke gevoelens. Mijn depressieve en schuldgevoelens bereikten zo'n dieptepunt dat het gewoon pijn deed; ik kreeg een krampachtig gevoel in mijn borst. Intussen had ik een soort pleinvrees gekregen en vond het moeilijk om naar buiten te gaan. Ik was echt bang voor mannen geworden en kromp al in elkaar als een vent maar naar me keek. Ik was ervan overtuigd dat elke man die achter me liep me wilde verkrachten: mijn handpalmen werden klam, mijn handen trilden en ik begon sneller te lopen. Buitenshuis eten werd een nachtmerrie. Om zijn eigen gevoelens van onbehagen te verbergen begon Alan me te plagen om de keurige manier waarop ik at tot ik ten slotte niet meer in het openbaar kon eten of drinken uit angst dat iedereen in het restaurant naar me keek en me uitlachte. Het kwam nooit bij me op hoe onwaarschijnlijk dat was.

Ik bracht al mijn vrije tijd met Alan door, ten dele omdat ik bang was dat hij me in de steek zou laten, maar ook omdat ik me thuis te veel voelde vanwege Franks voortdurende aanwezigheid. Mijn vriendinnetjes zagen me niet vaak en ik hen niet. Ze zouden niets van mijn seksuele dilemma hebben willen weten en ik voelde me samen met hen vies en niet op mijn gemak.

Ik begon heel weloverwogen plannen te maken om uit deze koude wereld vol ellende te verdwijnen. Ma had altijd pillen in huis – tegen slapeloosheid of andere geheimzinnige zaken. Er lagen doosjes aspirine tegen hoofdpijn waar we beiden vrijwel voortdurend aan leden. Ik had overwogen me te verdrinken, maar dat was te riskant. Er zou ongetwijfeld iemand komen die het goed bedoelde en me redde. Ik zou me voor een bus kunnen gooien, maar het was altijd mogelijk dat die op tijd zou kunnen stoppen. (Later heb ik ontdekt dat een van mijn verre familieleden deze methode had geprobeerd. De man was languit midden op een kruispunt gaan liggen en verwachtte dat de bus in volle vaart over hem heen zou rijden; in plaats daarvan was de chauffeur links afgeslagen en de ongelukkige man bleef daar voor gek midden op de weg liggen terwijl voetgangers vanaf de trottoirs geamuseerd toekeken.) Nee, de enige weg die me openstond was mijn polsen door te snijden, besloot ik. Ik kon hier heel berekenend over nadenken. Het leek me in die tijd iets dat ik gewoon moest doen, een noodzakelijk kwaad, zoiets als seks hebben of naar de mis gaan of gaan biechten. Het moest allemaal keurig, ja beschaafd gebeuren.

Ik koos twee flesjes Paracetamol uit en kroop angstig mijn slaapkamertje in. Ik nam er zo veel als ik zonder overgeven kon doorslikken en was ervan overtuigd dat ik genoeg genomen had om er een eind aan te maken. Ik ging liggen, was nieuwsgierig en wachtte op een heftige reactie. Na een tijdje viel ik heel ondramatisch in slaap. Ma moet zijn thuisgekomen, de lege flesjes hebben gezien en in paniek zijn geraakt – ze belde het ziekenhuis; ze stuurden een ambulance en hesen me slap en wel op een brancard. Ma zat bleek en met holle ogen stijf naast me, te geremd door haar ingehouden woede om iets te kunnen zeggen. Ik werd door schaamte en schuldgevoelens overmeesterd en lag daar slaperig, een beetje versuft maar zeker geen succes als zelfmoordenares. Nu wist ik wat wanhoop werkelijk betekende – het onvermogen om je eigen leven te beëindigen.

Toen we het ziekenhuis binnenkwamen rook ik ontsmettingsmiddelen in de gangen waar ik doorheen was gelopen naar mijn vaders sterfbed. Ik werd de Eerste Hulp binnengereden die er wit en klinisch uitzag, en kreeg opdracht me uit te kleden en op een met groen papier bedekt bed te gaan liggen. Verpleegsters met strakke gezichten zeiden dat ik doodstil moest blijven liggen en mijn mond wijd open moest houden. Ze zouden 'mijn maag leegpompen' en ze zeiden dat ze niet zachtzinnig zouden zijn en de ervaring zo onaangenaam zouden maken dat ik mijn poging niet zou herhalen. Ze namen de tijd, met opzet. Mijn keel, al droog van angstige spanning, kneep zich samen toen ik de grote boa-constrictorachtige slang zag die ze van plan waren in mijn opstandige maag te duwen. De dokter, een magere jonge man met rooie ogen en een zenuwuitslag, tuurde bijziend naar me en zei dat ze nu de buis omlaag moesten duwen. Een kordate zuster, die wel iets van de Führer weg had, zei dreigend dat als ik niet meewerkte de slang door mijn neus naar binnen zou worden gedrukt. 'Goedschiks of kwaadschiks, maar we krijgen die rommel wel uit je,' zei ze. Geschrokken slikte ik de slang haastig naar binnen.

Het was de pijnlijkste ervaring die je bij volledig bewustzijn kunt hebben – warme golven vloeistof en gal kwamen via de buis omhoog en op de uniformen van de verpleegsters. Ze keken me met giftige blikken aan, mopperden en gingen met hernieuwde ijver verder met hun taak. Na twee uur deze grondige en afschuwelijke straf te hebben ondergaan werd ik zwak, uitgeput en bijna huilend van pijn naar de zaal gebracht om daar de rest van de nacht te blijven.

Ik werd vroeg wakker, zoals je dat in een ziekenhuis overkomt, en de zaal bleek vol te liggen met tieners met gebroken ledematen. Ik kon niet slikken en voor de verandering vrijwel geen woord uitbrengen. Ik wuifde de ochtendkoffie weg en ze zeiden dat de dokter tijdens zijn ronde naar me zou komen kijken. Hij kwam op me toe, omzwermd door het gebruikelijke groepje studenten, en keek naar mijn bleke gezicht. 'Ze haalt het wel,' verkondigde hij – somber, dacht ik. Het klonk alsof hij teleurgesteld was, maar niet zo teleurgesteld als ik. De volgende bezoeker was de ziekenhuispsychiater, een stugge rode Schot met lelijk rossig haar op zijn hoofd. Hij trok aan zijn baard en bestudeerde me met zijn vreemde lichte ogen; het leek alsof hij net een nieuw mensenras had ontdekt. Hij kondigde aan dat ik elke week bij hem moest komen en het klonk alsof ik toch maar even bofte.

In de bus naar huis dacht ik over alles na. Had ik er iets mee bereikt? Ik dacht van niet. Ma's grootste zorg was geweest dat de buren iets van al die 'ophef' zouden merken. En zelf had ik het gevoel een enorme anticlimax te moeten verwerken in plaats van er snel een eind aan te hebben gemaakt. Het enige dat ik eraan overhield was een zere keel en wie weet wat ik thuis nog zou moeten horen.

Een van de belangrijkste oorzaken van mijn depressie was de grote spijt dat onze verhouding snel aan het verslechteren was. Ma en ik stootten elkaar af, maar waren toch onverbrekelijk verbonden, en ons dagelijks leven zat aan beide zijden vol dingen-die-je-niet-deed. Er waren nooit ruzies over hoe laat ik thuis moest zijn, of over ongeschikte vriendjes, of te veel make-up; ons leven was meer een voorzichtige tocht door een mijnenveld van Onderwerpen Die Niet

Genoemd Mochten Worden. Daaronder was seks, mijn aarzelende houding tegenover godsdienst, mijn vader, zijn dood...

Het leek werkelijk of pa nooit had bestaan. Er waren nergens foto's van hem, er werden geen herinneringen opgehaald. Ik had het gevoel dat ik niets van hem af wist, niet wist wat hij wel en niet prettig had gevonden, en wat zijn gewoonten, zijn hobby's, zijn verlangens, zijn teleurstellingen waren geweest. Ma was tegenover mij erg gesloten. Door de altijd druilende regen wandelde ik naar zijn graf dat toen nog geen grafsteen had, een triest stukje grond met verwelkende bloemen. Ik kocht de rozen waarvan hij zo had gehouden, *Peace*, een soort met een perzikachtige kleur, en die legde ik op het graf terwijl mijn tranen zich met de regen vermengden. Ik klapte de paraplu in en liep naar huis terwijl ik me nat liet regenen. Pa had ook veel van regen gehouden. Op een dag dat ik van mijn pelgrimstocht naar zijn graf terugkwam, had ma me begroet met: 'Ik wou dat jij nooit was geboren. Je bent een monster, weet je dat wel? Een monster. Je hebt een hart van steen.' Ik voelde dat ze gelijk had. Ik voelde dat er geen hart in me sloeg, ik voelde alleen pijn en verdriet en een eeuwigdurend schuldgevoel. Ik zat vaak mijn schaarse herinneringen aan hem te koesteren – de geur van lijnzaadolie die hij gebruikte om er zijn penselen mee schoon te maken, de gouden zonnebloemen die hij op papier toverde terwijl ik als kind verrukt naast hem zat. Op die manier kon ik nog het best mijn verdriet kwijt dat nog steeds vast in me zat opgesloten.

Sinds mijn poging tot zelfmoord was er in ons wereldje niets veranderd. Ik werd weer rusteloos. Alan werd geïrriteerd door mijn snel wisselende stemmingen. Ik zocht opnieuw naar een manier om aan de ondraaglijke eentonigheid van de depressie te ontsnappen, al die spanningen en dat verborgen verdriet. In de badkamer viel mijn blik op een pakje scheermesjes en ik registreerde het als een mogelijk instrument voor zelfmoord. Dit keer mocht er niets misgaan, dat nam ik me vast voor. 's Avonds ging ik uit en kocht twee buisjes Paracetamol. Bij thuiskomst slikte ik ze allemaal door en spoelde ze weg met gin. Toen pakte ik de scheermesjes uit en probeerde er een op mijn vinger: niet erg scherp, maar ze zouden toch hun werk wel doen, leek mij. Ik sneed er met een over mijn linkerpols en mijn hart bonsde afschuwelijk door een gevoel van afkeer. Steeds opnieuw haalde ik het roestige staal over mijn inmiddels rauwe huid, maar het staal scheen niet ver door te dringen. Al snijdend voelde ik me zwakker worden. Algauw kon ik niet meer goed zien, en al helemaal niet meer lopen. De combinatie van alcohol en tabletten moest zijn werk zijn begonnen.

Opnieuw gleed ik weg in een toestand van verminderd bewustzijn en kwam pas weer wat bij doordat ma terugkwam van het inkopen doen; ze kwam naar boven om haar mantel op te hangen. Ze moet het bloedspoor gezien hebben dat van de badkamer naar de slaapkamer leidde en kwam bij me binnen hollen – ik lag uitgestrekt op bed, niet in staat mijn blik op iets gericht te houden en met bloedende polsen. Opnieuw belde ze de ambulance. En alles begon van voren af aan. Ik kwam algauw in hetzelfde ziekenhuis terecht, dezelfde ziekte en ik verwachtte dezelfde behandeling – de verpleegsters waren anderen, de dokter een oudere man, maar de pijn was even erg. De slang ging omlaag. Het vergif kwam omhoog. Mijn kapotte polsen die wel rauwe biefstukken leken, werden verbonden en ik werd voor de rest van de nacht naar de zaal gereden. Toen ik de volgende ochtend weer vroeg wakker werd, wachtte ik op de onvermijdelijke groep doktoren, studenten en psychiaters...

Het was dezelfde zieleknijper die vol zelfvertrouwen 'Dat heb ik u toch voorspeld' tegen mijn moeder fluisterde. Hij wist, zei hij, dat meisjes van mijn leeftijd dit soort dingen deden om de aandacht te krijgen waar het hun aan ontbrak. We lagen elkaar niet, maar moesten elkaar toch elke week zien. Hij gaf me door aan zijn assistente omdat hij mij niet wenste te overtuigen dat hij gelijk had met zijn diagnose, en dat ik ongelijk had. De assistente was een aardige vrouw die wat hulpeloos glimlachte en al mijn vragen beantwoordde met: 'Tja, dat zullen we aan dr. McTurk moeten vragen, hè?' Hij was er nooit zelf. Ik vond dat deze bezoeken tijdverspilling waren en ging niet meer.

In deze moeilijke tijd stierf mijn moeders enige vriend, de oude Frank met wie ze zoveel tijd had doorgebracht. Ma was een soort onbetaalde huishoudster voor hem geweest. Hun verhouding was heel ingewikkeld: Frank was zelf een eenzame weduwnaar en had het heerlijk gevonden mijn moeder kostbaar bontwerk en juwelen te geven die van zijn overleden vrouw waren geweest en ma's verlangen naar mooie dingen was in die armoedige jaren niet minder geworden. Hoewel deze zaken vermoedelijk een flinke som geld hadden opgebracht als ze ze had verkocht, toch zou ze daar nooit aan hebben gedacht zolang Frank nog leefde. Het waren geschenken uit de verzameling van zijn overleden vrouw en het was een grote eer dat zij die had gekregen. Zulke dingen verkoop je niet. Hij nam haar mee naar de beste restaurants in de buurt en maakte haar altijd complimentjes; hij begreep hoe bang ze was om oud te worden. Hij wist van onze financiële toestand af en had ma al zijn bezittingen nagelaten tot verbazing van zijn achterblijvende familieleden. Toen werden we uit onze gevangenis van armoede verlost – en het eerst waar mijn moeder haar geld aan uitgaf was mijn opleiding. Op mijn vijftiende werd ik van de radicale katholieke school afgehaald en naar een dure meisjesschool gestuurd waar ik het restant van de negen maanden van mijn vorming zou blijven. De klas waar ik in terechtkwam, bestond uit vijf meisjes voor wie ik direct een buitenbeentje was, want – zoals een van hen zei – 'Jullie hebben geen privé-zwembad en zelfs geen auto!' Hun ouders waren allemaal rijk, al was het nog niet zo lang, en ze keken op me neer. Daardoor werd ik op de nieuwe school even eenzaam als daarvoor, maar de ouderwetse leermethoden gaven me wel een aansporing om voor mijn eindexamen te werken. Ik wilde graag leren, maar wist veel van de belangrijkste dingen niet; zo wist ik niets af van het maken van opstellen en samenvattingen. Ik had nog maar negen maanden voor het examen en was vastbesloten het te halen. De leraren schrokken van mijn onwetendheid, maar gaven met tegenzin toe dat er misschien nog wel iets met me te beginnen was.

Ik had het gevoel alsof mijn leven eindelijk langzaam in twee delen werd gesplitst – een rustperiode waarin ik me voor het eerst op school op mijn gemak voelde, en een woelige zee waarin Alan en ma onrustig dobberden; ze konden maar net de zware rotsen ontwijken en klampten zich aan elke boei vast om veiligheid te zoeken. We leefden in een soort tussenfase, een onrustige wapenstilstandsperiode. De verhouding tussen Alan en mij ging door, de redenen waaróm bleven voor ons beiden verborgen en mijn eens zo idealistische verwachtingen van de liefde leden schipbreuk en liepen op niets uit. Ma en ik waren redelijk tevreden in ons gedwongen samenzijn terwijl ik een verhouding aanhield die zij niet goedkeurde. Ze wist niets af van mijn seksuele ontwaken, maar zag wel de broeierigheid en mogelijkheden op de lange duur van onze 'romance'.

Ik kreeg wat meer zelfvertrouwen op de nieuwe school en fleurde een beetje op, maakte zelfs een paar vriendinnetjes, maar niet zonder door een fase te zijn gegaan die een soort uitproberen was; ik werd op m'n kop gezeten en moest dat blijkbaar als een inwijding beschouwen. Mijn schoolwerk ging met sprongen vooruit en ik leerde de vreugde van het lezen van Shakespeare, Lawrence, Hardy en Dickens; het werd me met enige discipline en het maken van opstellen bijgebracht. Mijn plannen voor de toekomst begonnen vage maar toch enige vormen aan te nemen. Ik wilde absoluut schrijfster van beroep worden, zoals ik altijd al had gewild, maar ik wilde ook tekenen, en de tijd die ik vroeger had gebruikt om gedwee achter Alan aan te lopen, werd nu produktiever gebruikt door plannen te maken hoe ik roem en rijkdom kon vergaren. Ik las alles wat ik te pakken kon krijgen, net als vroeger, en schreef verhalen die prijzen wonnen bij plaatselijke wedstrijden. Ik voelde me thuis bij Tolstois Anna Karenina of Tess van Hardy, en leefde in een fantasiewereld bevolkt door mijn tragische heldinnen. Ik vond het heerlijk bij Kafka te gruwen en door Günter Grass gepijnigd te worden, en ik voelde me niet zo'n vreemde eend in de bijt wanneer ik me verdiepte in *Het proces* en de wereld vol nachtmerries van *Kat en muis*. Deze liefde voor goede literatuur die oorspronkelijk thuis door mijn moeder was aangemoedigd, was op mijn vorige school nog gegroeid. Daar had ik me tegen het plagen van de bendes proberen te beschermen in de bibliotheek en genoot ik van de schatten die ik in de boeken vond. Mijn klasgenootjes keken naar mijn schooltas en waren achterdochtig omdat ik zulke dikke boeken las, terwijl zij alleen maar boeken als die van Jackie Collins doorbladerden.

Tijdens dit voorbereidende jaar voor mijn toekomst, 1984, verviel ik plotseling in een diepe lethargie waar niets me uit kon halen. Het gebeurde op het ongunstigste moment. Ik gaf nergens om, sleepte me naar school alleen omdat ik niet durfde te spijbelen (in een klas van zes valt het op als er een niet is) en huilde hele nachten lusteloos en zonder enig geluid te geven. Ik wist niet waar deze depressie vandaan was gekomen of hoe ik hem moest kwijtraken; en daardoor slaagde ik maar voor vier van de negen vakken – nog een hele prestatie voor iemand die niets had gedaan.

Dat jaar ging Alan onder dienst en werd naar Duitsland gestuurd nadat hij korte tijd in Engeland getraind was. Ik zag hem weinig en vond het niet erg. Ik wilde een eind aan onze verhouding maken, maar laf als ik was overtuigde ik mezelf dat het de moeite niet waard was om de relatie te verbreken – tenslotte zou ik hem maar één of twee keer per jaar zien. In feite was mijn gevoel van eigenwaarde zo miniem dat ik er vast van overtuigd was geen enkele andere man te kunnen boeien. Dus bleef ik bij hem en zette me elke keer opnieuw schrap als hij me weer lichamelijk overviel.

Ma en ik waren in de fase van voorzichtige onderhandelingen over onze toekomst. Ze was het leven in Kenilworth beu; ze had er haar hele leven gewoond en nu speelde ze al enkele maanden met het idee om uit de buurt te verhuizen en zo onder de ogen weg te komen van allen die ze al jaren kende. Ons huis had geen heerlijke herinneringen aan pa voor haar; het herinnerde er haar alleen aan dat haar sociale vooruitgang hier stil had gestaan. Nu ik tussen twee examens in zat, had ze de kans haar hele verleden achter zich te laten en naar andere en misschien groenere weiden te vertrekken. De vraag was:

waarheen? Het was zoiets als je ogen sluiten en met een speld zo maar op een kaart prikken. Ma's zuster woonde met haar man in Northamptonshire en daar waren we enkele keren op bezoek geweest; het was er rustig en landelijk en het trok ons wel. We vonden een bungalow in een plaatsje dat Brackley heette en daar gingen we wonen. Ik was een beetje verbijsterd, maar legde me er al snel bij neer – ik had toch geen keus? Het speet me zeker niet Kenilworth te verlaten en ik voelde me zelfs wel optimistisch bij het denkbeeld in een andere omgeving opnieuw te beginnen. Ik kon nieuwe vriendinnen maken die niets van mijn nogal vreemde verleden af wisten, en naar een andere school gaan waar ik met een schone lei kon beginnen. Ik kon gaan werken voor mijn examens en de schande van het zakken voor al die vakken vervangen door een glorierijk slagen. Ik kreeg de kans de herinneringen aan het verleden, mét alle fouten, uit te wissen.

Hoofdstuk vier

Op een zonloze dag in midden juni 1984 kwamen we in Brackley aan. Het stadje leek merkwaardig stil voor een zaterdagmiddag. Het marktplein werd in hoofdzaak in beslag genomen door een groot en lelijk stadhuis. We zagen een paar heel vreemde winkels – een vioolmaker, een zaak voor paardrijbenodigdheden en een ouderwetse kleermaker. Verder waren er een paar vervallen oude cafeetjes en een met bomen omzoomde laan die het oude schoolgebouw omsloot dat nu onderdak bood aan zesdeklas-leerlingen. Het was er koud en winderig en het maakte een lege indruk. Het parkeerterrein was bijna verlaten en er waren maar een paar mensen aan het winkelen. Niemand liep maar zo'n beetje rond. Ik kreeg geen prettige indruk, maar hield me voor dat ik Positief Moest Denken. Voor we onze spullen uitlaadden, gingen we in het grootste café lunchen; binnen was alles wel echt maar vervallen, er werd met een zwaar accent gesproken; bovendien was het er somber en stoffig. De vaste klanten bekeken ons nieuwsgierig; ze deden geen moeite hun nieuwsgierigheid te verbergen en hadden pret om onze 'steedsheid'.

Toen we bij ons nieuwe huisje kwamen zei ik niets meer. Het lag op een groot complex, vol nieuwe kleine huisjes die allemaal precies hetzelfde waren – beide kanten op alleen maar huizen en in de verte waren bulldozers bezig de grond bouwrijp te maken om nog meer monsters voor woningzoekenden te bouwen.

Ik zei niets hierover tegen ma; de hele verhuizing was toch al een bron van zorgen voor haar. Het was niet gemakkelijk geweest, maar onmiddellijk na de dood van pa was ze alles alleen gaan doen en had elk aanbod voor hulp afgewezen. Ze had zelf de begrafenis geregeld en het uitvoeren van het testament erna. Nu was ze doodmoe en wilde alleen maar rusten voor ze de grote pakkisten begon leeg te maken die in de slaapkamer stonden te wachten. Daar waren ze door de verhuizers neergezet.

De eerste paar dagen in ons nieuwe huis hadden we het erg druk waardoor we er niet toe kwamen om te gaan piekeren of we wel wijs waren geweest. Het was nog te vroeg om dat te kunnen zeggen en we hadden de neiging ons gelaten neer te leggen bij de consequenties van een eenmaal genomen besluit. We pakten alles uit, richtten ons in, gooiden een en ander weg, bestelden schilders en behangers en probeerden er het beste van te maken. Ik ging de omgeving eens verkennen die vreemd en nieuw voor me was. Ik had altijd gedacht dat het landschap van Northamptonshire mooi was – maar het was vlak en somber, onvriendelijk, net als de bewoners van het stadje.

Ik wilde een deeltijdbaantje zien te krijgen en had ook plannen op een of andere manier in de wereld van de journalistiek binnen te dringen. Intussen moest er eerst gedacht worden aan het behalen van mijn einddiploma op een nabijgelegen school. Door mijn rampzalige gespijbel en de problemen die ik had gehad met geplaag en buitengesloten worden, was ik nerveus bij het idee op weer een nieuwe school te moeten beginnen. Ik wilde zo graag vriendjes en vriendinnetjes hebben, een normaal leven voor een zestienjarige leiden en omgaan met kinderen uit mijn leeftijdsgroep.

Alan en ik gingen wel naar clubs, zelfs vrij dure, naar restaurants en bars, maar ik dacht dat de tieners in Brackley heel anders zouden leven. Ik had gelijk – op mijn eerste dag zag ik al posters met daarop 'Disco! In de aula, 6.30 -10 n.m.' In het begin was niemand erg vriendelijk en ik begon al sombere voorgevoelens te krijgen. Ik merkte algauw waarom niemand op mijn toenaderingspogingen inging – in de ruimte voor de damestoiletten die altijd de bron van praatjes en roddels is, hoorde ik zeggen dat ik een buitenstaander was. Het ging er niet alleen om dat ik nieuw op school was: het kwam door de manier waarop ik sprak, mijn stem had niet het zachte accent van Northamptonshire en ik kleedde me raar, heel anders dan mijn medeleerlingen die in spijkerbroeken en windjakken liepen. Aan het eind van die eerste dag was mijn gezicht verkrampt van het eeuwige glimlachen tegen anderen in de vergeefse hoop een reactie te krijgen. Argwanend kijkend stonden ze op een kluitje en namen me op. Om vier uur ging ik naar huis en voelde me zo ellendig dat ik niet zag hoe schitterend de zon onderging boven de heuvel waarop halverwege tegen de helling ons huisje stond.

In de daaropvolgende weken begon ik me bij mijn klasgenootjes in te dringen; ze vonden me 'raar' maar leerden me te accepteren. Het was me gelukt me op te geven voor het voorlopige examen door een paar leugentjes om bestwil ten beste te geven; zonder direct te liegen had ik laten doorschemeren dat ik de goede ondergrond had voor de vakken van mijn keus: kunst, Franse en Engelse literatuur. Van Frans bracht ik niet zoveel terecht, vermoedelijk ten dele door de angstaanjagende Boadicea-lerares die een scherpe tong en nog veel scherper oog had voor een nerveuze taalstudente. Ik haastte me om van Frans over te schakelen op kunstgeschiedenis voordat ontdekt kon worden dat ik had gejokt. Voor dat onderwerp was geen leraar, maar daar maakte ik me niet druk om; ik was ervan overtuigd dat ik dat mezelf wel kon leren. Het boeide me en vol enthousiasme volgde ik mijn eigen schema voor kunst-door-de-eeuwen-heen. Ik was ook dol op de Engelse lessen en genoot van de boeken die ik al had leren waarderen.

Algauw vond ik de deeltijdbaan die ik wilde in een videoverhuurzaak in het plaatsje. Ik werkte daar vijf avonden per week en verdiende genoeg om mezelf te kleden en wat luxe dingen voor ma te kunnen kopen. Hoewel ik er niemand kende voelde ik me er content nadat ik geleerd had niet meer te blozen over de opmerkingen van de Amerikaanse soldaten van de nabijgelegen basis die het grootste deel van de klantenkring vormden.

Eindelijk schoot ik dus wat op: had een baan die wat opbracht, een paar kennisjes op school en een blanco strafblad. Maar het zou niet lang duren. Intussen genoot ik van mijn pas ontdekte normale leven, maar kreeg wel het gevoel dat het een vermomming was, een masker dat elk ogenblik van mijn gezicht kon glijden en de werkelijke persoon erachter onthullen.

Mijn vriendinnetjes waren ook buitenstaanders, één een meisje met ouders die haar alleen in een pension in het plaatsje lieten wonen, een tweede was een meisje uit een andere stad en even vreemd hier als ik, en het derde meisje was wel lid van de plaatselijke kringen, maar ze was erg excentriek. Ik vond (misschien uit jaloezie) dat ze onnatuurlijk intiem was met haar vader en die band was oorzaak voor argwanend commentaar van de andere kinderen. Wij vieren trokken met elkaar op. Ik had intussen wel geleerd dat ik nooit door een meerderheid zou worden aanvaard en weigerde mijn individualiteit op te geven alleen maar om te passen in de algemeen geldende opvatting hoe een zestienjarige moest zijn. Mijn nieuwe vriendinnetjes zouden van afschuw hard zijn weggehold als ze meer details van mijn leven hadden geweten – mijn seksleven met Alan, mijn pogingen tot zelfmoord en mijn depressies. Ik was niet van plan in een klein, conventioneel plaatsje als Brackley een paria te worden door die geheimen te onthullen – dus sloot ik een compromis. Ik kleedde me opvallend en gaf ambitieuze ideeën ten beste, maar hield mijn andere meningen en merkwaardigheden voor me en bedacht dat een nieuw begin betekende dat je andere dingen van vroeger moest opgeven.

En in mijn nieuwe conventionele vermomming was ik naar omstandigheden redelijk gelukkig. Doordat ik werkte kon ik toegeven aan mijn grootste zwakheid: kleren – ik was gewoon verslaafd aan kleren. Vaak ging ik naar het dichtstbijzijnde winkelcentrum en kwam uren later terug, beladen met zakken vol kledingstukken, namaakjuwelen en andere dingen die bij mijn nieuwe kleren moesten passen. Het was alleen jammer dat ik nooit ergens heen ging waar ik dat alles kon dragen en ze mochten dus alleen de binnenkant van mijn klerenkast versieren.

Ma en ik gingen even geregeld als vroeger naar de kerk. Zijzelf ging twee of drie keer per week – ook om haar dagen te vullen, denk ik. Ze had verder niet zoveel te doen. De dichtstbijzijnde stad die een beetje interessant was, was Banbury, vijftien kilometer verderop, of Oxford, dertig kilometer van ons vandaan. Ze reed geen auto en er waren maar twee bussen per dag. De katholieken van Brackley, die graag alles van vreemden in hun midden wilden weten, waren brutaal genoeg om ma voor de kerk staande te houden en te vragen waar haar echtgenoot was. Dan lachte ze vaag en begon handig een gesprekje over het weer, of over de eindeloos vervelende preek van de priester. Dat was een oude man, vol rimpels en wat verkreukeld zoals deze eerwaarde heren vaak zijn, en dol op een borrel en een sigaar. Daardoor vergat hij vaak wat hij zei en geen enkele preek verliep zonder dat een van zijn broeders in God hem onderbrak om hem te vertellen waar hij was gebleven.

Ik moest altijd lachen om de merkwaardige streken van de dames van de landadel die de kerk staande hielden. Tegen deze ervaren chique oude dames had de priester geen enkele kans: Mapp en Lucia zouden bang voor hen zijn geworden. De ene, een corpulente vrouw met paars haar die wel iets op het boegbeeld van een schip leek, was meestal vergezeld van haar echtgenoot, een kruiperig mannetje dat altijd halverwege de preek wegdoezelde en dan met luid gesis door haar werd gewekt. Deze zelfde dame hield ma eens op de kerkstoep staande en stond erop dat ze hen kwam helpen met religieuze plichten. Binnen enkele minuten kreeg mijn moeder de taak voor de bloemen te zorgen. Het was zo hun eigen wereldje daar en die mensen leidden het met ijzeren hand.

Ik had niet het gevoel dat ik bij Brackley hoorde; volgens mij waren de kinderen die ik daar leerde kennen, erg vreemd. Ze hadden geen ambities, geen duidelijk verlangen naar een carrière of zelfs naar een werkkring. In het stadje heerste geen grote werkloosheid, maar hun houding was slap en iedereen scheen onwillig te zijn werk te doen dat maar weinig meer opbracht dan een uitkering. Ik kreeg er nachtmerries van te denken dat ik afhankelijk zou zijn van een bizar systeem als de sociale dienst en nam allerlei baantjes in Brackley om te zorgen dat het nooit zover met mij zou komen. Ik vond het een vreemd idee dat je moest wachten totdat je van de universiteit kwam en maar aannemen dat er dan wel een baan op je stond te wachten. Ik was er helemaal niet van overtuigd dat ik zo veel geluk zou hebben net een baan te vinden als het zover was, en zorgde ervoor mijn pad intussen te plaveien met allerlei tussenbaantjes.

In mijn tweede schoolperiode sprak ik langdurig met een beroepskeuze-bemiddelaar die ons kwam bezoeken. Nadat hij naar mijn verhalen had geluisterd, vertelde hij me dat het onmogelijk voor me zou zijn om zonder een diploma iets te beginnen in de wereld van de journalistiek of de media. Dat had hij opgemaakt uit blaadjes met eisen van de universiteiten die nog uit 1979 stamden. Ik wist dat ik niet veel kans op goede eindexamenresultaten had, vooral omdat ik voor twee of drie onderwerpen geen leraar had (ik was de enige die zich dat jaar had opgegeven en voor één leerling werd geen leraar aangenomen). Dus leerde ik zelf en al wist ik dat ik het kon, ik wist níet of ik op de goede manier leerde. Mijn kansen op plaatsing op een universiteit waren nihil. Na dit gesprek ging ik naar huis en belde de plaatselijke krant op; ik wilde weten of ik kans had voor hen te schrijven. Op het kantoor werd me door een zakelijke maar vriendelijke assistent-redacteur verteld dat ze wel verslaggevers in opleiding namen, maar die moesten dan wel achttien zijn en een einddiploma van de middelbare school in hun zak hebben; hun Engels moest goed zijn. Ik regelde dat ik een week voor hen zou werken om ervaring op te doen en ging naar huis, tevreden dat ik de kans kreeg mijn journalistieke kwaliteiten te testen.

In die tijd keek ik vaak om me heen en zag dat alle andere meisjes vriendjes hadden van hun eigen leeftijd, vriendjes die hun interesses deelden. Ik ging nog steeds om met Alan, maar hij was in Duitsland en kwam maar een of twee keer per jaar thuis. Er waren genoeg jonge Amerikaanse soldaten in die omgeving en ik begon met een van hen uit te gaan. Maar korte tijd later ontdekte ik dat hij getrouwd was, maar daar deed hij erg wijsgerig over. 'Och, ze heeft net een baby gekregen, en het ziet ernaar uit dat ze niet meer in mij is geïnteresseerd,' zei hij, trok zijn schouders op en hief zijn handen op alsof hij wilde zeggen: 'Zo gaat het in het leven.' Maar niet in míjn leven. Ik brak met hem en keek verder rond.

In de stad bestond het idee dat er iets mis met je was als je geen vriendje had. Maar als je er te veel had, dan was er iets anders mis met je – en iets veel ergers. Dan was je een Slet, een meisje dat Niet

Netjes was, Niet Kuis. Ik wilde met alle geweld als normaal worden beschouwd en niet opvallen en in een krankzinnige poging het iedereen naar de zin te maken vertelde ik eerst wat verlegen dat ik een vriend had die ver weg in het leger zat en daarna ging ik binnen een tijdsbestek van veertien dagen met een aantal mannen uit. Het ging er alleen om De Juiste te vinden. Soms waren die uitjes onschuldig, soms niet. Het was niet één keer leuk voor mij, maar dat verwachtte ik allang niet meer.

Ik voelde me niet gelukkig met deze vernederende mannenjacht en toen Alan eindelijk weer eens thuiskwam, klemde ik me aan hem vast en wilde getroost worden, op welke manier dan ook. Misschien zaten de traditionele waarden en verwachtingen van het stadje me dwars – die stuurden aan op een huwelijk, moederschap en 'een gezin stichten'. Hoe meer ik daaraan wilde toegeven, hoe meer het op een laffe en toegeeflijke houding leek. Ik moest me houden aan wat ik werkelijk wilde – en dat was: een eigen carrière, onafhankelijkheid, voldoening. Ik was er niet zo van overtuigd dat ik ooit zou trouwen, kinderen zou krijgen en een normale, conventionele verhouding met een man zou hebben. Tijdens mijn week bij de krant had ik ontdekt dat ik het vermogen had om voor kopij te zorgen en artikelen te bedenken. Ik was geen fantastische schrijfster, maar ik maakte maximaal gebruik van mijn vaardigheden en een tijdje later schreef ik regelmatig artikelen voor drie plaatselijke bladen. Ik vond dat een hele prestatie: het gaf me zelfvertrouwen mijn werk in druk te zien, en te weten dat ik ook zonder diploma misschien wel een baan bij een krant kon krijgen.

Het was in de zomer van 1985 en het leek een goede zomer te worden. Maar de laatste tijd had ik weer veel last van hoofdpijn; dat had me als kind al ellende bezorgd evenals aanvallen van lethargie en een lichte gedeprimeerdheid. Ik probeerde het allemaal van me af te zetten en te begrijpen waarom – juist wanneer ik probeerde mijn leven weer wat meer in vorm te brengen – ik opnieuw door somberheid werd overvallen. Ik had nu de gebruikelijke zes weken schoolvakantie en ik vond dat er geen reden bestond om 's morgens op te staan. Ik gaf mijn baan in de videozaak op. Zonder enige aanwijsbare oorzaak zou ik de hele dag wel willen huilen en ik had het gevoel dat het leven me niets te bieden had. Ik was eenzaam – ma en ik gingen behoedzaam met elkaar om, maar ze was nooit in staat geweest emotie of liefde tot uitdrukking te brengen, laat staan dat ze iemand eens een kus gaf of knuffelde. Ik had wanhopig behoefte aan een relatie waarin de liefde die ik in me had onvoorwaardelijk en van harte door een ander aanvaard werd. Er ging van alles door me heen, bekende gevoelens – zelfmoordneigingen, duisternis, en een eindeloze slaperigheid. Bij mijn terugkomst konden de examenresultaten verwacht worden. Maar het deed er niet toe.

Op een ochtend ging ik naar de dokter in het plaatsje, een aardige maar gereserveerde man. Nadat ik hem mijn klachten had verteld, zei hij dat het eigenlijk geen zaak voor een huisarts was. Hij liet doorschemeren dat hij zijn tijd aan mij verdeed omdat ik gewoon met pubermoeilijkheden kampte. Hij zei dat dat de reden was van mijn depressie, mijn slapeloosheid, mijn lethargie. Ik vertelde hem iets van mijn psychiatrische voorgeschiedenis en vroeg of ik soms naar een psychiater moest gaan. Hij zei zeer beslist dat diens diagnose dezelfde zou zijn als die van hem. Hij zei dat alleen de tijd uitkomst zou kunnen brengen; ik zou er wel overheen groeien. Zijn laatste woorden waren dat ik 'over een paar maanden maar eens terug moest komen als ik me nog niet beter voelde'.

Eén maand was al te lang om te wachten. Maar in elk geval twijfelde ik er zeer aan of een psychiater mij zou kunnen helpen, want ik had geen hulp nodig om mijn probleem te analyseren; wat ik nodig had was een oplossing. Ik had voor mezelf toegegeven dat ik de allesoverheersende behoefte in me voelde om iets te hebben dat van mij was, ièmand die mij nodig had en van me hield, en me niet zo gauw zou afwijzen. Het duurde even voordat de voor de hand liggende oplossing tot me doordrong: een baby! Natuurlijk. Een kind dat van me zou houden, geen kwaad in me zou zien, me niet zou bekritiseren, een kind waaraan ik al mijn liefde en genegenheid kwijt kon, dat ik kon knuffelen en kussen en zien opgroeien.

Zolang ik al met Alan sliep had ik de verantwoordelijkheid voor anticonceptie aan hem overgelaten. Ik wist dat ik zo verstrooid en vergeetachtig was dat ik de pil vast niet regelmatig zou nemen, en eigenlijk was ik ook doodsbang dat mijn dokter het aan mijn moeder zou vertellen als ik naar hem toe ging en om de pil vroeg. Misschien wilde ik ook de verantwoordelijkheid omzeilen als er 'iets mis zou gaan'. Het enige dat ik nu hoefde te doen was de volgende keer dat ik Alan zag, hem verzekeren dat ik van gedachten was veranderd over de pil. Dat kon hij niet controleren en als ik bofte, werd ik zwanger. Ik ben nooit van plan geweest Alan iets over die zwangerschap te vertellen, of hem er op een of andere wijze bij te betrekken. Ik wilde dat het helemaal míjn baby zou worden.

Het merkwaardige bij dit alles was dat ik nooit verder dacht dan het zwanger wórden. Ik had alle gedachten over de werkelijkheid van de volgende negen maanden uit mijn hoofd gezet, evenals de geboorte, het kind en alles wat het nodig had. Het enige dat ik voor me zag was mijn enorme behoefte, mijn hónger naar liefde, naar iemand die míj nodig had... het ging allemaal om liefde, en wat emoties betrof was ik op een beslissend punt gekomen. Ik wist absoluut zeker dat als ik nu niets deed, ik elke wil om verder te leven zou kwijtraken.

Alan kwam in juli 1985 een week terug, zonder te weten hoe zijn lichaam gebruikt zou worden. Ik verdroeg met vreugde de voor mij aan seks verbonden pijn en probeerde mijn wil in te zetten om het groeiproces aan de gang te brengen. Langzaam verdween de depressie, zoals ik wel geweten had dat zou gebeuren: de belofte van een nieuw leven zou de oude pijn van al het opgekropte verdriet doen oplossen. Ik had het gevoel dat dit in mijn leven een Nieuw Jaar zou zijn, een keerpunt. Het moest een jongen worden – geen meisje net als ik, maar een jongen, dapper en knap, briljant, een ster, iemand voor wie ik zou willen leven. De werkelijkheid bleef bij het begin staan en kwam niet verder.

Ik wachtte totdat mijn ongesteldheid moest komen en elke dag leek eindeloos door mijn wachten en hopen. Er kwam geen bloed. Ik was overtuigd dat er eindelijk iets goeds en heerlijks uit al die afschuwelijke jaren was voortgekomen. Het werd algauw september en aan mijn hele lichaam merkte ik, zonder enige twijfel, dat ik zwanger was. Er daalde een heerlijk vreedzaam gevoel over me neer.

Maar tegelijkertijd werd ik door aanvallen van misselijkheid overvallen. Ik begon 's ochtends lessen te verzuimen uit angst dat ik het lokaal uit moest rennen om de bittere gal uit te spuwen die ik na veel moeite los maakte. Ik kreeg rugklachten en had de hele dag op school pijn terwijl ik niet wist hoe ik het best op die harde stoelen kon gaan zitten. De anderen keken nieuwsgierig naar me, maar vermoedelijk schreven ze dat gekke gedraai toe aan het feit dat van mij niet verwacht kon worden dat ik me net zo gedroeg als iedereen; ik was ondoorgrondelijk, onredelijk, 'anders'. Ik deed mijn voorbereidend eindexamen zonder iets te hebben nagekeken en haalde het met de hakken over de sloot.

De leraren waarschuwden dat ik me behoorlijk zou moeten inspannen als ik in de zomer het werkelijke examen wilde halen. Wat kon mij dat schelen? Ik moest aan een nieuw leven denken, een ander mensje.

Ik had een nieuwe deeltijdbaan aangenomen en werkte hard om wat geld bij elkaar te krijgen. Maar ik had geen tijd om aan andere praktische dingen te denken. Ik was niet bij een dokter geweest, niet naar een ziekenhuis gegaan. Niemand wist er iets van en ik koesterde dit geheim, ik was er zo blij mee. Dit was nu mijn eigen werk. Alans aandeel erin was maar toeval, een bijkomstigheid.

In december was ik ongeveer vijf en een halve maand zwanger. Tot die tijd was mijn buik vrijwel niet dikker geworden – omdat ik doodsbang was dat iemand iets zou raden, had ik steeds mijn maag ingetrokken al ging het moeilijk, en ik moest opletten hoe ik ging zitten. Dit ging allemaal gemakkelijker omdat Alan weer weg was; hij was alleen heel even terug geweest in november en toen was mijn buik nog onschuldig glad. Nu zou hij pas weer in april overkomen. Maar nu voelde ik de hele dag de zogenaamde 'ochtendmisselijkheid' en ik had ook last om mijn blaas in bedwang te houden, iets dat vaak met zwangerschap samengaat. Dan was er nog het probleempje van mijn ongesteldheden – ik besloot dat het verstandiger zou zijn nu en dan te bloeden voor geval ma achterdochtig zou worden. Ik kocht maandverband, net als anders, en gooide dat weg in het toilet.

Met Kerstmis werden we bij familie uitgenodigd en mijn oom maakte een opmerking over het feit dat ik was aangekomen. Ik gaf niet het voor de hand liggende antwoord, maar zweeg. Ma merkte niets. Na nieuwjaar overwoog ik naar een dokter te gaan. Ik was zes en een halve maand zwanger voor ik eindelijk ging. Mijn buik was nog vrij plat en deze ongelukkige huisarts schatte dat ik ongeveer twee maanden zwanger was. Omdat ik altijd bereid was iets te geloven waarvan ik wist dat het onmogelijk waar kon zijn, veranderde ik opeens van gedachten en verkondigde dat ik een abortus wilde hebben. Hij zuchtte diep en informeerde voorzichtig naar mijn voorbehoedsmiddelen. Ik zweeg en voelde de onuitgesproken afkeuring van de dokter. Ergens, diep binnen in me, zei mijn gezond verstand dat zelden aan het woord kwam, dat ik al veel te lang zwanger was. Maar een andere stem – eindelijk wakker geworden – zei in wilde paniek dat dit ongeboren wezentje uit me verwijderd moest worden. Ik hield er niet van, had geen idee dat het van mij was, maar was nu alleen nog maar bang, doodsbang en zat vol angstige voorgevoelens.

De dokter wist niets van deze innerlijke strijd en stuurde me naar een vrouwenarts in Oxford. Deze man ging niet alleen op uiterlijk af, maar stuurde me ook naar een scanner. Toen ik bij hem terugkwam, werd me verteld dat ik ruim zevenentwintig weken zwanger was en wat dacht mijn huisarts eigenlijk met mij te zeggen dat ik een abortus kon ondergaan? Lafaard die ik ben vertelde ik niet dat ik niet oprecht tegenover de huisarts was geweest. Helemaal in de war keerde ik naar Brackley terug en was bang en woedend dat ik zo stom was geweest. De onwerkelijkheid was werkelijkheid geworden. Ik had absoluut niet verder dan het zwanger wórden gedacht. In mijn wanhopige jacht naar iets om van te houden, had ik geen ogenblik stilgestaan bij de betekenis van een zwangerschap en de verantwoordelijkheid van het moederschap.

Thuis, opgaand in mijn ellende en in wat er werkelijk gebeurd was, smeedde ik wilde plannen over verwijdering van het foetus. Ik dacht aan de baby in me als aan 'het', belde wanhopig alle abortusklinieken op, maar ontdekte dat niet een mij wilde aannemen zonder vragen te stellen en te wijzen op de wettige maximumleeftijd van het foetus. Eindelijk vond ik er een in Brixton waar ze niet al te moeilijk deden en me verzekerden dat ik geen scan hoefde te ondergaan; hun tarief was £400. Zoveel geld had ik niet en uiteindelijk kwam ik tot de slotsom dat ik niet de moed (of de lafheid?) had de traumatische ervaring te ondergaan waarbij een kind wreed uit me zou worden weggehaald – een kind dat er niet om had gevraagd om geboren te worden en om wiens welzijn ik me totaal niet had bekommerd.

Er zat niets anders op dan dat verschrikkelijke kind maar te krijgen en te proberen een manier te vinden om alles voor ma verborgen te houden. God weet dat ik er geen idee van had hoe ik dat voor elkaar moest krijgen, maar ik moest het proberen. Ik had steeds geweten dat het het einde voor haar zou betekenen als ze te weten kwam dat ik seksuele omgang had gehad, laat staan dat ik een onwettige baby zou krijgen. Ik had haar in het verleden al zoveel verdriet gedaan, dat ik daar niet nog meer aan wilde toevoegen. En daar zat ik met de telefoon in mijn hand en besloot een passende en discrete manier te vinden om het kind te krijgen en dan het probleem van adoptie te behandelen, of wat de alternatieven ook waren.

Ik ging naar de plaatselijke sociale dienst waar ik werd toegewezen aan een bijzonder hatelijke sociale werkster die ik onder geen omstandigheden aardig zou hebben gevonden, maar die nu heel erg afschuwelijk leek en niet de geringste tact opbracht tegenover iemand die hulp voor adoptie nodig had. Ze was te oud voor dit baantje en ik haatte haar neerbuigende houding. Ze behandelde me als een stout klein meisje dat zo dom en egoïstisch was geweest om zwanger te worden en legde nog eens extra nadruk op haar standpunt door erop te staan te praten in een kantoor vol kinderspeelgoed en posters met gelukkige ouders. Wilde ze mij goed van mijn onzedelijk gedrag doordringen? Daar had ze het recht niet toe, vooral niet omdat het verhaal dat ik haar deed heel deugdzaam was – al was het niet waar.

Voor zover zij wisten was ik het slachtoffer van een verkrachting en mijn zwangerschap was daar het gevolg van. Ik had dit verhaal bedacht om me al die vragen over de vader te besparen en om Alan elke betrokkenheid bij het vaderschap te besparen van een baby waar hij niets vanaf wist; hij was ongewild in de val gelokt om de vader ervan te worden. Ik beweerde dat ik naar Oxford was gegaan om een vriendin te bezoeken en haar had gemist (dit deel was waar). Er waren geen bussen terug naar Brackley geweest en dus was ik naar het station gegaan. Daar had ik op de dienstregeling gezien dat ik regelrecht naar Weston-super-Mare kon en had de ingeving gekregen daarheen te gaan om te proberen of ik iets kon oproepen van de blijheid die ik daar als kind had beleefd (ook dat deel was waar). Ik was om middernacht in Weston aangekomen. Ik had geen geld gehad om naar een hotel te gaan en was langs het strand gaan wandelen, waar – om een lang verhaal kort te maken – ik verkracht was. Het was een verhaal waarvan niemand kon zeggen dat het niet waar was. Ik geloof wel dat men erg sceptisch was, maar ze konden niet bewijzen dat ik loog.

Het was een vreselijke leugen en het was een vreselijk onderwerp om over te liegen, maar ik zag werkelijk niet in waarom Alan betrokken moest worden bij adoptieregelingen, vooral omdat ik hem nooit had laten weten dat ik zwanger was. Ik had hem sinds juli niet meer gezien en hij werd in maart thuis verwacht, een maand voordat ik zou bevallen. Ik had geprobeerd hem ervan te weerhouden me op te zoeken, omdat ik hem niet met die duidelijke dikke buik van me onder ogen wilde komen. Dan moest ik hem óf de vreselijke leugen die ik bedacht had vertellen, of de nog veel ergere waarheid.

Dit was maar een kleinigheid te midden van alles wat ik moest verzinnen om de tijd van mijn bevalling te verdoezelen. Ik wist van het bestaan van een tehuis voor 'meisjes zoals ik', maar ik had er vreselijke verhalen over gehoord. Toch dacht ik dat het beter zou zijn dan niets, maar tot mijn verbazing was het vol. Er waren te veel ongehuwde moeders in Northampton. Maar ik bofte enorm, want de dame die de leiding van het tehuis had, bood mij een kamer in haar eigen huis aan waar ik de baby kon krijgen; ik nam het aanbod met beide handen aan.

Toen begon ik erover na te denken hoe ik mijn afwezigheid thuis zou moeten verklaren. Ik kwam op de gedachte ma te zeggen dat ik een plaatsje aangeboden had gekregen op een cursus voor journalistiek in Londen. Ik had haar de laatste tijd zo veel leugens moeten opdissen over interviews en dergelijke, dat een meer of minder geen verschil meer maakte. De afgelopen maanden had ik 'interviews' gehad in Liverpool, Cardiff, Birmingham en vele andere steden terwijl ik in werkelijkheid naar het ziekenhuis was geweest of naar die afschuwelijke sociale dienst.

Ik had ma de laatste tijd niet zoveel gezien, al was ik vaak niet naar school gegaan en thuisgebleven. Soms wilde ik het haar zo graag allemaal zeggen en kon me nog maar net op tijd beheersen. Het zou zo egoïstisch zijn geweest haar ermee lastig te vallen, maar ik had het gevoel alsof ik zou bezwijken onder de last van de druk van de baby, mijn komend eindexamen, mijn baantjes en de gedachten aan de toekomst.

Toen ik haar over de cursus vertelde, was ze zelfs niet sceptisch. Daar schrok ik even van – meestal wantrouwde ze alles wat ik zei, met recht, maar dit keer scheen ze te verstrooid te zijn en vroeg niets. Ik had al lange tijd geprobeerd haar over te halen een baan te zoeken, of vrijwilligerswerk te doen, om haar uit huis te krijgen en ergens interesse in te laten hebben, want sinds de verhuizing naar Brackley was ze steeds verbitterder geraakt. Ze had een hekel aan het stadje en de bewoners, aan het simpele boerenleven en het gebrek aan openbaar vervoer. Ze voelde zich in een val en begon kranten uit Kenilworth en Coventry te bestellen en vroeg nu en dan bij makelaarskantoren om bijzonderheden over huisvesting daar.

Het was nu eind maart en ik was nerveus omdat ik me ging voorstellen wat er zou gebeuren als ik te vroeg of te laat zou bevallen. Ook aan ma's geloof aan mij kwam een eind. En Alan was voor het eerst sinds november thuis en drong erop aan me te ontmoeten. Op een goed moment kwam hij zelfs opdagen en nam me mee naar een plaatsje in de buurt om wat te drinken, waar ik nerveus in het café zat terwijl ik manieren bedacht om over het onderwerp te beginnen dat me bezighield. Ik was van plan ook aan hem het verhaal van de verkrachting te doen, want ik wist dat hij liever een lading leugens slikte dan enige verantwoordelijkheid te aanvaarden. Ik verwachtte ook totaal niet van hem dat hij dat deed voor iets waarvan hij niets had af geweten, als we het eerlijk beschouwden.

Na het café reden we naar mijn huis. Zwijgend zaten we voor het kleine huis totdat hij zich eindelijk met een zucht tot me wendde en zei: 'Waarom vertel je me eigenlijk niet wat er aan de hand is?' Ik haalde diep adem en deed dat. Hij bleef zwijgen totdat ik met mijn leugens klaar was en op zijn reactie wachtte. Maar het was een enorme anticlimax. Hij was verlegen, schraapte zijn keel en vroeg me, niet op zijn gemak, wat ik wilde dat hij deed. Ik keek hem verbaasd aan. 'Ik wil niet dat jij iets doet.'

Ik voegde een postscriptum aan het verhaal toe door te zeggen dat ik hem alleen maar de waarheid vertelde voor hij het zelf ontdekte.

En dat ik niets van hem wilde hebben, op financieel, emotioneel gebied of wat dan ook. Daarom had ik hem niet willen ontmoeten, zei ik, en ik zou het begrijpen als hij zijn verlof wilde doorbrengen met andere dingen. Maar hij zei dat hij me toch wilde blijven ontmoeten, en maar een paar dagen verlof had voordat hij voor dienst naar Noord-Ierland moest.

Alan was duidelijk geschrokken van het nieuws, al was hij opgelucht toen hij hoorde dat het niet van hem verwacht werd dat hij bij de geboorte een rol zou spelen. Ik had hem gezegd dat ik overal voor zou zorgen en dat hij alles van zich af kon zetten. Als hij weer thuiskwam, was alles voorbij. De resterende dagen brachten we samen door.

Ik zou op 1 april naar het huis van de sociale werkster gaan, op dezelfde dag dat Alan naar Ierland moest. Ik had nogal wat moeite met ma die aanhield en zei dat het hotelletje waar ik in Londen zou wonen, toch zeker wel een adres en telefoon had. Maar ik overtuigde haar dat ik háár zou opbellen, en toen gaf ze me wat geld voor de 'telefoongesprekken uit Londen' en andere onkosten. Ik aarzelde of ik het zou aannemen, maar om haar niet argwanend te maken, deed ik het toch. Toen pakte ik in en nam een heel stel boeken mee voor de weken dat ik zou moeten wachten. Ik wist dat ik eigenlijk moest studeren, maar ik had er weinig zin in en ik wist maar al te goed dat ik mijn gedachten onder deze omstandigheden toch niet bij Shakespeare en Milton kon bepalen.

Bij aankomst op het busstation van Northampton waar ik mevrouw Farrell zou ontmoeten, zette ik snakkend naar adem moeizaam mijn zware koffer neer. Ik voelde mijn lichaam nu, al was er nog steeds weinig te zien, en ik had voortdurend rugpijn omdat ik nooit – thuis noch ergens anders – zichtbaar zwanger had mogen zijn. Ik moest oppassen als ik ging zitten en uitkijken dat mijn figuur dan niet te veel opviel. Ik had er geen idee van dat ik staalpillen had moeten slikken, vooral omdat ik nogal last van bloedarmoede had; ik had niet goed gegeten, en vrijwel nooit melk gedronken. Ik had mijn drie baantjes aangehouden zowel als mijn studie en het schrijven voor de kranten, en had zware dingen getild en gedragen zonder aan het ongeboren kind te denken.

Ik moest me bij een ander ziekenhuis laten inschrijven omdat ik nu in een ander graafschap was, en ik maakte een afspraak. Op een vrijdag kwam ik in het huis van mevrouw Farrell aan. Het lag nogal afgezonderd en buitenaf, te ver om naar het dichtstbijzijnde dorp te wandelen en vijftien kilometer van het stadje waar het ziekenhuis was. Ik zag als een berg op tegen de tocht daarheen: over een stenige, oneffen weg terwijl ik weeën had. Misschien zou ik te veel pijn hebben om het te merken, dacht ik.

Dat weekeinde was ik erger gedeprimeerd dan ooit. Ik verveelde me en voelde me niet thuis te midden van vreemden, maar was ook eenzaam. Het enige dat ik deed was in mijn slaapkamer zitten huilen. Op maandag moest mevrouw Farrell naar Northampton en ze bood me aan mee te rijden. Dat deed ik en ik besloot die dag even naar huis te gaan; het was maar een kort busritje. Ik kon niet tegen de eenzaamheid en ik voelde me zo ellendig dat ik alles aan ma wilde vertellen, maar ik wist dat ik het niet zou doen. Ik zou een geloofwaardig verhaaltje bedenken, ik was gestuurd om wat werk bij de plaatselijke krant te doen en ik hoopte dat ze dat zou slikken.

Toen ik thuiskwam staarde ma me aan, want ik was zo bleek als een doek. Misschien zag ze me nu beter omdat ik een weekeinde weg was geweest, en ze zette me biefstuk voor om wat aan te sterken. Ik had het gevoel dat ik zou doodgaan als ik naar mevrouw Farrell terug moest, maar ik wist dat ik niet alles voor niets kon hebben gedaan. En zo zou het zijn als ik de zaak nu opgaf. Ik stond nog steeds op dezelfde manier tegenover het verdriet dat ik ma zou doen als ik haar alles vertelde, en op deze manier hoefde ze er nooit iets van te weten.

Ik keerde terug naar het huis in de wildernis en wachtte de komende bevalling af. Op donderdag moest ik, volgens afspraak, naar het ziekenhuis en kreeg een standje dat ik me niet eerder had laten inschrijven. Ik legde de moeilijkheden uit verbonden aan het verhuizen van het ene graafschap naar het andere en ze stemden erin toe me toe te laten. Het was maar goed dat ik het niet langer had uitgesteld, want die nacht gebeurde het.

Ik had een te warm bad genomen, had verstrooid vergeten de kraan dicht te doen en was erin weggezonken, dankbaar even die zeurende rugpijn niet te voelen. Toen ik een half uur later het bad uit kwam, voelde ik iets uit me druppelen en omlaag kijkend zag ik dat het kleurloze vloeistof was. Ik wist dat het water nu was gebroken, en nadat ik me had afgedroogd, ging ik naar de slaapkamer en propte een tas vol met nachtgoed en boeken. Ik was erop voorbereid geweest en had me vast voorgenomen niet in paniek te raken.

Zoals ik al gevreesd had was de rit naar het ziekenhuis lang en pijnlijk, maar eindelijk waren we er. Toen ik er naar binnen liep en het aan mevrouw Farrell overliet om de auto te parkeren, keek de dienstdoende zuster ongelovig naar mijn buik toen ik haar vertelde dat ik weeën had. Ze bracht me naar een kamer en zei dat ik moest gaan liggen en op de dokter moest wachten. Dat deed ik en nam de tijd tussen de weeën op; ik probeerde aan niets te denken behalve aan de pijn en hoe ik die het best kon verlichten. Die ochtend had ik de dokter bij het onderzoek gezegd dat ik een ruggeprik wilde hebben tegen de pijn, maar die was op dat ogenblik nog niet zo heel erg.

Om negen uur was het water gebroken en tegen elf uur begonnen de weeën erg pijnlijk te worden. Ik gilde niet, maar vroeg me wel hardop af of ik die ruggeprik nu kon krijgen. Ze zeiden dat het nog te vroeg was, en nu kwam er – om de pijn nog erger te maken – een groepje studenten om mijn bed staan om 'Vrouw in Barensweeën' te observeren. Ze gaven commentaar zoals je in een museum of zo doet en ik had ze het liefste gezegd dat ik toegangsprijzen vroeg, maar de pijn kwam terug en ik kon nergens anders meer aan denken. Een roodharige student zag hoeveel pijn ik had en kwam bij mijn bed staan om bij elke wee mijn hand vast te houden. Een beetje egoïstisch misschien, maar ik was hem er wel dankbaar voor, want als ik heel hard in zijn hand kneep, kon ik me daarop concentreren en de pijn een beetje van me afzetten. De blik op zijn gezicht bij elke wee was vrijwel dezelfde als die op het mijne.

Na wat een eeuwigheid leek riep de zuster de anesthesioloog die me de ruggeprik gaf waar ik zo naar verlangd had – die deed echt pijn, en als klap op de vuurpijl vertelden ze me ook nog dat je bij zo'n ruggeprik altijd het risico liep verlamd te raken (dat vertelden ze me pas ná het geven van de prik!). Toen zonk ik in een soort slaap weg, ik voelde de weeën nog wel, maar alleen als golven van een verre pijn, niet zo snijdend als eerst. Ze schenen allemaal te denken dat het wel lang kon gaan duren, want er was niemand meer in de kamer. Opeens had ik het dringende gevoel dat ik moest plassen en keek rond. Ik rolde me van het bed af en liep dronken naar de deur waarbij ik – zonder het te merken – de monitor van het foetus lostrok. Er was niemand aan wie ik kon vragen waar de toiletten waren en ik zag plotseling een metalen kom onder mijn bed staan. Natuurlijk! Ik ging erop zitten. Toen ik klaar was kwamen de verpleegsters terug en schrokken zich een ongeluk dat ik uit bed was gekomen. Ik vertelde ze de reden en wees op de kom. Stilte. 'Die is voor watten,' zei de verpleegkundige.

Daarna doezelde ik weg. Een paar uur later werd ik wakker en merkte dat de bevalling nu goed op gang was. Het bleek dat de baby verder was ingedaald terwijl ik sliep en nu werd me gezegd dat ik moest persen. Hoezo persen? Iedereen scheen te denken dat ik er alles van afwist. Ik perste en er schoot een baby naar buiten. De vroedvrouw was verbaasd over het gemak van de eindfase, maar zei dat ik wel was ingescheurd en gehecht moest worden. Eerst kwam nog het uitdrijven van de nageboorte, een natte, glibberige massa. Ze legden hem op een weegschaal en ik vroeg me af of ze hem soms gingen verkopen.

Nog half verdoofd bleef ik liggen, werd gewassen, mijn haar werd gekamd en toen wachtten we op de dokter met zijn naald. Mijn voeten zaten in stijgbeugels en zo lieten ze me liggen, met de deur open. De chirurg liet me nogal wachten en aldoor kwam er een hoofd om de deur kijken dat kennelijk naar iemand op zoek was; als ze me zagen, trokken ze zich gauw terug. Eindelijk werd ik zonder verdoving gehecht, want de dokter dacht dat de ruggeprik nog wel werkte (dat was niet zo) en daarna werd ik naar de zaal gereden. Het kind – een jongetje zoals ik al wel wist – was gewassen en naar de babyzaal gebracht, op mijn verzoek. Als ik hem maar niet zag, kon ik doen alsof hij niet bestond.

Ze hadden me een kamer alleen beloofd zodat ik niet naar al die trotse moeders met hun baby's zou hoeven te kijken, maar ze hadden nergens plaats en ik kwam gewoon op een zaal terecht. Met huilende baby's en lieve moeders die voor hen zorgden, zoals dat hoorde. De babyzaal was een eindje verderop in de gang en ik had het gevoel dat ik gek zou worden als ik hier lang moest blijven. Alle vrouwen op de zaal hadden een attente echtgenoot, vriend of ouders om hun bed heen, maar ik lag alleen. Ik trok de gordijnen om mijn bed dicht en probeerde te lezen; dat lukte me niet.

Op de tweede dag kwam er een periode dat alle vrouwen hun baby's bij zich op zaal hadden, en ze deden allemaal een middagdutje. Ik hoorde een baby huilen en wist feilloos zeker dat het Alex was. Zo had ik hem tijdens de weeën genoemd. Ik ging nu naar de babyzaal, al wist ik dat het een ernstige misstap was, maar ik kon niet in bed blijven terwijl hij huilde, helemaal alleen en de enige zonder moeder.

Hij was een mooi, klein jongetje; zijn gezichtje had niet meer de vuurrode kleur en de rimpels van vlak na de geboorte. Ik tilde hem op en voelde onmiddellijk wat ik niet verwacht had en ook niet wenste te voelen – een band, en een liefde vol verdriet. Hoe had ik zo stom, zo wreed en blind kunnen zijn om de treurige moed te hebben hem te willen krijgen en dan in de steek te laten? Ik wist zelfs toen ik daar stond, *stervende*, met hem in mijn armen, dat ik hem niet kon houden... Ik had geen recht hem overal mee naartoe te slepen en te proberen hem te onderhouden.

De volgende dag kwam de sociale werkster aan wie ik zo'n hekel had, naar het ziekenhuis. Ik roerde met opzet het onderwerp Alex niet aan en hield me alleen bezig met de praktische kant van zijn adoptie: het tekenen van de papieren. Toen vroeg ik aan de zaalzuster of ik het ziekenhuis uit mocht, want ik wist dat het een vreselijke verleiding was om zo dicht bij Alex te blijven. Ze waarschuwden me wel, maar lieten me toch diezelfde dag gaan, met een flinke voorraad staalpillen en de strenge opdracht niet te veel te doen zolang de hechtingen nog niet waren verwijderd. Ik moest veertien dagen lang elke dag bij de vroedvrouw komen, zoals de wet voorschrijft, en dat betekende nog negen dagen in de wildernis, ver van huis.

Ik zag eruit als een geest, doodsbleek en met donkere kringen onder mijn ogen. Het ziekenhuis zei dat dit allemaal kwam door mijn bloedarmoede en waarschuwde dat uit mijn bloedbeeld bleek dat mijn hemoglobine gevaarlijk laag was. Het moeilijkste was evenwel het lopen – de hechtingen waren heel erg pijnlijk en bij elke plotselinge beweging deden ze weer pijn en bloedden, wel een uur lang. Het hielp bepaald niet toen ik op de derde dag probeerde gymnastiekoefeningen te doen; op het blaadje dat ik had meegekregen stond dat ik dat vanaf de dertigste dag moest gaan proberen. Ik had het idee dat ik altijd zou blijven bloeden – ze hadden me gezegd dat het wel zeven weken kon duren. Hoe moest ik dát aan ma verklaren? De vroedvrouw bezocht me elke dag in het huis van de sociaal werkster en zei dat ik ernstige bloedarmoede had en verhoogde mijn dosis staalpillen zodat ik het gevoel kreeg te gaan roesten. Ik was zwak en niet in staat iets te doen zonder me slap en duizelig te voelen. Ik was doodsbang dat ma bij mijn thuiskomst iets zou merken.

Op de dag van mijn vertrek uit het huis van de sociaal werkster sleepte ik mijn zware koffer naar het busstation en was doodsbang dat ik zou gaan bloeden – de dokter en vroedvrouw hadden me beiden gewaarschuwd dat dit heel wel mogelijk was, gezien het feit dat ik altijd al last van bloedarmoede had gehad en er zelf nooit iets aan had gedaan. Ma haalde me bij de bushalte in Brackley af, keek me even aan, zag hoe bleek en verwilderd ik eruitzag, en bestelde een taxi voor de rit naar huis. Zwijgend zaten we naast elkaar, zij bezorgd. Af en toe wierp ze van terzijde een blik op me. Ik wilde alleen maar zo gauw mogelijk thuis zijn voordat een of andere bloeding me zou verraden. Ze merkte terloops op dat ik zeker weer ernstige maandelijkse bloedingen had en toch eens naar de dokter moest. Ik knikte en lachte even. De huisarts die ik oorspronkelijk had bezocht, was ook ma's dokter. Hij had haar alles van de zwangerschap willen vertellen, want hij was bang dat het een te grote druk voor mij alleen zou zijn, maar ik had hem eraan herinnerd dat hij volgens de wet het recht niet had dit te doen, want ik was boven de zestien.

Thuisgekomen zorgde ik ervoor de staalpillen en het dikke maandverband weg te stoppen. Ik verzekerde ma dat mijn bleekheid en gebrek aan energie te wijten waren aan het feit dat Londen me nogal wat kracht had gekost. Het scheen dat ze door een of ander in beslag werd genomen en nog gedeprimeerder was, al zei ze dat ze niet eenzaam was geweest en een paar keer bij een nieuwe kennis was geweest die ze via de kerk had leren kennen. Ik dacht eraan hoe ik me gevoeld had toen ik bijna doodging van eenzaamheid en zo dolgraag had willen terugkomen. Ik zou haar nooit kunnen vertellen hoe ik haar had gemist, en hoeveel ik van haar hield... Dat soort dingen waren absoluut verboden; daarover werd door ons niet gesproken. Ik zou de barricade ook nooit eenzijdig kunnen neerhalen, uit angst dat ze zich dan tegen me zou keren en aan mijn lange lijst misdaden zou denken. Mijn fouten in het verleden hadden haar tegen me ingenomen en op het ogenblik was ik niet sterk genoeg om daartegenop te kunnen. Zolang ik alle gedachten aan Alex en hoe-het-had-kunnen-zijn maar van me afzette, kon ik het hoofd boven water houden en mijn problemen de baas blijven.

Hoofdstuk vijf

In de weken na de geboorte werd ik heen en weer geslingerd tussen bodemloze wanhoop en een primitief verlangen naar mijn kind, en het besef dat ik weer iets van mijn leven moest maken en aan een carrière denken, ongeacht welke moeilijkheden ik nu ook aan mijn lijst met problemen had toegevoegd. Mijn financiële wensen reikten niet verder dan bescheiden te kunnen leven en mijn vrijheid te verkrijgen.

Ik had het gevoel dat ma niet meer op kon tegen de inspanning die het vergt in leven te blijven als je er het nut niet van inziet. Ze had geen doel, geen verlangens en was rusteloos, verveelde zich en was lethargisch. Ik vroeg bij de Open Universiteit in de omgeving gegevens over cursussen aan om haar ertoe over te halen haar nog steeds goede verstand te scherpen, en stelde nog eens voor dat ze vrijwilligerswerk zou doen om haar tijd te vullen. Alle voorstellen ontving ze met een vernietigende blik en ze vroeg me op ijzige toon of ik er nu eens mee op wilde houden me steeds maar met haar leven te bemoeien. Ze was volkomen in staat iets te doen als ze dat wenste, zei ze. De laatste tijd had ik daaraan getwijfeld, maar ik was niet bij machte iets te doen als dat zo duidelijk ongewenst was.

Ik had er geen idee van hoe ze over me dacht en tegenover me stond; ze was altijd tegenstrijdig in haar opvattingen over alles, net als ik, en dat maakte het nog moeilijker haar te doorgronden. Geld was een onderwerp dat tussen ons taboe was – ik had het gevoel dat met de $ 35 huur per week die ik haar betaalde, we ons wel konden veroorloven wat minder zuinig met de boodschappen te zijn. Die rekende ze tot op de laatste cent uit, vooral de kruidenierswaren; ik bood zelfs aan mijn eigen voedsel te kopen. Maar ze stond erop dat we bleven bezuinigen en sparen – het duurde lang voor ik ontdekte dat ze, omdat ze arm was geweest, alles zou doen om te vermijden weer in zo'n toestand terecht te komen. Ik begreep haar vaak niet en vroeg me af waarom ze wel zo krankzinnig veel uitgaf aan dure kleren die ze vrijwel nooit kon dragen.

Naarmate de tijd verstreek werd ik me steeds meer bewust van het feit dat maar heel weinig ons nog bond. Ik zag alles – naar ik later besefte – op een verwrongen manier. Na de geboorte had ik me beurtelings verbitterd, inverdrietig en verward gevoeld, en ik ging helemaal op in de jungle van mijn ellende. Ik voelde me fysiek niet goed, want ik had bij de geboorte zoveel bloed verloren. Omdat ik zo'n bloedarmoede had, had mijn lichaam geen nieuw bloed aangemaakt en ik was vaak duizelig. Als ik me bukte om iets van de grond te rapen, kreeg ik ontzettende pijn aan de hechtingen, en in de weken na de geboorte heb ik menige kreet van pijn gesmoord.

Na terugkomst uit het ziekenhuis had ik een andere baan aangenomen en werkte nu in een supermarkt waar ik goederen in het pakhuis uitlaadde en ze dan op de planken tilde. Dit was me bijna te veel, want het gewicht van al die goederen en het voortdurende bukken putten me totaal uit. Ik werkte daar elke middag van één tot zes en 's avonds van zes uur tot middernacht in een restaurant; soms werd het ook later als de klanten laat weggingen. Ik werd met de dag bleker en had absoluut geen eetlust meer. Na een paar weken ging ik bij het restaurant weg, want de eigenaar betaalde me een loon onder het vastgestelde minimum. Toen vond ik een avondbaantje in een café waar veel oude mannen kwamen die er allemaal vaste klanten waren. Ze dronken alleen uit hun eigen goed gevulde tinnen kroezen. Een vrouw, een groot, dik mens, dronk dubbele glazen cognac, elke avond weer; daardoor had ze een bij haar passend enorm glas zo groot als een bloemenvaas. Ik verdiende hier niet veel meer, maar had tenminste een uur de tijd tussen mijn baan overdag en dit werk.

Ik had nu het idee helemaal opgegeven om nog examen te doen en concentreerde me op het schrijven dat ik voor de plaatselijke bladen deed. Ik was zo druk bezig om vooral niet aan sommige dingen te denken, zoals aan Alex, en het feit dat hij niet meer van mij was (dat was hij eigenlijk nooit geweest) dat er eigenlijk geen energie voor studie overbleef. Ik ging zo op in mijn eigen wereldje, omdat ik niet in staat was de pijnlijk wrede werkelijkheid te aanvaarden. Deed ik even niets, dan kwamen er allerlei gedachten en herinneringen boven – aan een kind dat ik maar enkele seconden had vastgehouden en nooit weer had gezien – en die bleven dan hangen, vaag, als in een droombeeld. Ik stak vaak over zonder naar het verkeer om me heen te kijken, liep langs kennissen en zag ze niet eens. Iedereen dacht dat ik óf gek was geworden óf me te goed voor dit stadje vond. Niemand kende de waarheid. Ik had nooit aan iemand iets verteld, en nu alle ellende voorbij was, zag ik niet in waarom iemand er iets vanaf moest weten. Maar er kwamen problemen opzetten.

Op een dag in de supermarkt tilde ik een paar zware dozen met zeeppoeder op. Ik voelde dat er iets in me barstte. Toen ik omlaag keek, zag ik dat er bloed langs mijn benen begon te druppelen. Ik viel flauw, en bofte dat het in de donkerste hoek van het pakhuis was. Niemand zag me en toen ik bijkwam maakte ik me zo goed mogelijk schoon. Naar huis lopen was moeilijk, want het bloeden werd steeds heviger.

Ma keek me even aan en liet onmiddellijk de dokter halen. Doodsbang dacht ik dat hij haar zou vertellen wat me werkelijk mankeerde. Hij zei dat ik absoluut in bed moest blijven en gaf me wat pillen om mijn baarmoeder te laten uitdrogen; anders moest ik naar het ziekenhuis voor een curettage. Ik beloofde – met mijn vingers achter mijn rug over elkaar gekruist – dat ik in bed zou blijven en zodra hij weg was, stond ik op. Het scheen dat ma nergens vanaf wist. Ze kwam erg ongerust op me toe. 'Ga alsjeblieft weer naar bed! Je wilt vanavond toch niet gaan werken?'

Ik zei dat ik moest gaan, anders zou ik mijn baan kwijtraken. Voor ik vertrok vroeg ik of de dokter nog iets tegen haar had gezegd.

Ze keek me verbaasd aan. 'Nee. Waarom? Wat heb je? Wat is er? Waarom heb je toch zulke bloedingen?'

Op dat ogenblik besloot ik haar alles te vertellen voordat ze zich al te ongerust maakte, maar ik begon er op een heel laffe manier over. 'Weet u nog wel dat ik naar die cursus ging en u zich afvroeg waar ik al mijn geld aan had uitgegeven?'

Ze knikte, argwanend.

'Ik ging weg om een baby te krijgen. Die was het resultaat van een verkrachting...'

Op het laatste ogenblik kwam ik toch weer met deze leugen aanzetten. Ze kon ook niet te veel ineens verwerken, dacht ik. Het zou te wreed zijn haar te vertellen dat ik niet alleen een baby had gekregen maar ook nog alle wetten van de kerk had overtreden; daar had ik de moed niet toe.

Ze bleef onbeweeglijk staan, tot in het diepst van haar ziel geschokt. Toen wendde ze zich tot mij en ik was bang dat ze nu voor het eerst haar zelfbeheersing zou verliezen en me aanvliegen. Ze keek me echter alleen verbijsterd aan en kon niets zeggen; voor het eerst in jaren, de eerste keer, omhelsden we elkaar nu om elkaar te troosten. Onze lichamen lagen vreemd tegen elkaar aan en het contact was raar en een beetje angstaanjagend, een soort wapenstilstand.

Toen maakte ze zich los en haar lippen trilden. 'Hoe kon je nu een baby krijgen? Wanneer? Ik... ik begrijp niet wanneer, of hoe...'

Ik vond het vreselijk om verder te gaan en ik wou maar dat ik niets had gezegd, maar ik bedacht in een flits dat ze het beter uit mijn mond kon horen dan van de dokter, een vreemde en buitenstaander. Er bleef een stilte hangen. Ik hoorde de regen zachtjes tegen de dubbele ramen spatten en overwoog hoe ik het verhaal van de verkrachting moest brengen. Ik deed het rustig, zonder drama, vol schuldgevoelens en verafschuwde mezelf, maar als rechtvaardiging bedacht ik dat mijn enige seksuele ervaring eigenlijk uit niet meer dan verkrachting met toestemming bestond – en daarop staat geen vervolging.

Ze luisterde, knikte en merkte op dat ik er altijd al alleen op uit was getrokken zonder aan de risico's te denken. Ze bleef staan terwijl ik mijn leugens spuide – en toen, opeens, begon ze tot mijn verwondering te huilen. Niet hard, alleen zachte, hartbrekende snikken. Ze kon nauwelijks geloven dat al die afschuwelijke gebeurtenissen in de laatste maanden hadden plaatsgevonden zonder dat ze er iets vanaf wist of iets had vermoed.

Ik probeerde haar uit te leggen dat het mij het best had geleken alles voor haar verborgen te houden, omdat ze me zo zwak, zo moe – bijna levensmoe – leek, en ik had het niet aangedurfd haar mijn verhaal te doen. Ik dacht dat dit de druppel zou zijn die de emmer voor haar zou doen overlopen.

Ze keek me aan met een van onbegrip vertrokken gezicht en vroeg me kalm of ik haar misschien niets had durven vertellen omdat zij eigenlijk een slechte moeder was, altijd al geweest was. Ze liet zich op een stoel neervallen en zei dat ze me niet in mijn 'moeilijke tijden' had gesteund, met die zelfmoordpogingen en de depressies, en ze had me niet voldoende leiding gegeven toen pa stierf.

Ik was verbaasd dat ze zijn naam noemde. Het leek wel of ze kromp, zo verloren zat ze daar. Ik raakte haar wat verlegen aan en voelde me niet op mijn gemak in deze nieuwe rol van aanklager in plaats van beschuldigde. Het scheen onmogelijk haar ervan te overtuigen dat mijn motief alleen was geweest haar de schande en de pijn te besparen door haar onwetend te laten. Ik zei vergeefs dat, zelfs al had ze het geweten, dan was er toch niets, helemaal niets, geweest dat ze had kunnen doen.

Ze keek me met koude ogen aan, haar gezicht vol rimpels en een en al verdriet, wantrouwen – ze voelde zich bedrogen. 'Ik deug nergens voor,' zei ze eindelijk gelaten. 'Nergens voor, zelfs niet voor moeder en dat is het enige dat ik nu nog ben.'

Wat kon ik zeggen? Ik liet haar aan haar gepieker over. We waren allebei van streek, vol verwarde gedachten, en ze was niet in staat iemand de schuld te geven, maar was wel gepikeerd omdat ik ongewild het bewijs had geleverd dat ze als moeder had gefaald. Ik dacht dat als dat waar was, en ze als moeder had gefaald, we dan een mooi stel waren, want ik had gefaald met alles wat ik in mijn leven had aangepakt. Ik kon niet veel verder op de noodlottige weg die ik was ingeslagen. Dat dacht ik tenminste.

Sinds de dag waarop ik alles had opgebiecht, leefden we in bijna totaal gescheiden werelden. Ik ging naar mijn baantjes en probeerde moedeloos en ellendig mijn gedachten bij elkaar te houden voor de dreigend naderende examens. Of ik het haalde of niet interesseerde me niet zo bijzonder, maar ik moest enige resultaten behalen om mijn moeders voorspelling teniet te doen dat ik nooit iets zou bereiken. Het was hopeloos; ik kon mijn gedachten niet verdrijven van de afkeer van mezelf omdat ik ma alles had verteld, en haar daarmee had veroordeeld tot een leven vol ellende en zelfspot.

In die tijd gebeurde het vaak dat ik thuiskwam van mijn werk en haar in het halfdonker op een stoel bij het raam aantrof terwijl ze voor zich uit zat te staren. Als ik haar vroeg waar ze naar keek en poogde een luchtig gesprek te beginnen, wendde ze haar gezicht naar me toe en ik zag de sporen van tranen over haar uitgedroogde wangen. 'Ik verdiep me in mijn verleden,' zei ze dan en ik zag – misschien voor het eerst – hoe de wetenschap van wat er was gebeurd de laatste weken zijn tol had geëist. 'Ik kijk naar de puinhopen van mijn leven, en de vreemde manier waarop wij ons verstoppen, jij en ik.' Het was waar. Een deel van het beetje vrije tijd dat ik had brachten we samen door en dan gingen we winkelen en koffie drinken, probeerden vergeefs samen te praten en zo de gelukkige moeder en dochter te lijken die we niet waren. Ik voelde me somber, vreemd, niet zeker van mijn toekomst, niet zeker of ik wel goed wijs was.

Ondanks al mijn heldhaftige pogingen Alex uit mijn gedachten te verbannen, dacht ik toch steeds meer aan hem. Ik moest naar de sociaal werkster om details over de adoptie te regelen – en ze produceerde een lijst van 'geschikte mensen' en verwijderde onmiddellijk kandidaten die duidelijk tot de arbeidersklasse behoorden: een vrachtwagenchauffeur, een melkboer en een slager. Ik schrok er geweldig van – ze beschouwde mij blijkbaar niet als uit de arbeidersklasse, hoewel ik daar wel thuishoorde. Ze vond dat ik tot de middenstand behoorde en was kleinzielig genoeg om te beslissen dat Alex in deze op een loterij lijkende regeling van de adoptie, ook naar een middenstandsgezin moest gaan. Ik vond het vreselijk en probeerde wanhopig een uitweg te bedenken, maar begreep dat ik hem niet kon onderhouden, want ik had geen vast werk en geen huis. Hoewel het naïef klinkt wist ik niets af van alternatieven zoals voor korte tijd onderdak in een pleeggezin, wat me iets meer tijd had gegeven te overleggen hoe ik Alex zou kunnen houden en ónderhouden. Dus moest ik met een schijnenthousiasme de nieuwe 'ouders' bespreken terwijl de bijna misdadig tactloze sociaal werkster op een fluisterend en beschermend toontje over Alex als de 'Baby' sprak ('Ik heb de Baby vandaag gezien en hij ziet er goed uit. Wil je een foto van hem?') en mij betitelde als 'mammie'. Ik zette mijn tanden op elkaar en wachtte totdat het gesprek voorbij zou zijn en holde daarna het benauwde kantoortje uit, de frisse lucht in.

Na de geboorte van Alex had ik nooit gehuild, want ik was doodsbang dat, als ik eenmaal begon, ik niet meer zou kunnen ophouden en dat ik daarna te uitgeput en wanhopig zou zijn om het moeilijke alledaagse leven nog aan te kunnen. Nu ik erover nadenk heb ik mezelf nooit toegestaan om op enigerlei wijze een uitlaat te vinden voor mijn bodemloos verdriet en de rouw om mijn verloren zoontje. Ik deed niet aan sport, waarmee ik een deel van mijn agressie had kunnen kwijtraken; wat ik schreef waren feiten, dus mijn artikelen vormden geen creatieve uitlaat; ik had geen intieme vrienden die ik in vertrouwen kon nemen, geen familie waar ik heen had kunnen gaan. Ik dacht er niet aan ma te laten merken dat ik niet meer kon, want ze had al meer dan genoeg aan zichzelf en ze zou niet geweten hebben hoe ze moest reageren als ik mijn hart bij haar had willen uitstorten. Tranen welden vaak in me op, maar ik vergoot ze nooit.

In het café waar ik werkte, maakte de eigenaar een gemene weddenschap met een van de vaste klanten dat hij mij zover kon krijgen dat ik met hem uitging. (Ze waren nieuwsgierig waarom ik nooit een van de vele aanbiedingen aannam die je achter een bar altijd krijgt, en vaak heel verdachte.) Ik weigerde, hield mijn tranen in en liep naar huis, maar stikte bijna in de brok in mijn keel. Pas in een nauw straatje vlak bij huis begon ik te huilen en droogde mijn tranen pas toen ik naar binnen wilde gaan; daar vertoonde ik mijn gemaakt opgewekte gezicht aan mijn moeder.

Vanuit de stoel in het donker kreeg ik weer een stortvloed van woedende en onredelijke scheldwoorden over me heen. De laatste tijd was dat een uitlaat voor haar; ze kropte alles op en barstte los zodra ik de kamer binnenkwam. Ik had geleerd het langs me te laten afglijden, omdat ik vrijwel precies wist wat er zou komen en in welke volgorde. Alle haat en teleurstellingen van de afgelopen jaren werden nu geuit – mijn onvermogen om een goede dochter te zijn, mijn slechte schoolresultaten, mijn gespijbel, de examens waarvoor ik gezakt was, en nu dit, deze laatste wrede straf die haar werd opgelegd door een egoïstisch, dom, harteloos en ondankbaar kind; ze kon het niet meer aan.

Ik keek naar haar terwijl ze sprak, maar zij hield haar blik gericht, niet op mij, maar op de vele teleurstellingen in haar verleden die als geesten opdoken, de lang verzwegen verbittering jegens haar broers en zusters van wie ze vond dat ze haar in de steek hadden gelaten; verbittering over het falen van een dochter van wie ze zulke hoge verwachtingen had gehad en die ze niet had waargemaakt; verbittering over haar al lange tijd geleden overleden man die haar nooit had kunnen geven wat ze verlangde – het zat haar allemaal nog steeds dwars. En zo sprak ze een tijd door, hard, wreed en met eentonige stem. Ik wist dat ze niet meer om het leven gaf nadat ik haar mijn verhaal had gedaan en af en toe zei ze zelfs dat ze niet verder wilde leven, want wat kon ze nog anders verwachten dan de naderende ouderdom, de laatste vijand die haar van haar nu nog aanwezige mogelijkheden en waardigheden zou beroven. Aan deze wensen om dood te zijn voegde ze altijd onmiddellijk toe dat ze natuurlijk, gezien haar vaste geloof in God, nooit een zonde als zelfmoord kon begaan. Ik begreep wel waarom ma dat allemaal zei en ook waar haar verbittering vandaan kwam, maar daardoor werd het niet gemakkelijker die nachtelijke tirades te verwerken. Na mijn 'biecht' hadden we afgesproken niet meer over Alex te spreken en we zouden doen of er niets gebeurd was, onze gebruikelijke manier om belangrijke crises weg te stoppen. Geen van beiden hadden we de moed een probleem onder ogen te zien; het was niet verstandig, maar wel een oude familietraditie.

Het leek of ze kleiner werd, onzekerder in haar dagelijkse werk; de mensen in het stadje vonden haar een merkwaardig wezen; ze was gesloten en wilde mijn bestaan nauwelijks erkennen als ze in een bijzonder wraakzuchtige bui was. Ik vroeg me wel eens af of ze weer last van haar schildklier had. Elke ochtend nam ze een paar pillen en ik dacht dat die iets met haar schildklier te maken hadden; ze moesten haar hormonen regelen. Ze was depressief, apathisch, lethargisch, verveeld en had toch geen lust te proberen haar leven te veranderen, misschien te verhuizen, te gaan werken of vrijwilligerswerk te doen, lid van een club te worden en mensen met gelijke smaak en geaardheid te ontmoeten... ze voelde zich te oud en te versleten, zei ze vermoeid, om zich druk te kunnen maken om die dingen.

Ik wist niet meer wat ik moest voorstellen om haar uit de puinhopen van haar leven te redden – ze was eenenzestig, nog jong genoeg om iets van haar leven te maken. Maar het had geen zin te proberen dingen voor haar te doen als ze er niet achter stond. Ik had al vaak de geijkte voorstellen gedaan. Ik bedoelde het goed en solliciteerde zelfs naar baantjes waarvan ik dacht dat zij ze zou goedkeuren, en dan wachtte ik ademloos van spanning of er een antwoordbrief kwam. In dat geval en als ma een gesprek werd aangeboden om de baan te bespreken waar ze niets vanaf wist, dan was ze eerder woedend dan blij verrast.

Ik leerde op mezelf af te gaan, emotioneel onafhankelijk te worden. Ik sprak met niemand, en zeker niet met ma, omdat ik bang was ongewild een storm van verwijten los te maken. Ik vond dat mijn manier om over het verlies van Alex heen te komen eruit moest bestaan mezelf af te straffen; ik zou doen wat ik het vervelendste vond, of zelfs het pijnlijkst. Tijdens mijn werk bij de supermarkt had ik wel enkele minder ernstige bloedingen gehad, maar ik ging toch door. Bovendien, hoe harder ik werkte, hoe minder tijd ik had om over mijn persoonlijke problemen en beproevingen na te denken. De meeste avonden werkte ik in het café, maar sprak nauwelijks tegen de klanten uit angst dat ik mijn verbale agressie op een van hen zou spuien. Ik had het gevoel alsof een of andere kracht me tot een inzinking dwong, of me dwong in rook op te gaan, zo allesoverheersend werden mijn pijn, woede en frustratie.

Vrijdag 27 juni was een vrij gewone dag. Ik ging in dezelfde nevelige toestand naar mijn werk als waarin ik in die tijd de meeste dingen deed. Verdrongen verdriet en ongeuite woede vormden een gesmoord gevoel van versuffing; ik leefde in een andere wereld terwijl de werkelijke wereld, luid en wreed, om me heen draaide. Toen ik op weg naar huis overstak, werd ik bijna overreden; in die tijd was het heel gewoon dat ik niet op het verkeer lette. Bij thuiskomst slaakte ik een diepe zucht en liep naar binnen, waarbij ik de gebruikelijke stortvloed van verwijten van moeder verwachtte. Het leek of ma zich die avond tot een hoogtepunt had opgewerkt. Ze had daar de hele dag zitten piekeren, peinzend over hoe het had kunnen zijn, hoe het had moeten zijn en ze had alle tijd gehad zich boos te maken. Er werd me verteld hoe koud en harteloos ik was om haar de hele dag en avond alleen te laten, en waarvoor? Om als een slet in een café en supermarkt te werken waarmee ik mezelf en haar vernederde. Zij ging nooit boodschappen doen in de supermarkt, want iemand mocht eens merken dat ze een dochter had die daar werkte! Het gebruikelijke refrein volgde – de litanie over de familie, hoe ze zo vervreemd waren geraakt, hoe ik haar op allerlei manieren te schande had gemaakt waardoor het leek alsof zij een slechte moeder was, terwijl alle schuld alleen bij mij lag; ze had zoveel opgegeven om mij altijd het beste te geven en toch keerde ik me van haar af en maakte haar te schande. Ik was altijd veel te koppig en egoïstisch geweest en wilde onafhankelijk zijn – nou, zij zou wel eens willen zien hoe onafhankelijk ik zou zijn als zij me geen cent naliet, enzovoort, enzovoort, enzovoort... Ik luisterde met een half oor en probeerde de ergste dingen die ze zei van me af te zetten, want ik had het allemaal al zo vaak gehoord. Ik reageerde nooit – het zou haar alleen maar aangespoord hebben me met nog meer verwijten te overladen.

Ik wilde naar bed, maar rilde door iets dat op een mengeling van woede en angst leek. In die tijd sliep ik slecht, want mijn hoofd zat vol gedachten, bezorgd, depressief en doodmoe als ik was. We hadden merkwaardige gewoontes, zelfs al stonden we mijlen van elkaar – ma sliep ook slecht en als we allebei wakker waren sloten we een vreemde wapenstilstand en op haar verzoek sloeg ik dan een veldbed in haar kamer op en liet haar praten over veilige, onemotionele zaken totdat we eindelijk allebei in een onrustig soort slaap vielen. Ik neem aan dat – hoewel ik haar bij daglicht irriteerde en bedroefd maakte – zij me in het donker niet in mijn gezicht kon kijken. Dan kon ik dus ook een ander zijn, was onpersoonlijk, en ze had toch iemand om tegen te praten.

Die avond gingen we naar bed, alle twee beurtelings warm en koud van woede en allerlei andere onbekende dingen die zich onder de oppervlakte verborgen. Ik ging naar mijn kamer, kroop in mijn bed en probeerde vruchteloos me voldoende te ontspannen om wat te kunnen slapen. Na een tijdje riep ze me en zei dat ik maar op het veldbed moest komen slapen. Ik gehoorzaamde en hoopte dat er niet nog meer beschuldigingen zouden komen. We praatten over ditjes en datjes, maar de slaap wilde niet komen. Ik stond op en ging wat door het huis rondlopen, want in zo'n klein huisje als het onze kon je niet in één kamer heen en weer lopen. Ik ging mijn kamer in en keek naar buiten... alles was er grauw. Ik had wel vaker zulke tijden beleefd wanneer alles kleurloos, reukloos, statisch en grauw leek. Ik had het gevoel dat ik me niet meer normaal kon bewegen.

En in de slaapkamer op mijn toilettafel lag een hamer. Die lag daar als een van de voorwerpen die ik had getekend – een paar hoeden, een mes, een peer en een baksteen. Hier zeg ik alleen wat ik verdragen kan, wat ik kán vertellen. Ik heb er eindeloos over nagedacht en vind dat er niets goeds uit voortkomt om de details weer te geven van de daad die volgde. Ik doodde mijn moeder. Het verleden kan niet worden weggewist door een reconstructie en het leeft toch al steeds in mijn geest, wat ik ook doe, waar ik ook ben, met wie ik ook ben. Het vervolgt me steeds en ik doe er elke dag boete voor, met alle hartepijn en herinneringen die te levendig zijn om me rust of vrede te schenken…

Ik was het zelf, plotseling tot actie gedwongen, die de politie belde; mijn stem klonk me raar en vreemd in de oren. Ik bleef een paar minuten staan en zag of hoorde niets; alles draaide in een afgrijselijke kring om me heen. Ik zei tegen de politie dat er een inbreker was geweest. Als een geest waarde ik in de kamer rond en begon allerlei dingen uit laden te trekken. Sjaals, het sieradendoosje, kleren. In de badkamer gaf ik over. Een hond blafte. Ik liep naar buiten waar de maan scheen en liep in een kringetje over het grasveld rond. Alles was nog steeds grauw. Te grauw om de dingen goed te kunnen zien. Het was vreemd dat ik opeens aan een liedje moest denken dat mijn vader voor me zong toen ik nog klein was: 'Alsmaar om de moerbei heen'. Op een gegeven ogenblik liep ik naar de achterdeur en botste tegen een van de buren op tegen wie ik jammerde: 'Iets vreselijks – ik heb iets vreselijks gedaan – er is iets vreselijks gebeurd – kijk eens naar al dat bloed.' (Hij zei tegen de politie dat ik dat gezegd had. Ik kan het me niet herinneren.) Toen ging hij naar zijn eigen huis om de politie te bellen.

Nog half versuft belde ik mijn oom Ken en vertelde hem, zegt hij, dat ik haar had gedood. Hij zal wel gelijk hebben. Nogmaals: ik herinner me er niets van. Hij zei dat ik moest blijven waar ik was en dat hij eraan kwam. Iedereen scheen tegelijkertijd te komen. Allerlei politiemannen, een vrouwelijke agente, mijn oom en tante, en de buurman met zijn hond. Ik werd naar de huiskamer gebracht en een van de politieagenten zei dat ik moest gaan zitten, niets moest aanraken en me niet mocht bewegen. Ik keek naar hen en zag hoe ze me van terzijde opnamen; onderhand babbelden ze wat samen in afwachting van de inspecteur die opgeroepen was. Ze lachten zachtjes, maakten onderling grapjes, roddelden over anderen op het werk of over kennissen. Ik ving flarden van woorden op die me niets zeiden. Mijn tante legde een mantel over mijn benen omdat ze bloot waren; stel dat de mannen eens naar me zouden kijken. De rechercheurs vroegen of ze de telefoon mochten gebruiken. Een van hen was vriendelijk. Ik hoorde een van de politiemannen in de telefoon zeggen: 'Maak de cel maar klaar. Het is een kwaje.' Ze vroegen me zachtjes, op hun hoede, wat er was gebeurd.

'We zouden morgen naar Oxford gaan,' zei ik. 'Kan dat nog?'

Ze keken elkaar aan. Ik werd naar de keuken gebracht en neergezet terwijl een zure, gebaarde agent op me moest blijven passen. Ik zat daar, misselijk en al, terwijl rechercheurs en andere mannen om me heen zwermden. Ik keek naar het bloed op mijn benen en voelde me nu echt onpasselijk worden; het werd me zwart voor de ogen. Mijn keel was droog. Mijn knieën knikten. Koud was het. Mijn blote voeten stonden zo op het keukenzeil. Nog steeds hoorde ik af en toe gelach uit de rest van het huis komen; het stond overal los van en het leek of er geesten rondliepen.

Na een tijdje kwam de agente haar mannelijke collega aflossen. Ze stelde me ook, zacht maar dringend, allerlei vragen. Wat had ik die avond gedaan? Was ik erg gedeprimeerd of in een slechte bui geweest? Hadden we ruzie gehad? Had ik iemand het huis zien binnenkomen? Werd er iets vermist? Ik geloof dat ik tegen haar zei dat het een man was geweest, dat ik hem niet goed had gezien, dat hij ... en toen kon ik niet meer. De vragen hielden op. Terwijl we daar zaten ontkende ik hardnekkig dat ik iets af wist van wat er was gebeurd. Mijn geestelijke gezondheid stond op het spel en ik verdrong alles wat ik had gedaan, mijn aandeel in het gebeurde.

Daarna werd ik weggebracht zonder dat ik protesteerde. Via mijn slaapkamer, waar een van de rechercheurs me zei wat kleren aan te trekken, ging het naar de voordeur. Vervolgens werd ik de stille straat op geleid en in een niet als politiewagen herkenbare auto gestopt.

Het was twee uur in de nacht toen we op het politiebureau van Northampton aankwamen waar ik naar de verkrachtingsonderzoekkamer werd gebracht. Om onderzocht te worden, zeiden ze. Dat was routine. Ik moest mijn kleren uittrekken en op de politiearts wachten. Daar stond ik, naakt, onder de priemende blikken van de agente terwijl rechercheurs langs de open deur liepen. Ik vond dat niet eens vreemd en ik stond daar verstard als een kunstwerk, niet tot enige beweging of verlangen daartoe in staat. Het was al vier uur toen de dokter kwam om me te onderzoeken en uitstrijkjes te maken. Hij zag het menstruatiebloed opeens langs mijn dij sijpelen, rood, donker en dik. Ik was vergeten dat ik die dag ongesteld moest worden.

Hij keek me met vriendelijke ogen aan, merkwaardig meelevend. Ik was van streek. Medelijden? Hij vroeg of ik aan premenstruele depressies leed, maar ik wist niet precies wat hij bedoelde. Hij merkte dat ik onlangs een kind had gekregen, en stelde me daarover vragen. Ik vertelde hem alles. Hij glimlachte vermoeid, klopte me op mijn schouder en zei dat hij me iets zou geven om in slaap te komen als ik daaraan toe was. Daarna kwam hij dan weer terug. Na wat? Ik mocht een douche nemen en moest daarna weer de kleren aantrekken die ik in het wilde weg bij elkaar had gegrabbeld toen ik het huis uit ging.

Het was een warme nacht, maar ik huiverde van de kou in de kelders van het gebouw. Ik werd naar de ondervragingskamer gebracht waar de twee rechercheurs al zaten. Ze begroetten me staande en ik vond het nogal formeel. Ze vertelden me op vlakke toon dat ik nu de kans kreeg hun te vertellen wat er was gebeurd. Iemand had het over een advocaat. Daar wist ik niets vanaf, evenmin als van mijn rechten. Er werd een advocaat opgetrommeld die erbij kwam zitten. Hij heette Roy en hij stond in hoog aanzien bij de politie; ze zeiden dat ik me geen betere pleiter had kunnen wensen. Wat was een pleiter? Een van de mannen bracht me een deken omdat ik zo rilde. Ik bloedde hevig. Roy vertelde me wat hij dacht van de toestand waarin ik me bevond en vroeg me wat er nu eigenlijk was gebeurd. Ik vertelde het hem en mijn stem trilde verraderlijk; ik deed hetzelfde verhaal dat ik thuis aan de agente had gedaan. Hij nam zijn bril af en poetste de glazen op.

'Anna – ik ben nu je wettige vertegenwoordiger en ik moet voor je werken. Als je me niet de waarheid zegt, hoe kan ik je dan goed verdedigen?'

Ik schudde mijn hoofd. Hij begreep het niet. Hoe zou hij ook kunnen? Als ik hem de waarheid vertelde, zou ik voor mezelf moeten toegeven wat ik had gedaan, en dat kon ik niet. Mijn maag begon weer op te spelen. Ze gaven me koffie, sterk en zoet, en boden me een sigaret aan. Ik moest denken aan die stereotiepe, oude films waarin van de twee rechercheurs er altijd een de aardige en de ander de rotzak speelt en toen begon ik bang te worden en voor het eerst werd ik me ervan bewust hoe alleen ik was; dit maakte dat ik door een scherpe, alles doordringende pijn werd overvallen.

De rechercheurs waren eerlijk en vriendelijk, en ik wist niet wat ik moest zeggen. Ze schreven elk woord dat ik zei op, mijn hele gelogen en hakkelend vertelde verhaal, en Roy zat met zijn hoofd in zijn handen. Ik ging kalm door, met een strak gezicht en beheerst zolang ik die afgrijselijke waarheid maar op een afstand hield.

Na twee uur keken de rechercheurs mij aan en ik keek naar Roy; op dat ogenblik besefte ik dat ik zo niet kon doorgaan. Ik vroeg of ik even alleen met hem mocht zijn en dat stonden ze onmiddellijk toe. Toen ze weg waren, kon ik niet meer en vertelde Roy de waarheid. Ik bespaarde hem geen enkel detail. Hij bracht mijn woordenstroom tot staan en vroeg me alles wat ik hem had verteld tegenover de rechercheurs te herhalen.

Weer in de ondervragingskamer waren de rechercheurs ten volle bereid een nieuwe bekentenis te registreren. 'Waar wil je beginnen?'

'Bij het begin. Maar het is al heel lang geleden begonnen...'

'Dat doet er niet toe. Neem de tijd. We hebben geen haast.'

Ik vertelde hun het hele verhaal en het duurde uren. Ik vertelde hun van de moord, wat er daarna was gebeurd, de paniek en het ongeloof dat ik dit had gedaan, en alle gedachten die ik daarna had gehad. Het leek of we altijd al in dat kleine rokerige kamertje hadden gezeten. Ik had gehuild tot ik er misselijk van werd, veel te veel zwarte koffie gedronken, ik bloedde nog steeds en had het erg koud.

'Je hebt recht op acht uur rust tijdens elke vierentwintig uur arrest,' zei een van hen. 'Wil je die rust nu nemen of doorgaan?'

Ik ging door tot ik hun niets meer te vertellen had en op al hun vragen antwoord had gegeven; ook had ik enkele van mijn eigen vragen beantwoord. Toen was ik hard aan rust toe.

'Ik wil graag een tijdje gaan liggen – de dokter zei dat hij me iets zou geven.'

Ik werd naar een cel gebracht waar het koud, donker en smerig was; er hing een bedompte lucht van oude urine en koud braaksel. Ik zonk op het metalen bed neer en trok de donkergrijze dekens om me heen. Maar voor ik mocht gaan slapen kwamen de rechercheurs de cel binnen om me officieel in staat van beschuldiging te stellen.

'Anna Louisa Reynolds, u wordt van de volgende misdaad beschuldigd: moord. Op de zevenentwintigste juni van het jaar 1986 hebt u de eenenzestig jaar oude Elizabeth Catherina Reynolds vermoord. Uw beider adres: Roman Way, nr. 38, in Brackley. Het bovenstaande wordt u ten laste gelegd en u zult u voor een rechtbank moeten verantwoorden waar u de gelegenheid zal worden geboden om tegen borgtocht vrijlating aan te vragen.'

Toen lieten ze me alleen, de dokter gaf me een paar sterke pillen en ik sliep zoals iemand slaapt die verdoofd is.

Na verloop van tijd werd ik door de agente gewekt die me vertelde dat er bezoek voor me was. De vorige avond had ik een paar mensen opgebeld en ze gezegd waar ik was. Mijn bezoekster was de moeder van Alan, Pat, die ik had gebeld omdat Alan die dag met verlof zou komen en ik wilde dat hij zou weten dat ik niet thuis was. Ze was zo gauw mogelijk van Coventry naar het politiebureau gekomen en wist niet wat ze moest zeggen. Toen de dienstdoende agent haar had gezegd waarvan ik was beschuldigd, had ze hem niet geloofd. Nu wel. Ze vroeg me of het waar was, en ik knikte zwijgend. We praatten over kleinigheden, maar ik was nog suf van de slaappillen en niet erg helder. Ze had meteen door dat ik in shocktoestand was en paste er wel voor dat ze me daar niet uithaalde. Volgens haar had ik haar verteld dat ma en ik naar Oxford zouden gaan en dat ik me afvroeg waarom ze me daar eigenlijk vasthielden.

Daarna kwamen mijn tante en oom op bezoek, degenen die naar ons huis waren gekomen, met een andere tante en nicht. Ik kon niet veel vertellen, maar mijn tantes huilden en vroegen me waarom ik het had gedaan. Ik vertelde ze van de baby, en ze vroegen waarom ik het hun niet had kunnen zeggen. De tante die ik al lange tijd niet gezien had, zou me later beschrijven als 'heel koel en kalm, erg zeker van mezelf' – zo was ik tijdens haar bezoek geweest, zei ze.

Toen ze weg waren, ging ik liggen en probeerde aan van alles te denken, behalve aan de moord. Ik praatte met een soort bewaakster die de politie had gestuurd om een oogje op me te houden – een grote, moederlijke vrouw die eerst achterdochtig was omdat ik, zoals zij zei, te stil was, maar toen leerde ze me beter kennen, beschermde me fel tegen anderen en liet me de telefoon gebruiken om de familie te bellen. Ook haalde ze steeds weer sterke, zoete thee voor me.

Roy kwam me opzoeken en vertelde me dat ik de volgende ochtend was gedagvaard om voor de rechter van instructie te verschijnen en dat ik zou worden vastgehouden tenzij er rapporten konden worden gemaakt over mijn geestestoestand.

'Wat bedoelen ze – is dat geen voorarrest? Kan ik hier blijven?' (Niemand had nog het woord 'gevangenis' genoemd.)

'Nee, Anna,' zei hij heel vriendelijk, op een toon die je tegen een idioot kind zou aanslaan. 'Ik ben bang dat voorarrest de gevangenis betekent, Holloway, in Londen. Ik beloof je dat je het daar goed zult hebben; ik heb geregeld dat je in de ziekenhuisvleugel wordt ondergebracht, afdeling psychiatrie, waar je zult worden verzorgd door artsen en verpleegkundigen, en je krijgt er alle hulp die ik denk dat je nodig hebt.'

Ik was niet gerustgesteld. In de zondagskrant die de bewaakster me net had gegeven, stond een artikel over een vrouw uit het stadje die zojuist drie maanden in Holloway had gezeten, en de dingen die ze vertelde waren verschrikkelijk. Je moest de hele dag vloeren schrobben met de voet van de bewaker op je rug, en het zat er vol lesbiennes. Jonge meisjes zoals ik werden gedwongen drugs te gebruiken. Er werd dagelijks geweld gepleegd.

De volgende ochtend werd ik met vier andere meisjes in een bedompte, stinkende vrachtauto door een niet al te best chaufferende agent naar de rechtbank gebracht; onderweg praatte de nog jonge agent wel vriendelijk tegen me. Hij zei dat ik me maar geen zorgen moest maken en vroeg aan de andere meisjes hoe het in Holloway was. Ze lachten alle drie en maakten grove grappen; toen wendden ze zich tot mij en vroegen nieuwsgierig waarom ik moest zitten. Ik keek ze niet-begrijpend aan en zei dat ik niet wist wat ze bedoelden.

‘Wat heb je gedaan? Wat voor misdaad heb je gepleegd dat ze je naar de nor sturen?’

Ik slikte en dacht na. Ik kon het woord ‘moord’ niet over mijn lippen krijgen, laat staan verklaren wie ik had vermoord en waarom. Ik wilde net een belachelijk leugentje verzinnen toen we bij de rechtbank aankwamen en moesten uitstappen. Ik werd weer een koude, vieze cel binnengebracht en ze zeiden dat ik ’s ochtends om tien uur zou moeten ‘voorkomen’.

Op de aangegeven tijd werd ik de rechtszaal binnengebracht en naar het hekje gevoerd waar ik voor moest gaan staan. Ik keek rond en zag de rechercheurs, mijn oom, mijn tantes en nicht, en enkele verslaggevers op de bank voor de pers. Roy sprak kort en zei dat hij nu nog niet om vrijlating tegen borgtocht verzocht, omdat hij vond dat ik eerst door de medische staf van de gevangenis moest worden onderzocht voor er besloten werd waar ik heen moest als me naderhand vrijlating tegen borgtocht werd verleend. De politierechters keken me aan en vroegen of ik wilde gaan zitten omdat ik erg bleek zag. Roy zette toen het geval voor hen uiteen en vertelde hun wat ik had gedaan; op dat ogenblik krompen alle aanwezigen in elkaar en ik trok doodsbang mijn zakdoek in stukken.

Eindelijk kwam er een einde aan deze beproeving en werd ik naar de cel teruggebracht totdat de vrachtwagen kwam om me naar Holloway te brengen. Ik ging erin zitten en dacht aan de verhalen die ik in de krant over die gevangenis had gelezen, en aan de ordinaire bijdehante meisjes in de vrachtauto op de heenweg naar de rechtbank. Ik dook in de hoek van de gevangenwagen in elkaar en wachtte op de volgende fase van mijn reis.

Hoofdstuk zes

Het was een erg warme dag in juni – te warm voor de politiemensen die zwaar transpireerden in hun dikke uniformen. Toen we uit de ondergrondse cellen kwamen knipperde ik met mijn ogen tegen het felle licht. We reden dit keer niet in een vrachtwagen, maar in een politieauto; een van de rechercheurs die mij ondervraagd hadden vergezelde mij, evenals een agente. Bij het rijden door de buitenwijken van Londen stopten we bij een garage waar de chauffeur voor ons allen een ijsje kocht. Het mijne smolt terwijl ik het vasthield en droop kleverig over mijn vingers die toch al vochtig waren van de hitte.

'Opeten,' zei de vrolijke agente die een rood gezicht had. 'Het is vast het laatste ijsje in lange tijd voor je. Geniet er maar van. In de nor trakteren ze je niet zoals wij nu doen – daar zijn ze niet zo weekhartig.'

Met die opwekkende woorden reden we verder naar onze bestemming. Ik zag richtingwijzers met het woord Holloway en toen de gevangenis zelf. Ik zag niets wat enigszins leek op het beeld dat ik ervan had, namelijk de grijze stenen torens van de Scrubs-gevangenis in *Laat maar zitten.* Het was een smerige buurt en overal op straat lagen hopen rommel.

'Daar,' wees de agente. 'Dat is de eerstkomende weken je huis, meisje. Kijk niet zo zielig! Het is toch niet zo erg? Ik vind dat het wel iets weg heeft van een sportcentrum.'

Ik vond dat Holloway alleen maar leek op wat het was: een gevangenis, een groot, uitgestrekt, modern gebouw van rode baksteen, met hoge ramen en nog hogere poorten bij de toegangen. We reden naar binnen en wachtten midden op een voorplein, want er moesten nog twee poorten opengaan. Het was duidelijk dat daarvoor een soort wachtwoord nodig was en de ongelukkige politieman achter het stuur kende dat niet; hij was er verlegen mee. Ik zag gefascineerd dat zijn nek vuurrood werd en had met hem te doen. Hij was nog zo jong. We wachtten totdat er een ongeduldige beambte in een blauw uniform en met epauletten op de schouders, waaruit bleek dat hij bij het gevangenispersoneel behoorde, op ons toe kwam. Het tweede plein zag er minder afschrikwekkend uit – op een felgroene deur stond het woord 'Receptie' en daardoor kwam je in een gang die wat minder felgroen was. Links, op het terrein, zag ik twee grote houten deuren langzaam opengaan, het leek wel een stel reusachtige tweelingen die kraakten van de reumatiek. Er kwamen drie vrouwen uit de reuzen en die hadden gewone kleren aan; ze droegen alleen blauwe armbanden.

Ik werd zachtjes naar de Receptie-deur geduwd. Ik dacht aan een hotel waar ik eens gelogeerd had – het enige hotel waar ik ooit was geweest – waar ik ook naar de receptie was gegaan en werd verwelkomd met glaasjes sherry en kleine schaaltjes met pinda's en chips. Die gedachte werd ruw weggedrukt toen mijn armzalige tas met bezittingen op de grond werd gegooid en daar bleef liggen. Mijn reactie om erop toe te lopen, werd onmiddellijk scherp gecorrigeerd door de beambte die met een grimmig gezicht mijn 'gegevens' van de politie aan het overnemen was. Ik bleef verstijfd staan, werd doodsbleek en zag mezelf voor het eerst in een plexiglas spiegel.

'Naam?'

'Anna.'

'Ik bedoel achternaam.'

'O... Reynolds, Anna Reyno...'

'Goed. Jij bent D., begrepen? D28286. Niet vergeten.'

Ik moest een peignoir van een stapel nemen en me gaan uitkleden, daarna moest ik dat al half door de motten opgevreten ding aantrekken. Waar moest ik me verkleden? Ik werd naar een klein, vies hokje gebracht door een lange, magere beambte die met een heel harde stem sprak – dat dacht ik tenminste totdat we een hoek omsloegen en het lawaai me overviel van wat wel honderden meisjes en vrouwen leken, sommigen in uniform, sommigen halfnaakt, en anderen die niet goed wijs leken. Het rook er naar braaksel, oude en verse urine, rook en – vreemd genoeg – ontsmettingsmiddelen, echt zoals het in een schoolgang ook kan ruiken.

Door deze menselijke jungle werd ik naar het hokje gebracht waar ik me langzaam en half versuft uitkleedde terwijl de beambte voor het hokje de wacht hield. Ik maakte de deur open, maar een scherpe stem zei dat ik daarbinnen moest blijven en gaan zitten totdat ik geroepen werd.

Wat bang vroeg ik hoe lang het zou duren.

De gevangenbewaarster kon het niet zeggen; er moesten nog zesenveertig vrouwen vóór me 'verwerkt' worden. Het was een drukke dag. Maandag was altijd een drukke dag, zei ze peinzend en sloeg haar lange, dunne benen bij de enkels over elkaar terwijl ze tegen de muur leunde. Dan kwamen al die vrouwen die al op vrijdagavond gearresteerd waren en het weekeinde in een politiecel hadden doorgebracht.

Ze liet me in mijn eentje wachten en ik ging aarzelend zitten op het bankje vol brandplekken van uitgedrukte sigaretten dat met as bedekt was. Ik hield de peignoir stevig om me heen en mijn eigen kleren dicht tegen me aangedrukt. Mijn blote voeten stonden met opgekrulde tenen op de vuile grond en ik kreeg kippevel van de kou en angst. Ik was moe... mijn ogen voelden hol aan.

De deur ging open en ik week angstig achteruit. Daar stond een kleine stevige vrouw die me aankeek met een verveelde, gelaten uitdrukking op haar gezicht.

'Jij bent Reynolds?'

'Ja... ja.'

'Wil je wat eten? Ik heb geen vegetarische spullen meer, alleen ham.' Ze duidde met haar hoofd op het bord in haar hand.

'O... Weet u misschien ook hoe laat het is?'

'Zes uur. Zet die borden maar buiten als je ermee klaar bent.'

Koude, slijmerige ham, meer vet dan vlees. Grote, vettige, halfkoude frieten. Een schaaltje met een koude, stijve rijstpudding die het meest op beton leek, op een blauw plastic bord. Ik had er geen zin in, vond het vies. Thee! Een warme kom thee die ik dankbaar aannam; hij was ook van plastic en had vieze plekken, maar er zat heerlijke warme, zoete thee in. Ik dronk het op en warmde mijn handen aan de kop.

Ik moest naar de wc en waagde me naar buiten, maar de beambte zag me onmiddellijk.

'Terug naar binnen! Waar wil je eigenlijk heen?'

Ik legde het aarzelend uit en voelde me als een schoolkind dat vraagt om naar het toilet te mogen om even aan de les te ontsnappen.

Even later leidde de zwijgende theebrengster me naar een ander hokje, dit keer zonder plexiglas raampje, gelukkig. Ik kon tenminste rustig alleen plassen.

Ik moest tot zeven uur wachten; toen werd ik naar de grote kamer teruggeroepen. Er zaten beambten achter bureaus die op luide en ruwe toon met elkaar spraken. In een hoek lag een mat en ze zeiden dat ik daarop moest gaan staan. ('Niet om jouw voeten te beschermen, maar je weet maar nooit of je óns niet met het een of ander besmet...') en mijn peignoir moest uittrekken. Ik deed het en voelde me even verlegen, maar was daar eigenlijk nog steeds te versuft voor.

'Broek uit!' blafte een grote, dikke vrouw die wel een man leek. Ik gehoorzaamde, gevoelloos, te moe en te suf om iets om deze vernedering te geven. Ik werd om- en omgedraaid. 'Kom, draaien. Je hoeft niet verlegen te zijn!' Ze deden nu bijna grappig en bekeken me van top tot teen, duwden en trokken. Toen moest ik de peignoir weer aantrekken en opnieuw op mijn plaats gaan staan terwijl mijn armzalige bundeltje bezittingen werd doorgekeken.

'Te veel broekjes – je mag er maar vier hebben. Kies maar. En te veel sokken – waar dacht je eigenlijk dat je terechtkwam? Wil je hier lang blijven?'

Ze gaven me de gewone gevangenisspullen voor dagelijks gebruik: een stuk harde, groene zeep, een ruwe witte handdoek, en een stugge nachtpon, van karton leek het wel, en een tandenborstel met een klein bruin papieren zakje (zoals die gebruikt worden om maandverband in te stoppen – dat stond er ook op). Bij nader onderzoek bleek het zakje een geparfumeerd groen poeder te bevatten waarvan ik onmiddellijk aannam dat het zeeppoeder was om broekjes in te wassen (zelfs ik was niet zo naïef om te denken dat er in de gevangenis voor je zou worden gewassen). Maar het bleek tandpoeder te zijn. Ik begreep er niets van – hoe kon je schone tanden krijgen als je je mond vol poeder had? Het zou nooit op de tandenborstel blijven zitten.

Toen moest ik naar een bord lopen waarop stond 'Ba'. Dat betekende 'Bad' en het ontbreken van de 'd' symboliseerde, merkte ik algauw, het afwezige warme water. Wat een smerig bad! Ik deinsde vol afschuw terug. Zwarte haartjes zaten om de afvoer op elkaar geplakt. Op de vuile vloer lagen overal sigarettepeuken. Een blik schoonmaakpoeder voor het bad en een totaal versleten schuursponsje lagen erbij. Ik trok een vies gezicht en ging aan het werk.

Later, na een onderdompeling in ongeveer vijf centimeter lauw water, kwam ik weer te voorschijn, iets schoner en met een vochtig hoofd, net als een zeehond. Ik werd in een ander hokje gestopt dat dit keer op slot ging. Ik vroeg waarom, en de gevangenbewaarster zei dat ze met mij moesten uitkijken. 'Je gaat naar de psychiatrische afdeling, zie je, en we willen niet dat je iets dwaas doet zolang je hier bent.'

Ik wilde met haar praten en voor mezelf zien dat ze geen hoorntjes had, en geen derde oog midden op haar voorhoofd, zoals sommigen zeggen. Of dachten ze dat alleen van gevangenen?

'Je bent hier voor een ernstige misdaad, nietwaar. Als ik jou was, zou ik straks maar tegen geen van de andere vrouwen zeggen wat je hebt gedaan.' Ik kon zelfs tegenover mezelf nog niet toegeven wat voor een afgrijselijke misdaad ik begaan had. 'Zeg maar dat het om drugs gaat, of zoiets. Dat is gemakkelijker, anders willen ze er alles van horen. Ze zijn verschrikkelijk nieuwsgierig.'

Ik keek naar haar.

'Maak je niet van streek. We hebben allemaal wel eens zo'n gevoel ten opzichte van mensen die ons na staan. God weet dat ik dat heb... Je lijkt verder wel goed – wat is er gebeurd...? Je hoeft het me niet te vertellen als je dat niet wilt. Ik ben alleen nieuwsgierig omdat het lijkt alsof je toch veel mee hebt... knap, jong, intelligent. Wat is er nou eigenlijk precies gebeurd?'

Gelukkig werd me een antwoord bespaard door de onheilspellende verschijning van iemand die er als een opzichter uitzag. Snel en zonder verdere omhaal werd ik opgesloten en weer aan mezelf overgelaten. Nog steeds voelde ik niets anders dan een toenemende vermoeidheid; wat had ik dolgraag mijn hoofd ergens neer willen leggen.

Na een oneindig lange wachtperiode werd ik naar een dokter gebracht, een man met lichte, ongeïnteresseerde ogen en een vermoeid gezicht. Hij bekeek me van top tot teen alsof ik een museumstuk was en toonde enige belangstelling voor mijn 'geval'. Daarna ging hij over tot een gedetailleerde samenvatting van de moord terwijl hij me nauwlettend opnam en op een reactie wachtte.

Ik was nog steeds versuft: tenslotte was het pas de maandag na de vrijdag. Ik vroeg of hij iets voor me had om te kunnen slapen.

Voorzichtig stemde hij erin toe me een paar nachten medicijnen te geven. Maar ze wilden eigenlijk eens kijken of ik niet zonder slaapmiddelen in slaap kon komen, zei hij.

Dachten ze soms dat dat een teken van een onbelast geweten was, of juist gebrek aan berouw? Het teken dat ik gek was of een moordenares, een psychopate?

Hij zei dat ik zou worden gadegeslagen om na te gaan waarom ik had gedaan wat ik deed. Ze wilden ontdekken wat de oorzaak van mijn optreden was.

Ik zei niets want natuurlijk was ik bang hoe mijn reactie of woorden zouden worden uitgelegd. Maar zwijgen kon ook iets betekenen... dus wat ik ook deed, ik zat nooit goed.

Na de dokter ging ik naar een verpleegster; hier werd ik gewogen, gemeten en van allerlei dingen meer. Ze plakten nog net geen postzegel op me om me te verzenden.

Daarna werd ik weer naar mijn hokje teruggebracht – om te wachten natuurlijk. Op mijn aarzelende vragen kreeg ik geen antwoord; ze vertelden me niet waar ik heen zou gaan.

De psychiatrische afdeling was niet echt een zaal, zag ik algauw. Toen ik erheen werd gebracht, alsof ik naar de galg ging, leek het me meer een ruimteschip. Slechte verlichting met TL-buizen en donkere, sombere gangen die naar nog donkerder en somberder cellen leidden. De muren daarvan leken in het halfdonker van de avond zwart van bloed, en stront, en niet meer te identificeren vuil en de deuren waren in de kleur van de wanhoop geschilderd. Deze muren straalden hopeloosheid uit; ik voelde het toen ik er als een geest langs liep. Ik kreeg het gevoel dat ik in een groot zwart gat viel toen ik zachtjes in een grote cel werd geduwd, een soort slaapzaaltje waar nog vier vrouwen lagen die zwaar sliepen, duidelijk onder de invloed van slaappillen.

Opnieuw werd ik uitgekleed, om- en omgedraaid en ik kreeg mijn kleren terug. De deur werd dichtgegooid en daar stond ik zwijgend midden in de kamer, mijn kleren tegen me aangeklemd, naakt en verlamd door vermoeidheid. In het licht van de maan leken de andere vrouwen grijs en verzilverd, en de getraliede ramen wierpen vreemde lichte en donkere strepen over de bedden. Twee vrouwen werden wakker door het lawaai van de deur. De ene bestudeerde me met slaperige ogen. Ze was nog jong en er stond een stralenkrans van bruin haar om haar hoofd heen. De andere had een blauwe plastic zonnebril op en de idiote gedachte kwam bij me op of de gevangenis die soms verstrekte omdat hij zo goed bij de kleur van de mokken en borden paste.

Er kwam een verpleegster bij de deur die door een open luikje naar me keek; tegelijkertijd kwam er een ijskoude windvlaag naar binnen. Ze gaf me een potje met een vies groen drankje en lette er scherp op dat ik het wel allemaal opdronk en het niet in mijn mond hield. Ik dronk het dankbaar op en liet haar toen mijn tong zien; ik hoopte dat mijn afschuwelijke gedachten nu even een paar uur zouden worden uitgeschakeld.

Ik maakte het bed op met de lakens en de deken die mij gegeven waren en vond de koude, niet erg schone lakens kalmerend. Ik gleed ertussen, krulde me als een foetus op en viel in slaap.

Van de eerstvolgende paar dagen heb ik maar heel vage herinneringen. Ik was nog steeds in een half-versufte toestand en dingen, mensen, namen en gebeurtenissen werden wel opgenomen, maar bleven niet in mijn geheugen hangen. Het was een vertraagde reactie, denk ik, maar het resultaat is wel dat een deel van mijn geheugen ontbreekt.

Na een week zowat begon ik weer een beetje tot leven te komen. Ik hoorde de verhalen van mijn celgenoten en ze werden nu echte mensen voor me; daarvoor had ik ze slechts als figuren in een mist gezien. Ik leerde de routine van het dagelijks leven op C1, zoals de afdeling werd genoemd. Ik wist niets af van de beruchte geschiedenis van deze afdeling, of van de onvoldoende behandeling van de ernstig zieke vrouwen die er werden opgenomen.

Algauw maakte ik kennis met de dokter en de psychiater die rapporten over me moesten opstellen; ze zouden uiteindelijk allebei een grote rol in mijn leven spelen. De dokter was een donkere, lange man met een ongezond bleke huid. Hij leek op Himmler met zijn hoge zwarte laarzen, donkere bril en een zwartleren jas. Ik was meteen tegenover hem op mijn hoede, en het gevoel was wederzijds. Hij beschouwde me met dezelfde soort felle nieuwsgierigheid gepaard gaande met afkeer die de dokter bij de receptie had getoond.

De psychiater was anders. Hij behandelde me als een vrij mens en hij maakte niet de indruk me als een raar buitenbeentje te zien of al bij voorbaat aan te nemen dat ik schuldig was of dat me iets te verwijten viel. Hij was een Ier, een knappe vent, niet bedreigend en *normaal.* Hij wilde ook niet dat er een verpleegster in de kamer was als we in bespreking waren. Het was gebruik op deze afdeling dat er altijd een groepje aanwezig was, voor het geval een van ons de doktoren zou aanvallen. Er waren geregeld besprekingen, minstens drie keer per week; voor hem waren die nuttig voor het rapport dat hij voor de rechtbank moest opstellen terwijl die gesprekken voor mij van grote waarde waren omdat ik dan tegen een betrouwbaar persoon kon praten, kon huilen als ik dat wilde, mijn last kon afwentelen op de sterke persoonlijkheid van iemand die me begreep. Had ik vroeger maar deze kans gehad… maar ik stond mezelf nu niet vaak toe dergelijke zwakke gedachten te koesteren.

Het leven op de afdeling was net alsof je in een spieggelland leefde. De eerste indruk overdag was van een soort hel: vrouwen zwierven door de gangen, sommigen half aangekleed, sommigen helemaal niet aangekleed en weer anderen droegen soms vreemde kleren uit de jaren veertig. Heel vaak kwamen er rechters en juristen om de afdeling te bekijken, en die werden er dan heel snel doorheen geleid als een of andere vrouw verkoos zich belachelijk aan te stellen. De nare dingen van het leven op C1 werden haastig weggedrongen en er werd gedaan of ze niet bestonden. Niemand wil toch graag zien dat een halfgekke vrouw met haar hoofd tegen een muur staat te bonken? Het was bijzonder frustrerend hooggeplaatste rechtsgeleerden door de afdeling te zien lopen en hun commentaar te horen. ('O, wat prachtig – ze hebben een hele rij badkamers.' Dit kwam van een rechter uit Hertfordshire toen hij de cellen met de stalen toiletten zag die stonken, vies en vuil waren en niet werkten, met een wasbak waar bloed en andere troep op vastgekoekt zaten.)

Ik voelde een vreemde verbondenheid met de andere vrouwen; in plaats van elkaar argwanend op te nemen, begroetten we elkaar – zelfs vreemden – met een positief solidariteitsgevoel, een zwijgende steun en appreciatie voor elkaar. Toch hing er even achterdocht als een vreemde de betrekkelijke veiligheid van ons tijdelijk tehuis minachtend bekeek, of een bedreiging leek te vormen.

Mijn celgenoten werden steeds meer persoonlijkheden voor me; ze waren net negatieven die ontwikkeld werden en steeds duidelijker werden, waardoor bepaalde aspecten van henzelf en hun leven aan het licht kwamen naarmate we elkaar voldoende vertrouwden om iets van onze wederzijdse en broodnodige verdedigingswerken te slopen. Ik hoorde dingen uit hun leven, zo anders dan het mijne, en kon in hun problemen opgaan en zo mijn eigen moeilijkheden ontwijken. Het hielp wel.

Marlene van vierenveertig vertelde me haar geschiedenis. Ik luisterde geboeid toe en voelde me een voyeur. 'Ik ben lesbisch, geloof ik. Ik heb nooit zoiets gedaan – nou ja, je weet wel – maar woon al jaren met mijn Andy samen. Zij is twintig jaar ouder dan ik. En laatst heb ik geprobeerd haar met een kussen te laten stikken. Maar ze is niet doodgegaan. Ze werd wakker en zei: "O, lieverd, lieverd, wat doe je nou?" Ik was zo bang. Ik kreeg een inzinking en ben weggelopen. Zij heeft de politie erbij gehaald. Ze zeiden dat ze doodsbang voor me was. Toen hebben ze me hierheen gebracht. Weet je wat gek is? Ik heb eens geprobeerd hier een baan te krijgen. Maar ze wezen me af, zeiden dat ik te klein was. Maar toen ontdekten ze ook dat ik een strafblad had.'

Haar 'strafblad' was een zelfmoordpoging in de tijd dat het nog een misdaad was als je probeerde jezelf van het leven te beroven. Het bleek dat ze sinds haar jeugd van de ene naar de andere inrichting was gestuurd. Marlene en ik hadden samen keukendienst – keukenmeisjes waren we. Hoe oud je als vrouw ook in de gevangenis bent, je wordt altijd 'meisje' genoemd. Daar dacht ik een tijdje over na en besefte toen dat het een subtiele manier was om een vrouw te vernederen als je haar als een kind bleef beschouwen – ook als degene die je zo vernedert zelf een vrouw is. Voor de rechters en juristen waren we óf 'meisjes' óf 'dames'. Zo werden we althans aangesproken. En meisjes kun je een pak op hun billen geven en dames kunnen in ongenade vallen en een standje verdienen. Daarna kunnen ze weer aan de hoede van de echtgenoot worden overgedragen.

Een rechter van het Hooggerechtshof zei dat een reclasseringsambtenaar hem eens verteld had dat 'vrouwelijke misdadigers vaak goede moeders zijn, maar natuurlijk wil geen man hen hebben nadat ze een misdaad hebben begaan. Jammer, want met een man en kinderen om voor te zorgen, zou ze het te druk hebben om een misdaad te begaan. En als ze in de verleiding kwam, zou haar man haar gewoon kunnen zeggen daarmee op te houden.' En dat toont in één les alles wat iemand moet weten van vrouwen die een misdaad begaan.

De zienswijze van een ervaren gevangenbewaarder is echter dat 'ze net kinderen zijn; ze zijn heel kinderlijk, weet je... U zou nog niet tegen een kind van vier praten zoals wij soms tegen hen praten.' En dat was wáár: sommige vrouwen op C1 gedroegen zich heel kinderlijk, deden verbaasd en alsof ze de beledigde onschuld waren. Door de rest van de gevangenis werden we als idioten beschouwd; C1 stond bekend als de Poppenkast. Het gegil, gezang, gejammer, voortdurend geschreeuw, geluid van hoofden tegen de muur en het slaan op ramen, luiken en deuren versterkte nog de mythe dat we allemaal verloren zielen waren.

Ik vond het wel goed dat etiket te krijgen. Ik aarzelde nog tusen mijn wens te geloven dat ik vermoedelijk ook gek was, en de wetenschap dat ik het niet was, maar de anonimiteit van het etiket 'krankzinnig' maakte dat ik niet hoefde te proberen me normaal voor te doen. Marlene en ik gingen op de afdeling voor 'normaal' door – misschien waren we het minst excentriek (hoewel ik vind dat het feit dat ze 's nachts in bed een zonnebril opdeed, excentriek kon worden genoemd). We waren in ieder geval de rustigste, beleefdste en bestgemanierde vrouwen die ooit de met stront besmeerde gangen van Holloway sierden. Geen van ons beiden zag de val die we voor onszelf opstelden en die later zou toeslaan. We hadden allebei vreselijke herinneringen en toch gaf de gevangenis ons een bedrieglijk gevoel van veiligheid, in tegenstelling tot de werkelijkheid die we eens weer onder de ogen zouden moeten zien.

We namen afstand van de echte wereld. We hadden allebei van het begin af aan geweten dat we niet sterk genoeg waren om die ongewapend tegemoet te treden. Eenmaal in de gevangenis – al vergaten we soms te midden van de chaos en verwarring op C1 waar we waren – voelden we ons veilig en beschermd. We vonden het prettig behandeld te worden alsof we kinderen waren – geen verantwoordelijkheden, geen materiële zorgen of wanhoop om geld. Toch waren het niet in de eerste plaats deze verantwoordelijkheden waarvan we verschoond wilden blijven, maar het vermogen beslissingen te nemen was ons tegelijk met onze vrijheid ontglipt.

Ik bezocht elke dag de gevangenisarts, en ik vertrouwde hem – zijn woorden, zijn reacties, zijn opmerkingen. Ik nam werkstukken, schetsjes en dergelijke naar hem mee, zoals een hond met een vieze stok naar zijn baas holt om geprezen of geaaid te worden. Dat aaien had ik nodig. Met hem stelde ik een stamboom op zodat hij uit mijn herinneringen wijs kon worden als die af en toe boven kwamen.

Ik heb het niet gehad over verdriet, rouw, spijt of berouw. Na de aanvankelijke schok en afkeer van mezelf, begreep ik dat ik niet het recht had om verdriet te hebben of te rouwen, hoe graag ik dat ook wilde. Verdriet was voor onschuldigen, en dat was ik niet. Naarmate de tijd verstreek voelde ik de pijn in me groeien, gevoed door mijn schuldgevoelens, de onrust veroorzaakt door afschuw en afkeer, het tumult van alle vragen en de verdrukking die in me opkwam – dit alles kookte in mijn verbijsterde binnenste. Als ik niet bij de dokter was, huilde ik vrijwel nooit, maar wanneer ik bij hem was, kwam er geen geluid over mijn lippen zonder dat de tranen over mijn gezicht stroomden. Het leek me toe dat het een teken van mijn zwakte was om hard te huilen; ik had het gevoel dat dit veel te gemakkelijk voor me zou zijn. Soms begreep ik niets, maar andere keren was ik bijna verrassend helder en vervuld van overstelpende gevoelens van afkeer en begrip die overigens onmiddellijk verdwenen, nog voordat ik er mijn voordeel mee kon doen.

Ik was nog maar drie weken in Holloway toen ik voor de rechter van instructie moest verschijnen voor terugzending in voorarrest; dit moest in Towcester in Northamptonshire gebeuren. Roy kwam me in de gevangenis opzoeken en overhandigde me een papier waarop de redenen vermeld waren waarom men, bij het laatste verhoor, had geweigerd me tegen borgtocht vrij te laten. 'Voor de eigen veiligheid en het welzijn van de beschuldigde zal haar voorarrest met eenentwintig dagen worden verlengd. Het openbaar ministerie is bezorgd dat zij wil trachten zich van het leven te beroven.' Hij had een regeling met de politie getroffen die inhield dat ik in Holloway zou blijven totdat er een passende plek voor me was gevonden – een psychiatrische inrichting.

De vrachtwagen verliet de gevangenis met mij en drie agenten voor het geval ik zou proberen iets doms te doen (al was dat het laatste wat in me opkwam). We reden door het verwaarloosde Archway en het keurige Golders Green, daarna door Mill Hill en het voorstadje Finchley. Toen we aankwamen moest ik geeuwen; ik kon er niets aan doen. Ze hadden me om vijf uur wakker gemaakt terwijl ik de avond tevoren iets had gekregen om te slapen, maar waren pas om halfnegen bij de nor weggereden. Alans moeder was aanwezig, en mijn oom en twee tantes. Rechercheurs zaten stijf in hun goedkope blauwe pak; het overhemd van de ene zat zo strak over zijn buik dat er een stukje bleke huid zichtbaar was. Ze droegen geen beige regenjassen of slappe deukhoeden. Mijn advocaat slikte moeizaam en trok aan zijn das. Voordat de rechter van instructie arriveerde, sprak hij met de officier van justitie. Toen deze met zijn gevolg binnenkwam porde de agente die naast mij voor het hekje stond, me in de rug en zei dat ik moest opstaan. Ik dacht aan school wanneer het hoofd de klas binnenkwam; dan moesten we ook altijd opstaan. Men had ons verteld dat dit een teken van eerbied voor oudere mensen was die onze meerdere waren. Er was niets veranderd. En ook aan mijn omstandigheden was niets veranderd – er werd door mijn advocaat en de officier van justitie over mij gesproken alsof ik er niet bij was. Later hoorde ik dat dit vermoedelijk vaker vrouwen overkwam dan mannen: een behandeling alsof ik niet in staat was me te verdedigen en eigen verantwoordelijkheid te dragen.

Ze vonden dat ik het best kon blijven waar ik was, 'voorlopig' althans, en daarna keerden ze snel naar hun buitenhuisjes terug en ik ging weer naar de gevangenis. Mijn blikken boorden zich in Roy's rug en mijn onuitgesproken vraag was: 'Voor hoe lang?' Ik had geen idee meer van tijd, maar wilde toch weten hoe lang ik in Holloway zou moeten blijven, hoe lang het zou duren voor ik naar een inrichting werd gebracht, hoe lang het zou duren voor 'ze' besloten wat ze met me gingen doen. Er kwamen geen antwoorden, maar ja, ik stelde mijn vragen ook niet hardop.

Thuis in Holloway wachtte Marlene me al op. 'En hoe was het? Wat hebben ze gezegd?' 'Ze' was ons woord voor iedereen die gezag over ons kon uitoefenen en in die tijd was dat drieënnegentig procent van alle mensen om ons heen.

Ik vertelde haar alles, en ook dat ik over drie weken weer terug moest komen. Ze ging op de rand van het bed zitten en was zo klein dat ze gemakkelijk met haar benen kon gaan zitten zwaaien; ze staarde me ongelukkig aan en beet op haar lip. Ze wachtte het vonnis van de rechter af en boven haar hoofd hing de voortdurende angst om in een inrichting te worden geplaatst.

Ik kreeg bezoekers die mijn dagen vulden (Alans moeder, Ken en Jo, en andere familieleden) en stapels brieven. Er had niet veel over het geval in de kranten gestaan, dus er waren maar weinig mensen die ergens iets vanaf wisten. Ze hadden me allemaal geschreven en bleven schrijven, ook al antwoordde ik niet. Ik haatte bezoeken. Ik had niets opbouwends of belangrijks te vertellen, en moest meestal vechten om niet in tranen uit te barsten. De mensen wilden een verklaring die ik niet kon geven. Ze wilden o zo graag gerustgesteld worden, wilden horen dat het allemaal een afschuwelijke vergissing was of een of andere hersenstoornis. Maar dat soort geruststellingen kon ik ook niet geven. Dus zei ik vrijwel niets en zij des te meer om alle pijnlijke stiltes te vullen. Alan kwam terug uit Noord-Ierland; af en toe schreef hij brieven, korte briefjes maar, en meestal alleen kaarten.

Na een tijdje kwam hij me opzoeken. Ik ging naar hem toe in de bezoekersruimte en had geen idee hoe hij zou reageren. Het was de eerste keer na het gebeurde dat ik hem zag. We staarden elkaar aan, toen keek hij naar de tafel en begon met zijn stompe vingertoppen al die brandvlekken van de sigarettepeuken na te trekken. Ik bleef erbij zitten, voelde me ellendig, wilde graag over belangrijke onderwerpen praten, over de liefde, en over de zoon van wie hij niet wist dat hij hem had. In plaats daarvan – allebei dankbaar dat de ander zo laf was – praatten we over het feit dat het eten in de gevangenis zo slecht was, over zijn moeders gezondheid en allerlei andere dingen en vermeden eventueel te nemen beslissingen. Hij kwam nog eens, en elke keer was ik nerveus en aarzelde; ik wilde eindelijk eerlijk zijn en hem alles over zijn kind vertellen, maar stelde dat steeds weer uit, uit angst om zijn reactie.

Roy kwam. Hij geloofde mijn verhaal over de verkrachting niet en smeekte me hem de waarheid te zeggen. Lusteloos hield ik vol dat het de waarheid wás en ging door met de doorzichtige leugen die ik in mijn wanhoop had verzonnen. Een psychiater kwam me bezoeken en ondervragen, want dat was het. Ik voelde niets toen ik de halve waarheden opdiste, en alleen een soort schaamte bij de honderdprocentleugens. Hij doorzag onmiddellijk hoe mijn verhaal als los zand aan elkaar hing en probeerde me ervan te overtuigen dat ik mezelf een dienst bewees als ik hem zei wat er werkelijk was gebeurd in plaats van die 'verkrachting'. In die tijd wilde ik Alan nog steeds beschermen en hem niet bij de zaak betrekken; ik wilde hem niet met mijn zorgen belasten. Natuurlijk wisten alle psychiaters dat ik loog, en ze konden niet anders doen dan dit beschouwen als een voorbeeld van mijn hang naar manipuleren, of als een teken van mijn krankzinnigheid, afhankelijk van welk standpunt zij huldigden.

Maar Alan bleef komen, zo regelmatig als hem maar mogelijk was; misschien voelde hij toch op een of andere manier dat hij meer schuld had dan hij aanvankelijk had beseft. En er kwam een dag dat ik voelde dat ik hem alles over Alex moest laten weten, en dus vertelde ik het hem, zo rustig en toch zo vastbesloten als ik maar kon. Hij huilde. Dat had hij nog nooit gedaan, want hij toonde zijn gevoelens niet zo gemakkelijk. Ik was er verlegen mee en had wel in een gat in de grond willen wegkruipen, of mijn hoofd vol as strooien en een boetekleed aantrekken – of allebei. Het had hem pijn gedaan en geraakt te horen dat hij een kind had, een zoontje, en hij deed overijlde en opgewonden beloften dat hij uit het leger zou gaan als zijn contract was afgelopen, en dan zouden we een huisje zoeken en daar met zijn drieën in gaan wonen, vermoedelijk onder het motto 'en ze leefden nog lang en gelukkig'. Ik keek hem aan terwijl hij beschreef wat er allemaal zou gaan gebeuren, blind voor de werkelijkheid en onbewust aan de harde feiten voorbijgaand dat ik in de gevangenis zat en daar nog wel een tijdje zou blijven, terwijl ik op mijn vonnis wachtte. Hij vergat ook dat ik geen zeggenschap meer over mijn zoon had, dat ik geen huis, geen geld en geen toekomst had. Zo was het. Ik hield mijn gevoelens voor Alex volkomen gescheiden van Alans plannen. Die zouden nooit werkelijkheid worden, en het was dus tijdverspilling eraan te denken.

Blinden leiden blinden en dus knikte ik, moedigde hem aan en luisterde als hij me zijn plannen ontvouwde. Ik keek naar hem en vond het niet best wat ik daar zag, maar het was wel bekend, en ik besloot me vast te houden aan het kleine beetje in mijn leven dat constant leek. Ik ontnam hem zijn illusies niet; ik begreep heus wel dat geen van zijn wilde plannen ooit uitgevoerd zou worden. Maar het leek me beter te knikken en zijn naïviteit zo vriendelijk mogelijk aan te moedigen. Eindelijk hadden we geen van beiden meer iets te zeggen en gelukkig werd de bezoektijd altijd vrij gauw weer door een cipier beëindigd. De andere vrouwen zouden dolgraag zulke lange bezoeken willen hebben als ik kreeg; omdat mijn bezoekers van zo ver kwamen, mochten ze langer blijven, maar ik had graag met hen willen ruilen. Ik was altijd doodmoe van het bedwingen van mijn emoties als ik terugkeerde naar de bescherming van de afdeling waar het geschreeuw van de vrouwen en het bonzen met stoelen op deuren en hoofden tegen de muur de gedachten verdreven die door mijn hoofd spookten.

Plotseling kwam het bericht dat mijn moeder zou worden begraven – het lichaam was vrijgegeven, zei de psychiater die mij het bericht bracht. Ik werd alleen gelaten om dit nieuws te verwerken. Ik had de keus te gaan als ik dat wilde, maar dan wel vergezeld van twee agenten. Mijn hele familie en al mijn vrienden hadden gezegd dat ik moest gaan als ik dat wenste en dacht dat het me niet al te zeer zou aangrijpen; zij legden zich bij elke beslissing van me neer. Ze vonden dat het juist was als ik erbij was. Ik wist dat ik moest gaan, hoe ik het later ook zou verwerken. Het was traditie, en ook nog een katholieke traditie, en ik was niet dapper of dwaas genoeg om af te wijken van hetgeen me in mijn jeugd was bijgebracht; ik gehoorzaamde de ongeschreven regels van de etiquette van de kerk.

Het was een mooie dag. In plaats van de koude windvlagen die over het graf van mijn vader hadden gewaaid, scheen nu de zon en het was een zachte augustusdag. De twee agenten die me vergezelden verzekerden me dat alles wel in orde kwam: zij zouden bij me zijn en ze vertelden me ernstig dat ze een grote voorraad papieren zakdoekjes bij zich hadden. 'Ik heb wel anderen net als jij meegemaakt,' zei de ene die klein en mollig was en een lief gezicht had.

'Arm ding – als het te erg wordt, pak mijn hand dan maar. Wat is ze bleek, hè, Ann?' Deze opmerking kwam van de andere gevangenbewaarster, een vrouw uit Newcastle die enorm groot en fors was en een hese stem had.

Een oudere cipier had me verteld dat – om het mij en mijn familie niet moeilijk te maken – het vervoer zou plaatsvinden met een gewone auto, een taxi, en de agenten zouden niet in uniform zijn. Maar zo ging het niet. Ergens was er een kink in de kabel gekomen en het resultaat was dat er een grote vrachtwagen kwam met getraliede ramen en op de zijkant stond duidelijk dat de auto van de gevangenis was. Dat zou niemand op de begrafenis ontgaan. Het kon mij niet schelen, maar ik had het gevoel dat de aanwezigen zich er misschien aan zouden storen. Maar het bleek dat iedereen veel te nerveus en bang was voor mijn mogelijke mentale toestand om er iets om te geven hoe ik en de vertegenwoordigers van de gevangenis verschenen.

De kerk kwam zelfs mij mooi voor, hoewel ik het katholieke ritueel verachtte. De dienst was ook mooi als ik hem tenminste helemaal had kunnen uithoren. Ik zat stijf rechtop, bewoog me niet totdat tot mijn schrik de kist naar binnen werd gereden en vrijwel naast me werd geplaatst. Aan weerszijden van me zaten de grote en kleine bewaarsters uit Holloway. Ik greep om me heen en voelde – zoals ze beloofd hadden – een warme en troostende hand die de mijne pakte. In mijn andere hand werden papieren zakdoekjes gepropt en ik probeerde de tranenvloed te stuiten. Nog steeds maakte ik geen enkel geluid, maar de sluizen gingen nu wel open.

Ik was wreed in de wereld der levenden teruggedwongen, en ironisch genoeg door een plotselinge en brute confrontatie met de dood. Toen kreeg ik het gevoel dat ik nog niet eerder had gehad: het moest echt gebeurd zijn, zij was dood en daar stond haar lichaam. Ik kon niet verwerken dat mijn moeder, die de enige was geweest die voortdurend om en bij me was geweest, ondanks het feit dat ik haar nooit zonder een muur tussen ons in had gekend, daar nu koud in een kist lag. Een kist was voor een dode, en dus moest ze wel dood zijn. In mijn wanhoop werd ik heel nuchter en ik kalmeerde totdat de priester, onze oude, bekende familiepastoor, een gezang aanhief waar ze zo van had gehouden. Dat deed de deur dicht. Ik voelde de pijn weer even fel als voordat ik die in de nacht waarin ik haar had vermoord, had geblokkeerd. De werkelijkheid kwam terug, mijn versuffing verdween genadeloos en ik was terug in een wereld vol pijn, dood, verlies en verdriet en er was nu niets meer wat me tegen het bewijs beschermde.

Het was een verse, scherpe, bloedende wond. Ik had tot die tijd niet beseft hoe diep iemand kon lijden, en zelfs nu wist ik dat ik niet het recht had om verdriet te hebben, om te lijden en te huilen. Ik had het gevoel dat ik weer het bloed op mijn handen zag en vond dat geen pijn te erg voor me was, geen straf was voldoende. Vastbesloten nam ik me voor dat ik de resterende jaren van mijn leven zo moeilijk en pijnlijk mogelijk zou maken. Wat 'zij' die over mijn lot beschikten ook zouden beslissen, ik zou nu mezelf op allerlei manieren straffen.

De begrafenis kwam ten einde. De plechtigheid bij het graf was afschuwelijk en onwerkelijk, net als zeven jaar geleden toen mijn vader werd begraven. Het werd een koude middag. De mensen rilden en wilden weg; ze wisten niet wat ze tegen me moesten zeggen. Want hoe druk je medelijden met een moordenares uit? Hoe konden ze zeggen dat ze met mijn verlies meevoelden en me de hand drukken? In plaats daarvan kreeg ik koele kussen en hoorde wat gemompel; daarna was ik dankbaar dat ik door mijn twee zo meelevende begeleidsters werd weggevoerd.

Terug in de nor was de druk weg, de druk hoe ik me moest voelen terwijl ik zelfs tegenover mezelf niet wilde toegeven wat ik had gedaan. Ik kon niet tegen Roy spreken toen hij kwam om een rapport voor de rechtbank voor te bereiden en om op een of andere manier vrijlating tegen borgtocht voor me te vragen. Ik wist nu wat mijn gevoelens waren en wat ik moest doen. Ik was grootgebracht met een begrip van zelftucht en met het idee dat overal schuldgevoelens bij waren betrokken; op die manier was het normaal voor me geworden om nu de opvatting te gaan huldigen dat Anna slecht was, en dat Anna dus gestraft moest worden. Roy stond erop dat ik meewerkte met de specialisten die me bezochten; in zijn brieven legde hij daar de nadruk op. 'Het is heel belangrijk dat je meewerkt met dr. T... want hij kan behulpzaam zijn bij het verkrijgen van je overplaatsing van Holloway naar een ziekeninrichting. Doe alsjeblieft je best om eerlijk en ronduit tegenover hem te zijn – dit is geen tijd om je zelf te oordelen.' Omstreeks die tijd wist nog niemand wat er met me zou gaan gebeuren. De experts die als taak hadden een diagnose omtrent me te stellen, hadden ook nog geen besluit genomen. Het was nog te vroeg om iets aan te nemen of in te schatten, en daarom kwamen er nog drie doktoren op zoek naar een analyse waarmee iedereen het voldoende eens kon zijn om te beslissen of ik gek was of alleen maar slecht.

Op advies van de gevangenisarts begon ik een dagboek bij te houden, hoewel ik dat aan niemand liet zien. Het leek me een gevoel van rust te geven dat ik op kon schrijven wat ik voelde zonder bang te hoeven zijn dat het op een of andere vreemde manier zou worden geïnterpreteerd. Onder geen voorwaarde kon ik deze dingen blootgeven zonder angst mijn eigen wanhoop onder ogen te moeten zien.

> 28 augustus 1986. 3 uur 's middags. Tijd om na te denken. Wat kun je in de gevangenis anders doen dan denken? Alles doet pijn. Ik wil het allemaal vasthouden, op de een of andere manier de pijn inhouden. Tranen helpen niet meer. Ik kan nog niet het einde bereiken van de pijn waarvan ik voel dat die in me ligt te wachten... ik kan er alleen naar tasten, maar niet voldoende. Ik zoek tastend mijn weg naar een soort begrip, maar dat ontglipt me... de korte herinneringen zijn erger, die zullen me altijd bij blijven. De nachtmerries zijn net als flarden herinnering overdag. Ik dacht altijd dat nachtmerries alleen voorkwamen als het donker was, maar ze kunnen ook in de zon leven...

Meer doktoren, meer diagnoses. Ik zag iemand die plaatsvervangend hoofd van de medische dienst in de gevangenis was, tien minuten lang. Hij sprak met me over de problemen die ik met mijn menstruatie had die nog steeds elke maand op een zware bloeding leek. Ik beschouwde mijn maandelijkse ellende als een fase in mijn zelfkastijding. Ik ontdekte algauw dat kleine hoeveelheden zelf toegebrachte pijn meer pijn veroorzaken dan de pijn die volgens mij veroorzaakt wordt door de vrouwen die met hun hoofd tegen de muur bonken – net zoiets als de marteling met water. Ik sliep 's nachts beter door deze dagelijkse doses straf.

Na drie maanden in Holloway werd me verteld wat het resultaat was van de voortdurende stroom doktoren. Roy zou de rechtbank vragen me toe te staan om vrijgelaten en overgebracht te worden naar een krankzinnigengesticht in Northampton, naar een beveiligde afdeling aldaar. Ten dele om rapporten op te maken en ten dele, zoals Roy daarna voor de rechtbank zei, om me weg te krijgen uit de 'vreselijke toestand en ongunstige beïnvloeding van Holloway en de mensen daar'.

Voor ik mijn driewekelijkse verschijning voor de rechter van instructie in Towcester maakte, smeekte ik Roy me nog een tijdje in Holloway te laten blijven. Daar voelde ik me veilig en ik probeerde hem dat uit te leggen. Ik had het gevoel dat ik op de afdeling vrienden had, al was het er nog zo'n chaos en krankzinnige toestand. Ik wist dat ik in de gevangenis thuishoorde.

Roy keek wanhopig. Hij legde me rustig en geduldig uit, zoals je iets aan een kind of een dronken mens verklaart, wat hij voor de rechtbank zou zeggen en hoe hij dacht dat de politierechter zou reageren. Bezorgd zei hij dat hij eigenlijk niet veel hoop had dat ze me zouden laten gaan, gezien de eerder genoemde redenen. Hij zei dat hij zijn best zou doen en ik moest maar niet bang worden, of boos, of onbeschoft, als ze nee zeiden. Ik vroeg me af of ik vlechtjes moest dragen of enkelsokjes aandoen of op mijn duim zuigen en me gedragen als een verwend kind, want zo zagen ze me blijkbaar – ik moest mijn zin krijgen, en zo niet, dan zou ik beginnen te stampvoeten en te schreeuwen.

De rechtszitting begon en de verdachte stond op. Zitten, staan – alles volgens de conventies van de rechtspraak. Roy sprak tot de Edelachtbare Heren over de traumatiserende invloed van de gevangenis van Holloway op zo'n jong en kwetsbaar meisje, nog maar een tiener, die daar te midden van gekke vrouwen en seksuele misdadigsters was geplaatst, bij transseksuelen en lesbiennes. De rechtbank keek medelevend. Ze hadden me intussen zo vaak gezien dat ik bijna tegen hen wilde wuiven. Ze keken toegeeflijk naar me, spraken scherp tegen de politiewoordvoerster over eventuele plannen om zich tegen deze aanvrage te verzetten, en stonden me vrijlating op borgtocht toe op de door Roy omschreven voorwaarden. De rechtbankheren glimlachten en noemden me juffrouw Reynolds. Ik was nu juffrouw, want ik was geen gevangene meer.

De zitting werd verdaagd en de juristen verdwenen. Dit keer werd ik door de voordeur naar buiten gelaten. Ik kreeg een stoel om bij de voordeur te gaan zitten, net een oude Italiaanse dame die wil zien wat er allemaal voor haar huis gebeurt. De stoel had zelfs een kussen. Borgtocht maakte toch wel een heel verschil.

Hoofdstuk zeven

Toen ik op de afdeling kwam, waren de twee bewaaksters nog steeds bij me. Het was een groot, open vertrek met grote schuiframen waardoor ik waarachtig zo maar naar buiten kon kijken. Er stond een biljarttafel en een jonge man was aan het spelen; dan het hokje voor de zusters van waaruit ze ons in de gaten konden houden. We stonden er nogal dom bij elkaar, niet wetend wat we nu moesten doen. Een dikke man van wie ik dacht dat hij wel een patiënt zou zijn, kwam op ons toe en vroeg ons met een stem waarin het accent van Glasgow duidelijk hoorbaar was, wat we wilden. We keken elkaar vragend aan. De biljartspeler was inderdaad een patiënt, vertelde de man ons – 'maar niet zo als de rest van het zootje hier' – en hij was de hoofdverpleegkundige, belast met het toezicht op de afdeling. Hij scheen ervan te genieten ons deze paar inlichtingen te kunnen verstrekken. Met een luide fluisterstem vertelde hij me vertrouwelijk dat hij niet dacht dat ik als een patiënte zou moeten worden behandeld, als iemand die geestesziek was, maar dat ik wel voortdurend in het oog zou worden gehouden...

Daarna vertelden ze me dat ik de enige vrouw op de afdeling was, en dat het eeuwen geleden was sinds ze hier vrouwen hadden gehad; intussen arriveerden er meer personeelsleden. De mannen moesten zich maar aan mij aanpassen, zeiden ze, en ik mij aan hen.

Vervolgens brachten ze me naar een klein kamertje, net een baarmoeder, met een enorm hoog plafond en een dubbel stel houten jaloezieën aan de binnenzijde van het diepliggende raam. Die moesten me ervan weerhouden eruit te springen en zo zelfmoord te plegen of te ontsnappen. Ze weerhielden me er ook van wat meer lucht te krijgen en dingen te zien en juist daarnaar snakte ik zo. Er was een raampje in de deur met aan de buitenkant latjes ervoor, zodat ik gezien kon worden zonder zelf iets te zien. Leuk hoor. Een deur in het raam en een raam in de deur. Ik wilde er alweer uit en had nog nauwelijks een voet daarbinnen gezet.

Mijn schamele bezittingen werden opnieuw gecontroleerd; sommige dingen mocht ik houden, andere niet. Ik kreeg beddegoed en ze lieten me alleen om mijn bed op te maken. Wat was er nu veranderd? En hád er eigenlijk iets veranderd moeten zijn? Waarom had ik gedacht dat de omstandigheden hier anders, beter zouden zijn nu ik niet meer in de echte gevangenis was?

Die eerste paar weken verlangde ik zo wanhopig naar Holloway dat het me voortdurend een doffe pijn ergens in m'n binnenste bezorgde. Mijn nieuwe rol was me niet duidelijk. Vroeger was ik een gevangene geweest, niets meer en niets minder. Hier was ik technisch gesproken geen gevangene, maar wel opgesloten. Ik was iemand die in het oog moest worden gehouden. Om een of andere reden was ik erg gedeprimeerd en kon niets anders doen dan maar zitten huilen.

De sfeer was niet bevorderlijk voor het verbeteren van mijn stemming. Tien mannen en ik deelden de zaal waar werd gegeten, geslapen en alles wat we verder mochten doen plaatsvond. De mannen hadden bijna allemaal een zedenmisdrijf op hun geweten, in een of andere vorm – ze hadden oude vrouwen, kleine kinderen of gewoon maar vrouwen aangerand. De meesten hadden al lange tijd in een van de gesloten inrichtingen doorgebracht, zoals in Broadmoor en Rampton. Ze waren recidivisten en alleen geschikt voor het leven in een inrichting onder strenge controle. Er waren er twee die de hele dag en avond aan het masturberen waren terwijl ze in de fauteuils bij de televisie zaten die vlak bij de ingang van de zaal stonden. Het personeel vond over het algemeen dat ze onschuldig en grappig waren en vermaande hen maar vriendelijk.

Elke dag werden er spelletjes op de afdeling gespeeld. Dan werden de tafels en stoelen aan de kant geschoven en kwam er een bal uit het kantoortje. Het spel zelf kende geen regels; het was een combinatie van rugby en voetbal waarbij ik, als enige vrouw afgezien van de verpleegsters – en die telden niet mee want ze droegen een uniform dat zei 'Raak-me-niet-aan' en weinig flatteuze kapjes op het hoofd – meer werd aangeraakt dan de bal. 'Vergeet niet dat je de eerste jonge vrouw bent die ze sinds jaren in deze zaal zien,' verklaarde een verpleger me. Nou ja. Goed. Natuurlijk. Daar voelde ik me een stuk beter door.

Na een tijdje weigerde ik onder tranen aan die spelletjes mee te doen. Maar de dienstdoende verpleegkundige zei dat ik zijn rooster voor bezigheidstherapie niet in de war moest schoppen. Hij beval me mijn kamertje uit te komen, want ik probeerde nu me de hele dag daar te verstoppen. En ik moest maar gauw beginnen normaal te eten en te drinken – ik was begonnen voedsel te weigeren, want ik had weinig of geen eetlust – anders zou hij ervoor zorgen dat de rechtbank opdracht gaf me zo lang als zij dat wensten in de inrichting te houden. Ik wist dat die mogelijkheid bestond en waagde het niet meer 'ongehoorzaam' te zijn. Dus gaf ik toe en deed nu en dan aan de spelletjes mee, nam ook wat voedsel van de langskomende etenskar, maar gooide wel vaak stilletjes het vreselijke eten weg in de aanwezige plantenbakken. Ik begon appels te eten wanneer de dienstdoende verpleegkundige in de buurt was en buitte mijn menstruatiepijnen uitvoerig uit om niet aan de spelletjes te hoeven deelnemen; die menstruaties duurden heel lang.

Na hier een tijd geweest te zijn wendde Roy – die evenveel afschuw van de zaal had als ik – zich tot de rechtbank om de voorwaarden voor vrijlating tegen borgtocht veranderd te krijgen zodat ik naar een open afdeling mocht waar er niet zulke extreme gevallen waren als hier. De rechtbank was akkoord en ik ging terug naar het ziekenhuis in de hoop van de Afdeling der Verschrikkingen te worden verlost. Maar zo ging het niet. De man die met het toezicht op de nieuwe afdeling belast was, zei dat hij niet de verantwoordelijkheid op zich kon nemen om iemand met zelfmoordneigingen op zijn afdeling te krijgen. Zijn patiënten waren allemaal mensen die met nietsziende ogen voor zich uit zaten te staren, uitgeput door het leven zelf; bleke, magere, stille mensen voor wie het zwaar was geworden de doodgewone dagelijkse dingen te doen. Ze waren in elkaar geklapt, als een oude versleten auto, maar ik had het gevoel dat ik me bij hen thuis zou voelen.

Het werd Kerstmis, en Alan kwam. Hij was bijzonder vaag, zei weinig en paste er wel voor op me aan te raken. Het was duidelijk dat de hele zaak hem erg hinderde en ik vroeg me verbitterd af wat hij schandelijker vond – mij in de gevangenis op te zoeken, of hier waar het stigma van een gesticht op de patiënten rustte. Hij herhaalde zijn vroegere beloften, maar niet zo nadrukkelijk, betreffende een flatje ergens voor ons en onze zoon. Ik probeerde hem voorzichtig aan zijn verstand te brengen dat dit nooit mogelijk zou zijn, zo gemakkelijk zou het leven nooit meer worden, maar hij wilde niet luisteren. Het leek of hij zich dusdanig had geprogrammeerd dat hij alleen maar luisterde naar wat hij wilde horen, en de rest schakelde hij uit. Ik zuchtte en probeerde hem te vertellen, zoals ik mezelf ook had voorgehouden en zoals Roy me verteld had, dat er 'een aantal opties was voor de rechter wanneer hij het vonnis moet vellen, en dat moet je niet vergeten; dit kan betekenen een voorwaardelijke straf tot levenslang met alle schakeringen daartussen'. Maar Alan praatte bijna koortsachtig door over zijn eigen plannen en belachelijke ideeën en ontkende dat het wel eens onmogelijk zou kunnen zijn om alles maar even gladjes te regelen als hij scheen te denken dat het mogelijk was. Ik zag heel erg duidelijk dat hij volstrekt niet wilde inzien dat ik misschien levenslang zou krijgen; hij weigerde er zelfs maar over te denken.

Maar het was iets dat voor mij dagelijks naderbij kwam. Ik wílde dat het gebeurde. Ik wilde niets liever dan gevangenisstraf, die gezegende verlossing van een vonnis. Ik wachtte gewoon op de tijd dat die woorden zouden worden gesproken. Op 19 december schreef ik in mijn dagboek:

> Ik ben zo bang, zo ontzettend bang. Het lijkt alsof ik mezelf en mijn onbetrouwbare emoties thans niet onder controle kan houden. Het is mijn straf dat ik deze periode van ondraaglijke spanning moet ondergaan. Alles wat ik ooit in mijn leven heb gedaan lijkt een spoor te vormen van gebeurtenissen die me uiterlijk nauwelijks lijken te hebben geraakt, maar die een onuitwisbare indruk in mijn binnenste hebben achtergelaten. Mijn ziel moet vele lekkende plaatsen hebben. Ik weet nu wat ik wil. Ik ben er klaar voor om een gevangenisstraf te ondergaan; het is niet meer dan normaal dat ik die krijg.

Ik stond mezelf niet toe aan Alan te denken, hoewel er tijden waren dat die gedachten me ongevraagd overvielen en bezighielden. Ik kreeg nog steeds bezoek van de sociaal werkster, al was het niet zo vaak meer, en daar moest ik me op voorbereiden zodat ik opgewassen was tegen de gedachten die haar onverschillige woorden in mij opriepen. Soms voelde ik me sterk en vastbesloten om alles onder ogen te zien wat op me af zou komen, maar er waren ook dagen dat ik het idee had dat ik veel te moe was, alsof al het bloed uit me wegtrok. Mijn zaak zou half februari voorkomen en ik wist niet of ik er wel tegen opgewassen zou zijn.

> Ik moet wat reservekracht over zien te houden voor de behandeling van mijn zaak door de rechtbank. Er zijn twee manieren om dat te doen. Ik kan proberen sterk te zijn, alles te aanvaarden en pas in elkaar klappen als ik in de relatieve veiligheid van Holloway ben aangekomen. Of ik kan alle pogingen laten varen om normaal te blijven en voor de behandeling van de zaak instorten. Als dat gebeurt, betekent dat het einde voor me.

Ik bracht veel tijd door in het kamertje met de jaloezieën voor het raam, zat in elkaar gedoken in een hoek me suf te piekeren. Ik stelde me een kamer voor die helemaal kaal was, zonder raam en met een deur die op slot was, en daar kon ik huilen, gillen en schreeuwen zodat ik in mijn eenzaamheid al mijn ellende kon kwijtraken – en niemand zou me horen of zich bezorgd om me maken of me straf geven omdat ik lawaai schopte; niemand zou denken dat ik maar deed alsof zodat de doktoren iets konden rapporteren, of opdat de rechtbank het hoorde, of om medicijnen te krijgen. Ik verlangde bijna koortsachtig naar zo'n plekje.

> Ik ben nog steeds achttien jaar. Is dat mogelijk? Ik heb diepgaande twijfels over mijn leven, omtrent de noodzaak het voort te zetten. Ik heb niets meer waar ik om kan huilen, waarom besta ik dan nog? Ik heb alles verloren, door mijn eigen schuld. Ben ik slecht? Ik wil het liever niet denken, maar het moet wel waar zijn. Van nu af aan zal ik sterker zijn en aanvaarden wat er ook gebeurt; dat is wel het minste, al verdien ik het nauwelijks.

In januari 1987 werd ik voorgesteld aan de advocaten die bij de rechtszaak voor mij zouden optreden. Ze vertelden me dat de rechter niet het verweer van 'schuldig aan manslag maar niet schuldig aan moord' wilde accepteren; Roy had me aangeraden dit te doen en er zou nog een volledige behandeling van de zaak komen. De enige reden om niet schuldig te bepleiten was dat er een behandeling zou komen – een behandeling die me pijn en ellende zou bezorgen, en ik wilde straf krijgen.

Degene die was belast met het toezicht op de afdeling waar ik was geplaatst, ondervroeg me voor een rapport voor de rechtbank over mijn huidige en vroegere geestesgesteldheid. Het gesprek werd op video vastgelegd om gebruikt te worden als een oefening voor studenten.

De datum voor de rechtszaak was al heel nabij toen er tumult op de afdeling losbarstte. Er waren destijds bij wijze van verandering, twee andere vrouwen behalve ik; de een was van middelbare leeftijd en was in de war en gedesoriënteerd. Zij kreeg blijkbaar elk jaar een zenuwinstorting zoals andere mensen vakantie krijgen. De ander was een weduwe van tachtig die een dochter had die zojuist zelfmoord had gepleegd. Men was bang dat zij ook zelfmoord zou plegen door de schrik en al het verdriet, en ze was veiligheidshalve op de gesloten afdeling geplaatst. Hoe meer vrouwen er op onze afdeling kwamen, hoe gespannener de toestand daar werd. Op een ochtend vertelde een loslippig lid van het personeel me dat twee nieuwe mannen rechercheurs waren die kwamen onderzoeken of de bewering dat de jongste vrouw verkracht zou zijn, juist was.

De mensen van de nachtdienst die overigens toch meestal sliepen al hadden ze dienst, hadden niets gemerkt tot de doodsbange en verwarde vrouw bij hen kwam en had verteld wat er was gebeurd. De zogenaamde verkrachter was een enorm zware ex-bokser die zo ongeveer honderdenveertig kilo woog, een angstaanjagende, kinderlijke man die zijn eigen kracht niet kende en handen had die meer op grote biefstukken leken. Alles wat er op zaal gebeurde nam hij met een berekenende, sluwe blik op. Hij zou de vrouw om ongeveer tien uur die avond in de gang hebben gevolgd die uit de zaal wegvoerde. Zij was per vergissing het mannentoilet binnengegaan – en dat was heel verklaarbaar, want er stonden geen tekeningen of woorden op de deuren om het onderscheid tussen mannen- en vrouwentoiletten aan te geven. Bovendien waren de mannen er zo weinig aan gewend vrouwen op zaal te hebben, dat ze toch al altijd beide ruimten gebruikten. Het resultaat was grote verwarring bij beide seksen, en vooral bij degenen die toch al in de war en gedesoriënteerd waren. Hij was haar naar binnen gevolgd en had haar toen verkracht, zei ze.

Hij was een man die geen idee van goed en kwaad scheen te hebben; als hij iets wilde, dan begreep hij niet waarom hij dat niet kon krijgen. Dat kan ook die avond wel bij hem zijn opgekomen. De vrouw was anders geen leugenaarster en ze leed ook niet aan hallucinaties, dus was er weinig reden aan te nemen dat ze het verzon. In elk geval kwamen er rechercheurs om de zaak uit te zoeken en ze bleven lang om ons allemaal te ondervragen en te proberen te weten te komen of een van ons iets had gezien.

De beschuldigde werd van zijn bed op de open afdeling gelicht en als een groot, zwijgend paard in een cel met staldeuren opgesloten die zich aan het eind van de zaal bevond. Als je de afdeling opkwam, zag je die cel onmiddellijk. Je kon zien dat hij probeerde boven de staldeuren uit de zaal in te kijken en de hele dag en nacht hoorde je hem in de kleine ruimte rondlopen – dat was een gewoonte die hij uit zijn tijd als bokser had overgehouden, had hij ons verteld. Het verplegend personeel begon medelijden met hem te krijgen en liet hem af en toe dubbele porties eten brengen. Hij at alles op, kauwde nauwelijks en bleef maar als een kip zonder kop rondrennen. We hebben nooit gehoord of hij de vrouw werkelijk had verkracht. Hij werd bijna twee maanden opgesloten gehouden en daarna overgebracht naar Rampton.

Na die gebeurtenis voelde ik me op de zaal niet meer veilig. Het personeel had ik eigenlijk nooit erg vertrouwd. Nu vond ik dat hun houding blasé en onverschillig was ten opzichte van wat er was gebeurd en de invloed die het kon hebben op de al zo zieke vrouw, afgezien nog van de schade die het bij de aanvaller kon hebben aangericht.

In die tijd dacht ik er veel over na wat me nu eigenlijk naar dit punt in mijn leven had geleid. Als substituut voor therapie schreef ik alles op:

> Het is een feit dat ik, sinds mijn vader is gestorven, wanhopig naar een plaatsvervanger heb gezocht, een vaderfiguur; die zocht ik in alle mannen die ik ontmoette... mannen – ik bedoel jongens. Kleine jongetjes. De enige manier om hem te vervangen zonder mijn herinneringen aan hem kwijt te raken was een minnaar te vinden met dezelfde eigenschappen als pa... dat is toch niet zo gek? Het enige probleem was dat ik met de plaatsvervangers moest slapen, want zelfs ik kon van hen niet verwachten dat ze het bij een platonische liefde zouden houden.

Het had tot dan toe geduurd vóór ik de gevoelens over mijn vaders dood kon aanvaarden. Toen zag ik in, tijdens die periode van intense beschouwingen, dat verdriet zich verdubbelt als je het begint te verdringen. Het verdwijnt niet als je het wegstopt en weigert het je leven binnen te laten. Ik rouwde over de dood van mijn vader, zeven jaar te laat.

Ik probeerde nu enigszins aan het leven in het ziekenhuis deel te nemen. Vlak voor het proces kwam Alan en trof me aan terwijl ik met een van de andere patiënten bezig was en probeerde hem poker te leren. 'Een jaar geleden, zelfs nog een paar maanden, zou je nooit met hem aan één tafel zijn gaan zitten, laat staan dat je met hem gekaart zou hebben,' zei hij, op zijn teentjes getrapt omdat ik niet dol van blijdschap was door zijn plotselinge verschijning. In die tijd was ik juist aan het ontdekken dat hij in feite maar een heel kleine rol in mijn leven speelde. Op advies van de afdelingsconsulent ging ik zelfs naar cursussen om te leren me te ontspannen en daarover schreef ik in mijn dagboek:

> Ik ben erg gespannen en heb daardoor moeilijkheden met mijn ademhaling, en daarom stelt hij voor dat ik naar deze cursussen ga die in een barak op het terrein van de inrichting worden gehouden. De verpleegkundige daar zal me graag accepteren, zegt hij. Maar ze maakt niet de indruk erg blij met me te zijn. Het is een

rijzige vrouw, lijkt een beetje op een Cindy-pop en ze geeft me het gevoel dat ze veel en veel groter is dan ik. Misschien komt het omdat mijn minderwaardigheidsgevoel me weer eens de baas wordt. We zitten daar op een instructeur te wachten. Het is februari en gemeen koud. De instructeur komt, een jonge magere man met een rand vuurrode puistjes in zijn hals. Hij kijkt naar ons en vertelt dat er nog meer patiënten komen. Mijn verpleegster glimlacht en stelt zich voor. Hij bekijkt haar met een mengeling van ontzag en bewondering. Ik zie hem denken: Wat een prachtvrouw. Misschien vinden ze elkaar wel.

De anderen komen. Een is een mooie, grote dame met donkere ogen die een gebloemde schort draagt alsof ze de juffrouw vervangt die thee rondbrengt. De ander is een kleine man die nog zenuwachtiger dan de instructeur lijkt. We moesten op de grond gaan liggen en er werd wat slechte muziek gespeeld, met veel lawaaierige crescendi en dergelijke dingen waarbij je je nu niet bepaald ontspant. Er werd gevraagd of we ons ontspannen voelden. We keken elkaar aan. Het kleine mannetje vraagt of hij mag gaan plassen. De instructeur krijgt een kleur van zo'n zwakheid. Wanneer de man weer terug is, wordt ons verteld elk onderdeel van ons lichaam los te denken, en het mannetje zegt dat hij nu weer moet, want hij laat alles zo los. De instructeur kijkt grimmig en zegt dat dit voor vandaag alles is. Zijn we allemaal wat ontspannen? Hij hoopt het. Ik vind dat hij er zelf helemaal niet ontspannen uitziet.

De winter verstreek en ik werd tegen het ergste weer beschermd. Zo nu en dan werd me toegestaan een eindje op het terrein te gaan wandelen of met iemand van het personeel naar het dorpje te gaan. Deze uitstapjes waren op een merkwaardige manier pijnlijk. Ik zag alles, maar vond het vreemd omdat ik vol heimwee en spijt zat. De kale bomen en de bevroren grond leken me fantastisch mooi, want ik wist hoe lang het zou duren voor ik ze zou weerzien.

De datum naderde die voor de hoorzitting was vastgesteld waar gesproken zou worden over strafvermindering in ruil voor een schuldbekentenis, en het ziekenhuis trof voorbereidingen om me naar het gerecht in Northampton te laten begeleiden. De verpleegster van de ontspanningscursussen was de gelukkige. De hele zaak interesseerde haar niet – maar ja, het was niet haar leven dat kans liep in stukken te worden gescheurd en voor de gerechtelijke leeuwen gegooid te worden, overwoog ik.

De dag brak aan. Ik herinner me niet wat voor weer het was. Ik weet alleen dat ik dacht: Ik kan tenminste even weg uit deze vreselijke omgeving, en, schijnheilig, voegde ik eraan toe: Lieve God, laten ze me alsjeblieft hier niet naar terugsturen. Na aankomst bij het gerechtsgebouw – een oud gebouw dat ontworpen was om mensen te intimideren, daar leek het althans op – moesten we een eeuw in de hal blijven wachten totdat het 'team' van de verdediging arriveerde, met pruiken op en toga's aan. We gingen achter elkaar naar binnen. De zaal zelf was koud en had een hoog plafond; een lang, smal raam stond wijd open.

Nadat ik op het beklaagdenbankje was gaan zitten, luisterde ik naar de twee versies zoals beide zijden die ten beste gaven, en ik probeerde afstand te nemen. Ik had al alle verklaringen en getuigenissen gezien van de mensen die erbij betrokken waren geweest, dus niets kwam als een verrassing. Ik had me erop ingesteld, steeds opnieuw, om zo kalm en beheerst mogelijk te zijn wanneer de gebeurtenissen van die nacht zouden worden voorgelezen. De griffier beduidde me op te staan. Er werd me gevraagd wat ik van plan was te verklaren. 'Schuldig,' zei ik, zonder eigenlijk ergens anders aan te denken dan aan al het vreselijke dat nog op komst was. Roy maakte woedende gebaren naar me. Ik verbeterde mijn verklaring in 'schuldig aan manslag, maar niet schuldig aan moord', dat was de aanklacht tegen me. De pers krabbelde koortsachtig mee. Tot dan toe hadden ze niet geweten wat ik zou verklaren. Ik ook niet...

De rechter en mijn advocaat bespraken het proces – want het was duidelijk dat het een proces zou worden. De vraag was nu wanneer. Voorlopig had de rechtbank geen tijd voor een proces, zei de rechter. 'Ik denk eigenlijk dat er geen kans is voor, op zijn vroegst, eind april.'

Dat was het einde voor me. Ik wist absoluut zeker dat ik niet nog drie maanden op die afdeling kon blijven zonder mijn verstand te verliezen. Roy zag de uitdrukking op mijn gezicht.

Naderhand, bij terugkomst in het ziekenhuis, ging ik onder in zelfbeklag. Hoe lang nog? De anticlimax was een enorme teleurstelling. Ik zwierf over de afdeling rond en was zo rusteloos dat ik zin had te gaan schreeuwen en stampvoeten. Met giftige stem weigerde ik mee te doen aan de ziekenhuisspelletjes. Het personeel begreep dat ze het me niet nog moeilijker moesten maken en liet me met rust. De volgende dag werd ik opgebeld door Roy, de wonderdoener. De rechter had beslist dat hij me aanstaande maandag een week lang ergens tussen kon schuiven. Ik was verrukt. Het verplegend personeel wist niet hoe ik me voelde en hield de adem in; ze waren bang voor tranen en woedend verweer van mij. Geen kans op.

Nu gingen ze zich overdreven bang maken dat ik zelfmoord zou willen plegen door alle druk op en om me heen, en daarom hielden ze me nu voortdurend in het oog. Als ik langer dan een minuut in het toilet bleef, bonsden ze geschrokken op de deur en als ze niet meteen mijn antwoord hoorden, bijvoorbeeld omdat het water net doorspoelde, raakten ze in paniek. Alles wat als een wapen voor zelfmoord kon worden beschouwd, werd uit mijn kamertje weggehaald. Daarna allerlei andere dingen, want 'je kon nooit weten'. Ze vroegen me al mijn kleren aan hen te geven en in plaats daarvan mijn nachtgoed te dragen. Ze zeiden dat ze me mijn spullen zouden teruggeven wanneer ik ze nodig had om voor de rechtbank te verschijnen, maar eerder niet. Ik begreep niet goed wat ik mezelf meer kon aandoen met een T-shirt en een maillot dan met een nachtpon, maar ik was te moe en gespannen om er ruzie over te willen maken.

Ik mocht pas 's avonds om elf uur naar mijn kamertje; tot dan toe was de deur op slot voor het geval ik erbinnen zou willen gaan en proberen me op te hangen. Ze veronderstelden vermoedelijk dat er na elf uur een magische verandering zou plaatsvinden waardoor ik mezelf niets zou willen aandoen voor de volgende ochtend zeven uur. Als ik naar het toilet moest, moest ik dat aan een verpleegkundige vragen, altijd een man, die voor het toilet bleef staan totdat ik er met een rood gezicht weer uit vandaan kwam. De ogen van de mannen vielen bijna uit hun hoofd bij het zien van mijn nachtgoed dat maar tot mijn dijen kwam. Ze waren verrukt: wat boften ze! Ze waren, zoals gewoonlijk, bezig zich af te trekken, en ik voelde me veel en veel kwetsbaarder.

Ook het nemen van een bad was dolle pret. Nadat de kuip was volgelopen, kon ik er nog geen vijf minuten in zitten of er kwam iemand kijken. Ook de (mannelijke) patiënten kwamen binnenwandelen; die hadden zich dan 'vergist' en 'per ongeluk' de verkeerde deur opengedaan. Heus? Drie keer op één avond? Enkele mannelijke verpleegkundigen maakten dezelfde 'vergissing'. Misschien dachten ook zij dat ik zou proberen me in de vijf centimeter badwater die me was toegestaan, te verdrinken.

De zondagavond, mijn laatste dag van 'vrijheid' voor het proces, verstreek heel rustig, hoewel de zaal even lawaaierig, chaotisch, onplezierig en gespannen was als altijd. Ik probeerde zelf niet te gespannen te zijn omdat ik al mijn geestelijke kracht morgen nodig zou hebben. Zo gemakkelijk was het niet.

De maandagochtend brak aan en ik kleedde me heel gewoon aan; ik zag het nut er niet van in om te trachten een of andere misleidende indruk te maken. Dit keer was me een andere verpleegster toegewezen die er heel kundig, maar onverschillig uitzag. Ze had geen uniform aan en we gingen met een taxi naar het gerechtsgebouw. Ik zat in de hal te kijken terwijl er allerlei beschuldigden met hun gevolg binnenkwamen. Het grootste deel van mijn familie verscheen, samen met vrienden en supporters – zeer tegen mijn wil. Ik had ze vergeefs gevraagd niet allemaal hierheen te komen.

Ik werd door mijn advocaat naar een kamertje ontboden om een 'babbeltje' met de andere pleiters te hebben. Ze gaven me raad over hoe ik me moest gedragen en adviseerden me nadrukkelijk niet zelf in de getuigenbank plaats te nemen om een kruisverhoor te ondergaan; ze zeiden dat dit mijn zaak ernstig en op oneerlijke wijze zou kunnen beïnvloeden, tegen me zou worden gebruikt.

'Dan doe ik het,' zei ik tegen hen. Ik wilde dat het zo erg mogelijk voor me zou zijn.

De juristen keken vermoeid, en wanhoopten al. Ze vroegen zich ongetwijfeld af waarom ik hun tijd verknoeide. Dan had ik net zo goed mezelf schuldig kunnen verklaren en was alles afgelopen geweest. Ik vond het onnodig hun uitleg te geven. Ze zouden ruim voldoende door de staat worden betaald voor hun tijd, en hoe langer het proces duurde, hoe meer ze verdienden. Het enige dat zij belangrijk vonden – zeiden ze – was mijn welzijn en ik moest in geen geval cynisch doen – dat zou er voor de rechtbank lelijk uitzien, te vroegrijp.

Wat deed het ertoe hoe het eruitzag? Ze zouden nooit kunnen begrijpen dat ik het ergste wilde, niet het gemakkelijkste, en dat ik de weg daarheen zo lang mogelijk wilde maken.

We werden de rechtszaal binnengelaten. Het was er net als de vorige keer, familie en vrienden achter me, de pers naast me. Toen de zaal vol was, gooide de gerechtsbode het deurtje open dat naar de kamer van de rechters leidde en kondigde de rechtbank aan. We moesten allemaal opstaan. Dat deden we. De Dag des Oordeels was aangebroken.

Hoofdstuk acht

Na alle verwachtingen en zenuwen was het werkelijke begin van het proces enigszins een anticlimax. De officier van justitie zei dat de rechtszaal te koud was. De verdediging was het daarmee eens. De rechter, een zekere heer Tudor-Evans, besloot dat de ramen moesten worden gesloten en de verwarming aangedraaid. Tenslotte was het februari, zei hij. Iedereen knikte. De rechter was verschrikkelijk oud en heel klein en gerimpeld, net zo'n oud, half afgebrokkeld tuinkaboutertje, maar niet zo leuk. Hij had blijkbaar moeite met zijn gehoor, en zijn halve brilleglazen gleden steeds langs zijn rode neusje omlaag. Ik had het gevoel dat dit geen goed begin was.

Ik wist niet waar ik heen moest kijken of wat ik met mezelf aan moest. Ik tuurde eens achter me en zag mijn familie met aanhang zenuwachtig wenken dat ik me moest omdraaien en de rechter aankijken. De pers keek naar me op en ik op hen neer. Een van de verslaggevers had verwilderde, bijziende ogen en er groeide haar uit zijn oren. Ik wendde me af.

Ik keek naar de rechter en toen naar de gezworenen die gretig naar mij keken alsof ze deze beklaagde met huid en haar wilden verslinden. Ik wilde niet naar hen blijven kijken en schonk dus al mijn aandacht aan de pleiters en staarde naar de achterkant van hun pruiken. Vuil. Grijs terwijl ze wit hoorden te zijn. Het hielp om mijn aandacht op zoiets absurds te concentreren. De pruik van mijn advocaat was heel goed gekapt en zag er even duur uit als hijzelf. De officier van justitie had een vuil klein pruikje op dat nogal gevaarlijk boven op zijn smalle hoofd torende. Ik wierp weer een blik op de rechter en ontmoette zijn blik en daardoor begreep ik ineens heel goed wat het woord 'onheilspellend' eigenlijk betekende. Hij scheen heel geïnteresseerd naar me te turen, maar dat kon best komen omdat hij me niet goed kon zien.

De werkelijke gang van zaken die eerste ochtend van het proces verliep betrekkelijk rustig voor me; beide zijden gaven een kort overzicht aan de jury en ook de rechter richtte enige woorden tot hen.

Toen we ons mochten terugtrekken voor de lunch, nadat de rechter dit met een opgeluchte blik had aangekondigd, werd ik naar de cellen onder de rechtszaal gebracht. Het rechtsgebouw in Northampton is in de loop der jaren niet gemoderniseerd. Ik werd naar een kleine gloeiend hete cel gebracht waar de engtevrees voelbaar was. Zodra ik binnen was, ging het hek dicht en de verpleegster buiten stond enigszins schuldig door de tralies van mijn kooi naar me te kijken. Er was lucht noch licht in die kleine ruimte die steeds kleiner leek te worden, de vloer was vuil en het enige meubilair bestond uit weer zo'n ellendige houten bank. Ik was bijna vergeten hoe het leven zonder die dingen was. Ik raakte een beetje in paniek, zo opgesloten met mijn tranen en verdriet, maar het kwam algauw bij me op dat er eigenlijk nog niets gebeurd was; het was maar beter niet te snel te wanhopen.

De middag verstreek luisterend – of, in mijn geval, met opzet niet luisterend – naar de gerechtelijke medische expert die allerlei technische opvattingen uiteenzette. Mijn hoofd tolde van inspanning en toen ik merkte dat hij was uitgepraat, voelde ik het doffe gebons van een opkomende hoofdpijn. Ik fronste mijn voorhoofd en spande al mijn wilskracht in om de pijn te doen verdwijnen voordat die te erg werd. De ondervragingen werden hervat. Ik sloot me af totdat ik slechts een zacht gezoem hoorde zonder enige betekenis, als ik mijn verbeeldingskracht ook uitsloot. Maar ik kon mijn tranen niet bedwingen al maakte ik geen enkel geluid, en ik voelde dat de migraine zich als een gier in mijn hoofd sloot en wachtte om te pikken naar wat er na de eerste dag in de rechtszaal over zou zijn.

Eindelijk kondigde de rechter aan dat de zitting verdaagd werd tot de volgende ochtend tien uur. We stonden allemaal op en ik bleef zo staan totdat de anderen weg waren na me medelevende blikken te hebben toegeworpen. Ik kon me niet bewegen; ik was te moe om mijn ledematen te bewegen. De verpleegster kwam op me toe en legde haar hand op mijn schouder, maar keek verbaasd toen ik daardoor in elkaar kromp. Ik kon het absoluut niet verdragen dat iemand me aanraakte. We wachtten in de lege, rommelige hal op de taxi.

De officier passeerde ons en bleef bij me staan; hij boog zich naar me over. We keken elkaar strak aan en ik wachtte op wat hij zou zeggen. Met zijn droge stem waarin het dure kostschoolaccent duidelijk hoorbaar was, zei hij: 'Er staat een hele troep persfotografen op je te wachten. Als je wilt, kun je ook via de achterdeur vertrekken. Ik zal het je even laten zien...' Ik wendde me tot de verpleegster. Zij vond dat we die fotografen moesten ontlopen, maar ik wist – doordat ik enige ervaring had – dat ze ons dan op een andere dag des te hardnekkiger zouden nalopen en naarmate de week verstreek, zou ik er steeds slechter uitzien. Het was beter hen nu maar te ontmoeten. Dus liepen we naar buiten. Ik hield mijn hoofd gebogen en zei niets. Flitslicht, vragen, microfoons. Ik stapte met de verpleegster in de taxi en we reden weg; twee kerels reden nog een eindje achter ons aan, maar niet echt enthousiast. Mijn ogen waren verblind door het flitslicht.

Op 9 februari schreef ik in mijn dagboek:

> Terug in het ziekenhuis trek ik mijn 'uitdagende' nachtpon uit (zo noemden de verpleegsters en verplegers het en vonden het een mop. Zíj hoeven hier niet de hele dag te zitten met dat ding aan). Het staat me ook vreemd met mijn uitgemergelde gezicht. Ik ben net een kind. Ik zou alleen maar getroost, geknuffeld en gestreeld willen worden. Toch weet ik dat me dat niet zal overkomen; het is me nooit overkomen en zal ook vast in de toekomst nooit gebeuren. Wat kan het schelen? Ik vind het niet erg. Ik wil slapen en wakker worden als alles heel anders is – schoon en niet vol pijn. Ik ben verlamd van angst voor de eerstvolgende vier dagen ... Ik kan me niet herinneren wanneer alles voor het laatst zo erg was dat ik aldoor zou willen huilen. Elke beweging vanbinnen doet me pijn. Waarom laten ze me niet naar bed gaan? Het zijn wrede cipiers. Ik denk eraan dat ik nog minstens vier net zulke dagen moet doorworstelen. Ik leg mijn hoofd neer en lig daar in bijna volslagen duisternis. Af en toe wordt die zalige duisternis doorbroken omdat een van de patiënten door het raampje van de deur naar binnen komt gluren. Of de verpleegster die me wil controleren ... Waarom laten ze me niet slapen?

De vier dagen verstreken in dezelfde toestand van waken en slapen, pijn en nog eens pijn. Op een van die dagen werden de medische experts geroepen om hun bewijzen te komen toelichten. Er waren er vijf, maar er kwamen slechts drie voor de rechter, want mijn advocaten hadden besloten dat de andere twee – die schriftelijk rapporten hadden ingediend – de rechtbank slechts zouden verwarren. Ik heb die rapporten pas lang na het proces gezien.

De politiearts die met me gesproken had toen ik voor het eerst het politiebureau werd binnengebracht, gaf zijn verklaring. Hij was van mening dat ik ongetwijfeld aan een depressie leed, misschien een postnatale, en stond heel erg 'aan mijn kant'. Toen kwam de dokter uit Holloway. Hij had me niet zelf ondervraagd: zijn rapport was gebaseerd op dat van de andere doktoren en op gesprekken met een psychiater bij wie ik op ongeveer dertienjarige leeftijd was geweest. 'Ze heeft een premorbide persoonlijkheid met uitgesproken hypocriete trekken,' zei hij. 'Volgens mij moet het punt van de verantwoordelijkheid van de gedaagde voor haar daden of verzuimen aan een jury worden voorgelegd.' Dr. Hindson die dit commentaar gaf, was de hoofdarts van Holloway. Bij het kruisverhoor van dr. O'Connor, de dokter in Holloway die het meest met me had gesproken, werd hem gevraagd: 'Is de hoofdarts in Holloway een bevoegde psychiater?'

'Nee,' antwoordde hij.

De rechter kwam tussenbeide. 'Dat is dr. Speed?'

'Ja,' antwoordde dr. O'Connor.

Daarna vroeg de advocaat hem: 'Bent ú een bevoegde psychiater?'

'Ja.'

De advocaat vroeg daarop: 'En hoe staat het met de hoofdarts, dr. Hindson?'

'Ook hij is geen bevoegd psychiater,' antwoordde dr. O'Connor.

Dr. O'Connor zelf werd ondervraagd en hem werd een kruisverhoor afgenomen over zijn vele gesprekken met me en de gevolgtrekkingen die hij daaruit had gemaakt. Aanvankelijk maakte hij, denk ik, een goede indruk. Hij was redelijk, sprak zacht maar duidelijk, en was conservatief gekleed; hij vertoonde geen angstaanjagende vreemde trekjes waardoor de jury hem als een typische gekkendokter kon beschouwen. Hij vertelde dat hij zeker twintig keer met me had gesproken in de afgelopen tweeënhalve maand en elk gesprek had ongeveer anderhalf uur geduurd. Hij had bovendien met Alan gesproken en met de sociaal werkster die bij de adoptie betrokken was geweest, en hij had mijn geval met de andere betrokken psychiaters bestudeerd.

Hij vertelde hoe tijdens de eerste paar weken 'Anna op een of andere manier afgesneden scheen te zijn van haar omgeving. Ze was emotioneel versuft. Na de aanvankelijke periode van onverschilligheid en objectiviteit, alsof ze over iemand anders sprak, begon ze tekenen te vertonen van groot verdriet en depressie: gevoelens van hopeloosheid en schuld die blijkbaar al van jaren geleden dateerden.' Hij vertelde daarna: 'Volgens mij leed ze op het tijdstip in kwestie aan zo'n abnormale geestestoestand, veroorzaakt door haar kwaal, namelijk depressie, dat deze haar geestelijke verantwoordelijkheid voor het doden zoals beschreven in de Wet op Moord en Doodslag belangrijk aantastte.'

Mijn advocaat vroeg dr. O'Connor of hij op een of andere wijze bevooroordeeld tegenover de zaak stond.

Zijn antwoord was: 'Mijn oorspronkelijke rapport werd in de eerste plaats opgesteld voor de officier van justitie.'

Hij sprak over de invloed die de verborgen zwangerschap op mijn persoonlijkheid kon hebben gehad. 'Ik heb het gevoel dat deze verheimelijking een heel ernstig nadelige invloed van lange duur op de geestelijke toestand van een jonge vrouw kan hebben. Ze was nog bijzonder jong toen ze een periode beleefde die voor de meeste vrouwen erg moeilijk is. Ze had geen steun aan haar moeder, omdat ze verkozen had haar zwangerschap geheim te houden, want ze wilde deze uiterst moeilijke tijd zonder hulp zien door te komen. Ik heb het gevoel dat dit een enorme druk op haar heeft gelegd. De beschadiging van haar gevoelens moet door haar kwaal bijzonder groot zijn geweest.'

De verdediging vroeg hem wat hij daarmee bedoelde.

'Depressie wordt door medici als een kwaal aangemerkt. Het verschil tussen een normale en een klinische depressie is echter een aanhoudende stemmingsverslechtering. Een depressie is kwalitatief anders dan een "normaal", gewoon gevoel van ongelukkig-zijn, en de symptomen omvatten het gevoel van gedeprimeerd zijn, hopeloos zijn, ellendig, vaak tot zelfmoord geneigd, slaapstoornissen, verlies van eetlust en gewichtsverlies.' Hij zei tegen de rechtbank dat als iemand een geestesziekte heeft, zoals depressies, hun vermogen om hun omgeving in zich op te nemen of hun eigen situatie in het leven, wordt aangetast. Mensen die gedeprimeerd zijn, kunnen soms het gevoel hebben dat het hun plicht is een ander uit zijn lijden te verlossen, terwijl als ze niet gedeprimeerd waren, ze zouden kunnen zeggen dat het onder de omstandigheden niet het juiste was om te doen. 'Als we die benadering toepassen op dit geval, blijkt dat de verdachte mij en anderen diverse keren heeft verteld dat ze haar moeder van een last wilde bevrijden. Mensen met een geestesziekte handelen soms merkwaardig, onredelijk, en daar bestaat dan geen duidelijke reden of uitleg voor.'

Naderhand werd dr. O'Connor aan een zwaar kruisverhoor door de officier van de justitie onderworpen. Op een gegeven ogenblik vroeg de officier, David Barker, hem inlichtingen over iets dat in zijn rapport stond:

'Afgaande op uw aanbevelingen als dokter, bedoelt u dat de gedaagde als zij nu geestelijk normaal is en als zij ergens voor veroordeeld wordt dan voorwaardelijk moet worden vrijgelaten?'

Op dat punt gekomen stond mijn advocaat op om er bezwaar

tegen te maken. 'Houdt dat enig verband met hetgeen waarover de jury moet beslissen?'

De rechter verlegde toen de nadruk: 'Zou ze voorwaardelijk kunnen worden vrijgelaten?'

De strafverdediger antwoordde dat dit in de aanbeveling van de dokter stond, en dr. O'Connor voegde eraan toe dat zijn rapport inderdaad het standpunt behelsde dat ik wegens doodslag zou worden veroordeeld en voorwaardelijk zou worden vrijgelaten. Mijn advocaat zei daarna dat hij zelf de zaak ook zo had willen stellen, maar had aangenomen dat dit ontoelaatbaar zou zijn.

De rechter vroeg mijn advocaat, krankzinnig langzaam: 'Het bezwaar... is dat de afhandeling van de zaak in één soort eventualiteit een kwestie voor de rechtbank is, niet voor de dokter. Bedoelt u dat?'

De advocaat verklaarde dat de jury zich niet de ene of de andere kant op mocht laten dringen door overwegingen over wat er later zou kunnen gebeuren.

De rechter antwoordde: 'Natuurlijk, als het een vraag was die ertoe deed. En ik uit geen mening, omdat ik de heer Barker nog niet heb gehoord.' Maar ieder ander had dat wel, inclusief de jury. 'Als het een belangrijke vraag was, dan zou het tekort waar u zojuist naar verwees, hersteld kunnen worden als ik de functies verklaar die ik en de jury hebben.'

Daarna maakte Barker de zaak werkelijk duidelijk door behulpzaam te verklaren: 'Het gaat hier in wezen over de verwarring omtrent haar huidige geestestoestand, en wat er gedaan moet worden is trachten de nadruk te leggen op haar huidige normale toestand, want dat is wat de getuige eigenlijk zegt, en daarom stel ik de vraag. Ze is nu zo normaal dat zelfs als ze wegens doodslag werd veroordeeld, ik zou aanbevelen dat ze voorwaardelijk wordt vrijgelaten.'

Uiteindelijk besliste de rechter: 'Ik denk niet – met alle respect – dat dit werkelijk de manier is om de zaak te benaderen.'

De landsadvocaat glimlachte nu en antwoordde: 'Als het dan het standpunt van Uwe Edelachtbare is...'

De rechter weer: 'Ik ben ervan overtuigd dat met uw grote ervaring en kundigheid er andere manieren bestaan om vragen te stellen die tot hetzelfde resultaat zullen leiden als wij zoeken; met andere woorden, u kunt de vraag op een andere manier stellen.'

De landsadvocaat: 'Ik kom er misschien nog op terug...'

Wat de goedbedoelende dokter nog mocht zeggen, hij had onopzettelijk mijn lot bezegeld toen hij antwoordde op de vraag die de landsadvocaat hem stelde. De jury zou moeten overwegen dat – als zij mij schuldig oordeelden aan doodslag – ik misschien een vonnis zou krijgen dat 'voorlopige invrijheidstelling' betekende. Het was heel onwaarschijnlijk dat zij alles af wisten van de hele rij mogelijkheden bij een oordeel die voor een rechter openstonden, want het was absoluut niet hun zaak zich met dat soort dingen te bemoeien.

Op de derde dag, geloof ik, werd ik als getuige opgeroepen. Roy en de andere advocaten waren er fel tegen, maar ik was vastbesloten het te doen. Die ochtend voelde ik me sloom en suf; 's nachts sliep ik niet en de lange dagen in de rechtszaal putten me uit. Maar ik was blij dat het gemakkelijker leek te gaan nu het pijnlijker werd.

De landsadvocaat was heel slim. Wij beiden haatten mij en wensten hetzelfde, een zelfde resultaat. Ik huilde veel en werd nijdig en agressief, en mijn loyaliteit werd ernstig op de proef gesteld, en ik bad dat het voorbij zou gaan. Ik dacht er alleen aan hoe ver ik mezelf kon krijgen voor ik aan het eind van mijn uithoudingsvermogen kwam. En het eind werd voor me bepaald door de advocaat toen hij besliste dat hij genoeg had gehoord.

Ik kroop terug naar mijn plaats en werd weggebracht, naar de kleine houten cel beneden en daar opgesloten. Dankbaar. Dankbaar dat ik van al die mensen werd afgesloten. En op de voorlaatste dag vond alleen nog maar de samenvatting door elke 'kant' plaats; mijn advocaten waren gefrustreerd en hun handen waren gebonden door hun dwaze en eigenzinnige cliënte die met de wet speelde. Ze begrepen totaal niet waarom ik dat pijnlijke proces wilde rekken. Ik begreep het zelf nauwelijks, het was iets dat ik móest doen voordat de zaak kon worden afgesloten en ze me met rust zouden laten; dan kon ik wegzinken in de toestand van verdoving van iemand voor wie tijd nooit meer van enige betekenis zal zijn. Omdat ik wist dat het voor mij zo zou gaan.

Maar natuurlijk komt er toch vroeg of laat een soort dageraad, en soms brengt die nieuwe hoop mee. Voor mij bracht hij alleen bevestiging van de werkelijkheid. Ik werd met een bezem en borstel aan het werk gezet; verplichte arbeid voor een veroordeelde gevangene. Terwijl ik sloom aan het vegen was kwam een broeder langs, een klein grijs mannetje met een stompe neus. Wel vriendelijke ogen. Ik huilde terwijl ik de gang door werkte en veegde de boel niet erg goed aan. Hij nam me mee naar zijn kantoortje en gaf me wat verdovende middelen die overdag gebruikt konden worden. Valium, om mee te beginnen, zei hij. Ik wist niet wat dat was en knikte; daarna schuifelde ik weer naar buiten.

Ik was twee dagen terug in Holloway en het leek tegelijkertijd een heel leven en nog maar heel kort. Ik zakte bedenkelijk terug in de gevangenisroutine. Ik had discipline nodig – ik vond dat wel prettig, en klampte me in feite vast aan de regelmaat en de strenge tijden voor eten, werken, slapen, bezoek. Langzaam, heel langzaam verdiepte ik me in het gevangenisleven, zag het als mijn totale en enige wereld; mijn gedachtengang was verstoord door mijn desoriëntatie wat de tijd betrof.

Ik deelde nu een slaapzaaltje met drie andere vrouwen, Mona, Lacey en Diane. We stonden vroeg op, al wilden we dat zelf niet, maar ik sliep toch al zo kort dat het voor mij weinig uitmaakte. Om halfzeven werd er eerst hard op de zware metalen deur gebonsd gevolgd door een paar schoppen, en eindelijk keek een hoofd door het luikje en schreeuwde tegen ons. Ik was al om vier uur wakker geworden en omdat ik er genoeg van had daar maar te liggen, was ik opgestaan en had geprobeerd wat te lezen.

De dagen bestonden voor mij hoofdzakelijk uit schrobben en nog eens schrobben, totdat de gangen en vloeren glommen en ik doodop was. Maar ik wilde niet eten, al deed mijn maag pijn en voelde ik me duizelig en oververmoeid. Niemand dwong me zo hard te werken als ik deed, maar het was een soort boetedoening voor me, dat krankzinnige geschrob en gepoets en die schoonmakerij. Het hielp een tijdje totdat de niet aflatende behoefte om mezelf doodmoe te maken wat verminderde omdat ik er gewoon lichamelijk niet meer tegen was opgewassen.

Een bezoeker die niet welkom was, was de sociaal werkster die aan de rechtbank mijn standpunt betreffende de adoptie moest rapporteren. Ze kwam om eens te kijken wat er gaande was. Ik vertelde haar van het in beroep gaan, en dat we op een datum wachtten. Ze leek sympathiek, begrijpend. Ze beloofde dat ze haar best zou doen een hoorzitting uit te stellen tot na het hoger beroep, omdat we dan allemaal beter wisten hoe mijn positie zou zijn. Ik voelde me gerustgesteld.

Andere bezoeken van familie en vrienden waren de eerste maanden van het vonnis meer dan verschrikkelijk. We hadden recht op bezoek van een half uur per maand, en een tweede was een voorrecht. Omdat ik me altijd goed gedroeg, mocht ik twee keer per maand bezoek ontvangen. Mijn familie kon niet met leugentjes om bestwil worden afgescheept. Ze hadden zorgvuldig nageplozen wat ik wel en niet mocht en stonden erop elke veertien dagen te verschijnen. Dan kwamen ze ontroerd met giften in geld, bandjes voor mijn Sony Walkman en warme, wollen truien om mijn weinig flatteuze garderobe aan te vullen.

Ik zag tegen de bezoektijden op als een berg en allemaal om puur egoïstische redenen. Dat klinkt ondankbaar en vreselijk, en dat was het ook. Ik wilde de kans krijgen uit het leven te verdwijnen, mij van de werkelijkheid af te sluiten, en bezoeken waren een kink in de kabel bij dat proces. Ik zat op een harde stoel heen en weer te schuiven en wenste vurig dat de tijd sneller verstreek zodat ik weer in de onwerkelijkheid kon wegvluchten. In de bezoekruimte was alles te luid, te hard en echt; ouders zaten er te huilen, baby's krijsten, partners maakten ruzie... ik haatte al dat lawaai en de geforceerde vrolijke toon van het bezoek; ik was bang dat mijn bezoekers zich net zo ellendig voelden als ik. Maar ze bleven komen.

Ze merkten dat ik aan valium gewend was geraakt, want ik zonk heel opgelucht en blij weg in de versuffing van het medicijn. Ik leefde tot de volgende dosis kwam en moest vaak gewekt worden om het in te nemen. Op een dag, tijdens een bezoek van de reclasseringsambtenaar van de gevangenis, hield ik me vast aan de muren en alles om me heen draaide weg. Opeens verlangde ik heftig naar mijn bed, naar slaap. Terug op de afdeling zei Mona dat ik moest gaan liggen. Dankbaar gehoorzaamde ik haar. Terwijl ik daar in slaap verzonken lag, probeerde de gevangenisverpleegster me te wekken voor mijn volgende dosis. 'Wakker worden, je moet dit innemen. Dat is je voorgeschreven.' Beambten schreeuwden, deuren sloegen, een krankzinnige vrouw gilde en brak haar cel af. Ik hoorde niets. Ik sliep door en merkte nergens iets van. Naderhand werd ik wakker, nog steeds duizelig van de medicijnen, en toen was het donker in het zaaltje.

Buiten de muren van Holloway – mijn eigen kleine wereld – gebeurden vreemde dingen. Ik kreeg een brief van Roy om te zeggen dat hij schriftelijk in beroep was gegaan, en hij sloot de redenen daarvoor bij. Ik was verrast – ik was alles over de wetten en dergelijke juridische dingen vergeten.

> De wettelijke samenvatting was een voorbeeld van eerlijkheid en duidelijkheid... (er is) slechts één punt... bij de hoorzitting betreffende de zaak dat me verontrust; de oorspronkelijke gedachtenwisseling tussen de landsadvocaat en dr. O'Connor, de enige getuige-deskundige door beide zijden geraadpleegd. De allereerste vraag die tijdens het kruisverhoor aan dr. O'Connor werd gesteld was de kwestie of, als hij gelijk had met zijn diagnose en de jury zou een oordeel uitspreken wegens doodslag ten tijde van een periode van verminderde toerekeningsvatbaarheid, of dan het vonnis zou moeten luiden: voorlopige invrijheidstelling, daar uit zijn bewijsvoering duidelijk bleek dat Anna hersteld was van

de klinische depressie waaraan zij tijdens de moord had geleden. De vraag was totaal onjuist omdat deze op zijn allerminst een kwestie betrof waarover de jury geen zeggenschap had. Het doel bij zo'n vraag kon alleen zijn de getuige in de ogen... van de jury in diskrediet te brengen. Misschien vonden ze wel dat zo'n daad niet ongestraft mocht blijven... misschien schrokken ze ervoor terug een voorwaardelijke straf op te leggen... men kon zich voorstellen wat voor indruk het vaststellen van zo'n vonnis op een jury kon hebben, maar vooral op een jury die belast was met zo'n belangrijke en ongewone zaak. De vraag kon slechts vooroordeel hebben opgeroepen en had niet gesteld mogen worden. De geleerde heer rechter zei niet met zoveel woorden dat de kwestie van het vonnis alleen aan hem was voorbehouden, niet toen deze kwestie behandeld werd noch in de samenvatting.

Het was allemaal oud nieuws voor me en ik was er toch niet in geïnteresseerd, behalve dat de oude ambivalentie weer opflikkerde. Roy was in hoger beroep gegaan en dat had ik aan hem overgelaten. Mijn reclasseringsambtenaar, Graham, schreef me: 'Een hoger beroep rekt de zaak wel, hè? Even veel activiteit, maar daarna gebeurt er niets. Zoiets als de stilte na een hevige storm die uitgewoed is. Bij hoger beroep krijg je geen tussentijdse rapporten; het is alleen maar wachten – helaas.'

Volgens de boodschappers, mijn bezoekers, hadden de plaatselijke bladen van Northamptonshire om een of andere vreemde reden besloten dat – nadat zij mij 'slecht' hadden genoemd en me allerlei andere slechte hoedanigheden hadden toegedicht – mijn geval nu 'de tekortkomingen van de tegenstrijdigheden in het Britse juridische stelsel onthulde waarvan de oorsprong lag in de middeleeuwse rechtszaken waarin soms een op het gevoel werkende woordenstrijd om een jury te overtuigen van de schuld of onschuld van een gedaagde, voorrang kreeg boven een nuchter zoeken naar de waarheid'. Het leek dat, nu er hoger beroep was aangetekend en de plaatselijke lezers hun verbolgenheid (want later bleek dat het alleen daarom ging) kenbaar hadden gemaakt, de kranten hadden besloten dat het verstandig was sensatiezucht achterwege te laten en slechts de opinie van hun lezers weer te geven.

Graham bracht knipsels mee van de laatste brieven aan de kranten van kerkelijke leiders, leraren van de middelbare school in Brackley, en mensen die slechts vonden dat er een vergissing was begaan. Het bleek dat dit alles was begonnen door een student in de rechten uit Brackley met een moeder die op de school les gaf en een vader die daar directeur was. De student vond dat er een gerechtelijke dwaling had plaatsgevonden. Dit schreef hij aan Roy en daarna stuurde hij een lange brief aan alle plaatselijke kranten die de brief afdrukten met lange redactionele stukken die de zienswijze van de student ondersteunden. De student zei dat hij 'verslagen en van streek was door de uitspraak van de jury... die uitspraak leek zo verkeerd, zo ongerechtvaardigd en... pervers dat ik weet dat er vele mensen zijn die met Anna meevoelen en hopen dat u in hoger beroep zult slagen'. Hij ging verder met:

> Dat een dergelijke schandelijke gerechtelijke dwaling heeft kunnen plaatsvinden, illustreert nog eens het falen van de rechtbanken om begrijpend en medelevend te oordelen over vrouwen die onder hevige stress staan, en – vooral – aan postnatale depressies lijden. Het is een treurig beeld van... onze samenleving dat we eerst iemand als zij veroordelen wegens moord en dan onderwerpen aan een 'reform'-stelsel dat hun alleen kwaad kan berokkenen. De rechtbanken kunnen het bij het verkeerde eind hebben en dat is zo in dit geval.

Maar wat me werkelijk verbaasde, en verontrustte omdat het zo maar midden in mijn zelfopgelegd terugglijden in een valiumroes kwam, was de verklaring aan het eind van deze brief: 'Alleen een vastbesloten gevecht kan bereiken dat er in de zaak tegen Anna recht wordt gedaan. Er is een grote campagne op touw gezet die pas zal eindigen als er werkelijk recht is gesproken.'

Ik was verbaasd dat er iemand was die me wilde redden – of er iets langer dan een seconde over dacht dat ik de moeite van het redden waard was. Ik voelde me heel veilig in mijn eigen gevangenis en al de muren eromheen. Mijn kijk op de dingen was versuft en verduisterd en mijn inzichten waren verwrongen. Het enige dat ik duidelijk merkte was dat er weer een nieuwe dag begon en voorbijging, en de steun van mijn vrienden in de gevangenis die net als ik gedwongen in een onwerkelijke wereld leefden. Maar het leek of de campagne resultaat had. De plaatselijke kerkleiders begonnen elke dienst voor me te bidden, en de katholieken hielden bidstonden in hun kloosters. Ze schreven steeds opnieuw naar de plaatselijke bladen en zeiden dat zij vonden dat ik niet in de gevangenis mocht blijven, maar als dat wel zo was, dan diende ik behandeld te worden met 'speciale zorg en sympathie'. Hmmm.

Maar er zouden nog vreemdere dingen gebeuren. Een bezoeker bracht me een knipsel uit de Ingezonden-Brievenrubriek in de *Sun*.

Onder het hoofd 'DE KWELLING VAN MIJN MAN DOOR ZIJN JURY-VONNIS WEGENS MOORD' stond er:

> Mijn man is bijzonder bezorgd en van streek omdat hij lid was van een jury die iemand schuldig aan moord bevond die levenslang heeft gekregen. Het probleem is dat de jury tot deze uitspraak kwam omdat sommige leden voor het weekeinde naar huis wilden. Nu kan mijn man zich daar niet meer overheen zetten. Je zou denken dat hij de rechter was die het vonnis velde. De uitspraak 'schuldig aan moord' werd bereikt via een 10-2 meerderheid. Maar wat hem dwarszit is dat op de ochtend dat de jury moest beslissen, er minstens vier mensen waren die vonden dat het doodslag geweest was. Twee van hen veranderden omstreeks half vijf van mening. Ze maakten zich blijkbaar bezorgd dat ze de nacht in een hotel zouden moeten doorbrengen omdat een 8-4 meerderheid voor de rechter onaanvaardbaar was. Mijn man kan niet zo goed uit zijn woorden komen. Hij kon zich niet duidelijk genoeg uitdrukken om zijn zienswijze tot uiting te brengen. Hij heeft het idee dat, als hij dat wel had gekund, de zogenaamde moordenaar misschien de hulp had kunnen krijgen die hij hard nodig had in plaats van in de gevangenis te worden gezet. Hij vindt dat het een bespotting van het Britse juridische stelsel is omdat hij die twee mensen niet kon overreden zich aan hun oorspronkelijke opvatting te houden in plaats van zich zorgen te maken over het weekeinde...

Mijn bezoekster had onmiddellijk de *Sun* opgebeld om na te gaan of dit een van de gezworenen bij mijn zaak was, en dat bleek inderdaad het geval te zijn. Ik vond het heel, heel vreemd dat al die mensen zich om een zo waardeloos iemand als ik bezorgd maakten. Maar daar was de kous niet mee af. De katholieke zuster die in Holloway werkte, bracht me nog een knipsel, dit keer uit dat reeds zo lang gevestigde bolwerk, de *Daily Telegraph.* Boven het stuk stond: 'De tragedie van Anna Reynolds'.

> Het avondblad van Northamptonshire twijfelde niet. Als de rechtszaak voorbij was en alle bijvoeglijke naamwoorden kwamen los, dan zou ze 'slecht' zijn. In twintig jaar journalistiek is dat een adjectief dat ik alleen heb zien toegepast op de 'Heidemoordenaars'. Bovendien sprak een groot deel van de gerechtelijke bewijzen die de krant zelf rapporteerde, dit tegen.
>
> Ik woon op ongeveer zestien kilometer afstand van Brackley en

kan me de reacties van de mensen herinneren. In de eerste plaats had men medelijden, een gevoel dat er iets volkomen fout was gegaan. In februari, toen het vonnis werd geveld, kon men het niet geloven. Nu is men woedend...

De advocaat van Anna Reynolds zegt dat hij nog nooit heeft meegemaakt dat het publiek in zo groten getale contact met hem zocht om zijn bezorgdheid uit te drukken over een jury-uitspraak. In Brackley zelf, en in de omringende dorpen, gaat een verzoekschrift rond en het lijkt of het door vrijwel elke volwassen bewoner is getekend.

De schrijver beschreef daarna de hele geschiedenis vol meegevoel en fijngevoeligheid. Ik was stomverbaasd. Toen ik het gelezen had, vouwde ik het op en borg het op, maar de tranen stonden me in de ogen. Ik wist niet waarom ik huilde, en om wie.

De volgende dag verscheen er in dezelfde krant weer een artikel – een interview met de student in de rechten, Jonathan Marsh, en zijn moeder, Judith. De media wierpen zich nu ten volle op de zaak en Radio 4 had een uitzending in het *Woman's Hour* met twee mij onbekende gasten, dr. Katharina Dalton en Helena Kennedy, een juriste. Dr. Dalton bleek een specialiste te zijn op het gebied van postnatale depressies en premenstruele spanningen. Verder zaten in het panel Judith Marsh en een meisje met wie ik op school had gezeten.

Ze bespraken de factor van de premenstruele spanningen zoals die tijdens het proces naar voren was gekomen – de landsadvocaat had dr. O'Connor gevraagd: 'In dit geval is er gesproken over premenstruele spanning. Misschien kan ik dit terzijde schuiven. In het geval van dit jonge meisje is er toch niet van zo'n spanning sprake, nietwaar?'

Dr. O'Connor had geantwoord: 'Ik geloof niet dat premenstruele spanning in deze zaak een factor van betekenis is.'

De landsadvocaat had voorgesteld: 'Het kan dus terzijde worden gelegd?'

Dr. Dalton werd gevraagd of het redelijk was voor de verdediging bij een moordzaak te beweren dat postnatale depressies een vrouw niet volledig verantwoordelijk voor haar daden maken.

Ja, antwoordde ze, het was zéker mogelijk dat een vrouw zeer ernstige psychoses had, compleet met hallucinaties, verwarring en een gebrek aan inzicht of begrip van hetgeen zij deed. Ze kon heel goed zo ziek zijn dat ze een moord kon begaan. Een groot deel van het programma werd gewijd aan de bespreking van de juiste aard van premenstruele spanning en postnatale depressie, en daarna begon het panel over mijn houding en daden in de getuigenbank.

Helena Kennedy zei dat een van de dingen die haar bij deze zaak was opgevallen, was dat het leek of de jury de 'heel duidelijke' medische bewijzen opzij had geschoven en daardoor een vrij koele jonge vrouw voor zich zag die geen last had van emotionele problemen. Ze ging door en zei dat, als iemand aan een emotioneel trauma had geleden, deze zich als getuige vaak moest distantiëren van de gebeurtenissen waardoor het gebeurde dat zij voor de rechtbank heel vaak niet de persoon waren die een jury verwachtte. Ze vergeleek de situatie met die van een slachtoffer van een verkrachting dat niet door ellende en emotie verscheurd lijkt te zijn. Helaas had niemand aan de jury verklaard waarom Anna Reynolds misschien niet overkwam op de manier die zij verwacht hadden.

Dr. Dalton was het daarmee eens en voegde eraan toe: 'Ik vind ook dat een van de kenmerken van postnatale depressie de stemmingswisselingen zijn. Ze lijkt voor de rechtbank misschien kalm, maar dat betekent niet dat ze de rest van de vierentwintig uur kalm is.'

Helena Kennedy eindigde met te zeggen: 'We vergeten vaak dat het een heel moeilijke zaak is om voor een rechtbank getuigenis af te leggen, en het lijkt alsof deze jonge vrouw zelfs werd blootgesteld aan een kruisverhoor door verschillende kundige aanklagers. Het is vreselijk dat die jonge vrouw voor het gerecht haar lezing van het geval geeft, en toch wordt zij opgenomen en bekeken alsof het allemaal een dagelijks geval betreft.'

Ik geloof dat Helena Kennedy degene was die er het dichtst bij kwam de staat van beroering te zien die achter mijn kalme uiterlijk voor het gerecht was schuilgegaan. Maar dat was alles verleden tijd, en ik begreep niet waarom ze het allemaal weer wilden ophalen. Ik was bang als ik eraan dacht dat er weer veranderingen zouden komen. Ik wilde in de gevangenis blijven, mezelf straffen en gestraft worden, en die mensen probeerden daar verandering in aan te brengen. Dat verontrustte me.

Ik kon maar moeilijk denken aan dingen die pijnlijk of rauw waren, en dus bleef er weinig over. Ik had geen hulpbronnen over om mijn innerlijke bezeerdheid te aanvaarden en dus probeerde ik dat niet, maar in plaats daarvan liet ik me door drugs aldoor weer versuffen. De dosering werd groter en de types veranderden. Ik was een hardnekkige verslaafde en had een vaag maar hevig verlangen naar vergetelheid. Maar niets hielp echt goed. Ik bleef vroeg wakker worden nadat ik versuft was ingeslapen en had een vurig verlangen mezelf iets aan te doen. Ik was vindingrijk en goot heet water uit de theeketel over me heen. Ik nam ijskoude of gloeiend hete baden totdat ik het niet meer kon harden en er huilend van pijn uit kwam. Ik boende de ovens en de lange gangen totdat mijn handen ontveld en rood waren en mijn medegevangenen gek werden van bezorgdheid om me.

Soms, als we doodmoe waren van wanhoop, beschouwingen en analyses, lachten we samen – opgelucht dat er weer een dag voorbij was, uit vriendschap voor elkaar en ook wel eens met een nieuw sprankje hoop. De anderen vielen meestal snel in slaap, *stoned* door hun clandestiene drugs. Maar Mona en ik praatten vaak ernstig tot diep in de nacht – ideeën werden opgeworpen en bestudeerd en we gaven elkaar raad. Ik voelde hoe er van haar een stroom aan sympathie, subtiel en niet bevoogdend, uitging; een liefde die niets terugvroeg, maar die ik niet kon accepteren. Ik had nog nooit een vriendin gehad die zo onzelfzuchtig was als Mona. Ze maakte zich zorgen om haar gezin, maar toch gaf ze mij nog zoveel, onwaardig schepsel dat ik was.

Er kwam een tijdstip – de dag waarop ma een jaar geleden gestorven was – dat het werkelijk genoeg leek te zijn, zelfs te veel. Toen de pijn langzaam in me opkroop en me overmeesterde, was ik vastbesloten dat ik dit keer zou sterven. Dit keer geen vergissingen. Ik maakte er geen groot drama van, het was een behoefte om de lege wanhoop van die ongelooflijk lange dagen te ontvluchten. Dan moest ik altijd zo huilen, stilletjes huilen, dat mijn keel er zeer van deed en mijn stem het begaf. Ik had het gevoel dat ik wel honderd jaar was.

Het was gemakkelijk. Elke avond kreeg ik een grote dosis chloraalhydraat, het ouderwetse slaapdrankje; de zusters gaven me dat zonder enig bedenken, met een misplaatst en ongewoon vertrouwen. Iedereen op de afdeling snakte ernaar, maar ik was de gelukkige aan wie het werd voorgeschreven. In het begin viel ik er onmiddellijk door in slaap, maar na een periode van omzichtigheid bouwde ik een soort stevige band met het middel op en wachtte elke avond totdat de medicijnen werden uitgedeeld. De medicijnkar kwam krakend en afschuwelijk langzaam rond in de gevangenis totdat hij eindelijk onze deur bereikte en bleef staan. Het leek of hij elke avond later kwam totdat ik al bij het luikje klaar stond en wel de alarmbel had willen indrukken om te vragen waar mijn hoognodige medicijn bleef. Maar ze overtuigden me dat dit geen goed idee van me was.

De verpleegkundige moest blijven staan en kijken dat je alles doorslikte. Maar dat deed ze niet. Ik glimlachte en knikte tegen haar voor ik het medicijn uitspuugde in een leeg kopje dat ik in mijn hand klaar hield. Ik spaarde het weken en maanden op en het toeziend personeel merkte er niets van. Plotseling kwam ik op de gedachte dat als ons slaapzaaltje doorzocht zou worden, mijn voorraad ontdekt zou worden. Maar nood maakt listig. Ik had zoveel mogelijk van het medicijn nodig om zeker te weten dat er dit keer niets mis ging. Ik gooide de inhoud van het kopje in z'n geheel leeg in een oud parfumflesje met spuitdop. Na een tijdje merkte Mona dat en vroeg of ze een druppeltje mocht hebben om haar te helpen inslapen. Dat vond ik natuurlijk goed.

Op de avond die ik als mijn laatste had aangemerkt, goot ik het flesje leeg in een kop en dronk het op met een paar druppels kostbaar sinaasappelsap dat we zelden kregen. Eerst gebeurde er niets, toen kwam de slaap, langzaam en onprettig. Ik bleef minstens een dag slapen, werd af en toe gewekt om naar de keuken te kruipen en een maaltijd te weigeren, en weer terug te kruipen. Toen ik eindelijk wakker werd, voelde ik me verward en ellendig, had een vreselijke hoofdpijn en een droge mond. Mona zei dat ze geraden had wat ik van plan was en ze had een groot deel van de chloraal weggegooid en er water voor in de plaats gedaan, zodat ik wel versuft raakte, maar ik stierf er niet door. God! Het leek of ik achtervolgd werd door redders!

Na dit voorval werd ik gedwongen naar een psychiater te gaan. Ik was er me gelukkig niet van bewust geweest dat ik, omdat ik levenslang had gekregen, nu voortdurend door psychiaters zou worden onderzocht om te zien hoe het vonnis me beïnvloedde. Ze wilden weten hoe ik op verschillende tijdstippen over mijn daad dacht, hoe stabiel ik was, enzovoort. Ik had in de veronderstelling verkeerd dat ik na de uitspraak met rust zou worden gelaten om kalmpjes weg te rotten en dat ik niets meer te maken zou hebben met die mannen die zich in mijn gedachtenwereld wilden verdiepen; ik was doodsbang voor ze. Ik had een hekel aan hun opdringerigheid, aan de manier waarop ze zich een pad baanden door het mijnenveld van mijn emoties en dan precies op tijd na het verstrijken van het consult keurig wegwandelden en mij lieten zitten met alles wat zij hadden blootgelegd.

Ik was ongewoon zwijgzaam en kon niet zo maar praten over de diepst geslagen wonden en vrijwel nooit op verzoek, behalve wanneer het uit me werd losgetrokken door een vastbesloten psychiater die iets op te schrijven wilde hebben als bewijs dat hij met me gesproken had. En degene die ze hadden uitgekozen was verschrikkelijk. Het was dezelfde man die bij het proces het rapport had uitgebracht waarin stond dat mijn lot aan de jury moest worden overgelaten, niet aan een psychiater. Hm. De zaken veranderen soms... Ik zat daar en zei niets, wachtte beleefd totdat hij z'n mond opendeed om me te zeggen wat hij van me wilde. Ook hij zweeg. De minuten verstreken en ik werd warm en angstig; mijn handpalmen werden vochtig. Eindelijk vroeg ik hem wat ik moest zeggen. Hij vroeg toen waarom ik dacht dat ik iets bijzonders moest zeggen. Ik zei dat ik dacht dat iemand dat moest doen, anders zouden we daar de hele dag kunnen blijven zitten. Hij trok zijn wenkbrauwen op alsof hij wilde zeggen: 'Heb je haast? Moet je ergens heen?' Ik dacht aan de rechtszitting toen hij verschenen was in zijn 'uniform' dat bestond uit een lange, donkere leren jas en leren laarzen, en met een bril met getinte glazen op; hij had er net uitgezien als een wat louche detective uit een film. De echte dragen blauwe nylon broeken van het ministerie van Binnenlandse Zaken en goedkope tweed jasjes die niet goed sluiten over hun dikke buik.

De sessie was in precies een uur afgelopen, nadat de man me met zijn langzame, monotone stem alles had verteld van zijn reisangsten terwijl hij de slaapkorreltjes in zijn vingers fijn wreef die hij uit zijn ooghoeken had losgepeuterd. Hij keek voortdurend nadrukkelijk op zijn horloge en sloeg zijn ogen ten hemel, misschien in de hoop dat er een goddelijke verlossing zou komen. Ik wist absoluut zeker dat ik geen hulp van een psychiater nodig had en die ook nooit nodig had gehad. Afgezien van allerlei andere zaken vond ik het erg neerbuigend; ik moest maar aanvaarden hoe onrechtvaardig het bij zo'n gesprek toeging: ik aan de lage kant van het bureau, de krankzinnige patiënt die maar moest wachten op alle wijsheden die van de lippen van de dokter zouden rollen zoals hij daar achter het bureau zat, met de pen in de hand en de taperecorder ingeschakeld. Ik beschouwde die kerels als artiesten die toevallig wel eens iets op het spoor kwamen, die hun arrogantie gebruikten om hun gebrek aan kennis te maskeren. Maar ik wist niet of er een alternatieve therapie bestond. Ik had wel gehoord van analyses, van psychotherapie, maar omdat de psychiaters me vertelden dat ze die op mij konden toepassen als ik dat wenste, zag ik ook daar totaal geen heil in.

Maar toch wist ik dat ik, na alles wat er was gebeurd, niet in orde was. Ik snakte naar de valium en het slaapdrankje en de heerlijke roes waarin ik niet wist wat er aan de hand was; ik vond het niet erg daarin op te gaan. Het leek of ik uit vrije wil gevangen was in een neerwaartse spiraal van zelfhaat, schuldgevoelens en wanhoop. Het leven was de moeite niet waard, maar het scheen niet zo gemakkelijk te zijn de dood in te roepen. Hoe was die Russische spreuk ook weer? 'Het leven is niet zo best, maar ja, de dood is ook niet alles...'

En toen, op een of andere manier, verscheen Carol Gotlieb als een stralend, fris, hoopvol stukje leven. Zij was een reclasseringsambtenaar die in de gevangenis werkte en ze was op een kruistocht om diegenen te redden van wie ze voelde dat ze zich op de rand van de afgrond bevonden. Ze was een goed opgeleide raadgeefster; ze nam me mee naar haar vrolijke kantoortje vol kaarten en zette me neer met een kop echte koffie, een luxe. Ze hoorde hoe ik me presenteerde als iemand die net levenslang had gekregen en van wie men beweerde dat ze een psychopaat was en een verstoorde persoonlijkheid bezat. Ze schrok enigszins van deze bruuske, automatische voorstelling van zaken door iemand die – zoals ze me later vertelde – 'dode ogen en een levenloze stem had'. Ik praatte honderd uit, een voortdurende stroom woorden zonder enige betekenis; ze werden zuiver en alleen gebruikt om Carol te beletten pijnlijke vragen te stellen als er een stilte in het gesprek zou vallen.

Opeens zei ze krachtig: 'Houd op.' Verbaasd hield ik mijn mond. Er was me nooit gezegd op te houden met praten. Voor het eind van mijn eerste sessie met haar had ze besloten dat ik moest ophouden met praten en eerst mezelf moest toestaan weer iets te voelen, in plaats van alle emoties in woorden te smoren. Ik had het nooit zo direct bekeken, nooit mijn angst onder ogen durven zien. Ze legde me heel duidelijk uit wat raad geven inhield, dat het gebaseerd was op gelijkheid tussen de cliënt (nooit de patiënt) en de raadgever, een gelijke verhouding waarin elk besloot waar hij aan wilde werken, wat hij wilde doorwerken, veranderen of in zichzelf ontdekken. Ik wist dat de tijd rijp was om eens heel diep adem te halen en weer de werkelijkheid onder ogen te zien voor het te laat was. Ik vertrouwde haar vanaf het eerste moment – haar eerlijkheid en haar gulheid om me door het geven van raad te helen, gebaseerd op wat ze terugkreeg. Na de eerste sessie was ik een beetje bang, maar voelde me toch in zekere zin bevrijd, alsof ik op de tast naar de sleutel van mijn eigen geheimen had gezocht en nu was begonnen die te ontsluiten.

Carol waarschuwde me dat het uiterst pijnlijk zou zijn om mijn leven uit te stippelen en te beslissen wat ik uit het verleden moest loslaten en wat ik moest bewaren. We gebruikten allerlei technieken, spelletjes, om die geesten uit me te verdrijven en samen dolven we in alle hoeken en gaten van mijn geheugen en ziel, op zoek naar de waarheid. En we kwamen er zo dichtbij dat ik steeds minder valium nodig had om de dag door te komen. Ik hield er niet helemaal mee op, maar kon me nu bedwingen als ik wilde.

Op een dag werd onze korte en zo door mij gewaardeerde sessie onderbroken door een cipier met een ernstig gezicht die me zei dat ze me op de afdeling nodig hadden. De stemming werd ruw verstoord en ik trok een misprijzend gezicht tegen Carol die tegen mij knipoogde en me met een klopje op de schouder uit haar kantoortje liet gaan. Terug op de afdeling stond ik me voor het kantoor daar af te vragen wat ik misdaan had, want mijn reactie op een bevel van het gezag was nog steeds automatisch zoals die in mijn jeugd zou zijn geweest. Ik ontdekte het gauw genoeg. Ik had dit keer niets gedaan, maar mijn toewijzing was gekomen. Er was besloten waar ik geplaatst zou worden – eenvoudiger gezegd, waar ik het grootste deel van mijn straf zou gaan doorbrengen. De nare dokter die zich net kleedde alsof hij een Gestapo-man was, had me gezegd dat ik minstens anderhalf jaar in Holloway zou blijven om therapie te ondergaan. Die therapie had tot dan toe bestaan uit twee sessies met een maand ertussen. De cipier keek me aan en zei dat ik met het volgende escorte naar de H-vleugel in Durham zou gaan.

Voordat ik het kantoortje uit was, begon ik al te huilen, en ik schaamde me er diep voor; de man die me gehaald had, voelde zich niet op zijn gemak. Ik huilde uit angst. De H-vleugel was voor levenslang gestraften en viel onder de Categorie A-gevangenissen, maar er was me verteld dat ik daar niet heen zou gaan. Ik was achttien en te jong, zeiden ze. De katholieke zuster kwam tussenbeide, de gevangenisdirecteur luisterde naar haar en mijn overplaatsing werd uitgesteld. Ik kon doorgaan – voorlopig. Maar ik had het gevoel dat het toch veel te gauw zover zou zijn.

Onvermijdelijk kwam de dag waarop de overplaatsing niet tegengehouden kon worden. Ik kreeg opdracht mijn zaken in te pakken en de volgende morgen gereed te zijn. Ik schreef aan iedereen en vertelde ze waar ik heen ging. Het was ironisch dat er die dag een brief van Roy kwam met een kopie van een juridisch document van het hof van beroep. Ik begreep het niet onmiddellijk, dus ging ik ermee naar de afdelingschef en we belden Roy op om nadere inlichtingen te vragen. Er stond vermeld dat 'de Edelachtbare Heer rechter Rose... de appellant juridische bijstand toestond voor het volgende doel: de voorbereiding en aanbieding van een beroep tegen de veroordeling, want de rechter had dit toegestaan.

Dit was inderdaad een grote stap. De fasen van een beroep waren dat een rechter moest toestaan dat er in beroep werd gegaan voor de zaak werd gehoord. Het was heel bijzonder als een rechter dit deed. Ik was verrast, en nu leek het nog veel dwazer dat ik zo ver noordwaarts moest omdat ik, naar alle waarschijnlijkheid, weer zuidwaarts zou moeten komen voor juridische consultaties, om voor het gerechtshof te verschijnen, enzovoort. Maar ik kon niets doen om de gang van zaken te veranderen.

De reis naar Durham nam enkele saaie uren in beslag, in een benauwde vrachtauto met tralies voor de ramen. Eindelijk reden we een klein stadje binnen en klommen tegen een heuvel op. Het begon net donker te worden. Op de top zag ik een groot gebouw met torentjes staan, opgetrokken uit donkergrijze steen.

'We zijn er,' zei een van de cipiers uit Holloway. 'Dat is de H-vleugel. Ze noemen het de Gevangenis op de Heuvel. Dat is je nieuwe tehuis.'

Hoofdstuk negen

In 1961 werd een afdeling van de gevangenis in Durham gebruikt als een speciaal beveiligd strafblok voor mannelijke uitbrekers. In 1965 werd hij omgebouwd voor de komst van de gevangenen van de Grote Treinroof en de Kray-tweeling. In de jaren zestig werd de afdeling omgedoopt tot H-vleugel die voortdurend in het nieuws was vanwege hongerstakingen, protesten en een grote gevangenisopstand. Twee rapporten over deze afdeling kwam tot dezelfde slotsom. Het rapport van graaf Mountbatten, *Het regime over langgestraften onder maximale beveiligingsmaatregelen*, was van mening dat 'de omstandigheden... dusdanig zijn dat geen land dat bekend staat om beschaafd gedrag deze langer dan absoluut noodzakelijk kan toestaan, en dan alleen in geval van nood.'

Het rapport-Radzinowicz bevestigde dit, maar was iets minder geëmotioneerd in zijn commentaar: 'Niemand beschouwt het opsluiten van gevangenen in zulke kleine, beperkte ruimten als iets anders dan een tijdelijke en zeer ongewenste maatregel. De beperkingen van de gebouwen sluiten elke werkelijke verbetering in de omstandigheden uit.'

In hoofdzaak als gevolg van deze rapporten werd de E-vleugel gesloten, en omstreeks 1971 waren alle gevangenen over andere gevangenissen verspreid. Toen werd er £100.000 uitgegeven aan verbeterde beveiliging om ontsnappingen te voorkomen zoals die van Walter Probyn en John McVicar; dat mocht nooit meer voorkomen. Mettertijd werd de afdeling heropend als H-vleugel met plaats voor achtendertig vrouwelijke gevangenen voor wie uiterste beveiliging vereist was. Dat was in 1974 toen er maar één Categorie A vrouwelijke gevangene in het land was. Vrouwen die korte straffen uitzaten in een nabijgelegen huis van bewaring, werden naar de H-vleugel gestuurd om die wat op te vullen en te rechtvaardigen dat die afdeling open werd gehouden.

In 1984 vermeldde het rapport van de hoofdinspecteur van het gevangeniswezen dat het niet mogelijk is om verandering van omgeving aan te bieden noch voor het individuele welzijn van de gevangene noch als hulp voor het personeel bij de behandeling van een groep gewelddadige gevangenen. Derhalve bevinden de vier Categorie A-gevangenen zich al drie jaar of langer in de H-vleugel. Wij zijn van mening dat deze beperking een nadeel voor de gevangenen inhoudt en ook voor het personeel en wij bevelen aan dat het gevangeniswezen een tweede plek schept voor vrouwelijke gevangenen uit de Categorie A.

Er zijn diverse gevangenissen in Engeland waar langgestraften en Categorie A-veroordeelden kunnen worden geplaatst – als het mannen zijn: Frankland, Gartree, Wormwood Scrubs, Parkhurst, Albany op het Isle of Wight, en Leicester – onder andere. Dus kan een mannelijke gevangene die levenslang heeft of tot de Categorie A behoort, verwachten vrij vaak overgeplaatst te worden en in de streek te zijn waar zijn familie en vrienden wonen.

In het nummer van september 1989 van *Briefings*, de nieuwsbrief voor het gevangeniswezen, stelt de directeur-generaal de volgende feiten vast betreffende gevangenen die levenslang hebben, en hun behandeling en omgeving:

> Een levenslange straf is onbeperkt... twee factoren spelen mee wat eventuele invrijheidstelling betreft: de vereiste strafperiode en een schatting van het risico voor de samenleving. Voor hen die wegens zeer ernstige misdrijven zijn gestraft is de vroegste datum waarop het vonnis herzien kan worden na zeventien jaar. Jonge misdadigers (levenslang gestraften) gaan onmiddellijk naar een opleidingscentrum voor jeugdige delinquenten. Vrouwen gaan naar Durham of Bullwood Hall.

Een jonge gestrafte is iemand onder de eenentwintig. Ik was achttien toen ze me naar de H-vleugel stuurden.

Vrouwen in de Gevangenis, een actiegroep, schreef naar het ministerie van Binnenlandse Zaken betreffende de H-vleugel:

> We hebben met verscheidene vrouwen gesproken die in Durham hebben gezeten, en wel over het onderwerp 'bezoek' – een vrouw zei dat ze haar vier kinderen in een jaar niet gezien had. De sociale dienst wilde niet betalen voor de reis van hen met een volwassen begeleider; de afstand was te groot en een nacht ergens overblijven te duur. Dit is geen op zichzelf staand geval; zij en anderen

spraken over de enorme druk voor hen en hun kinderen als ze elkaar slechts een- of tweemaal per jaar mochten zien.

Deze gevoelens werden bevestigd in het inspectierapport van de H-vleugel. De hoofdinspecteur gaf toe dat de 'bijzondere omstandigheden' van Durham moeilijkheden opleverden; 'geografisch is het niet geschikt voor nationaal gebruik, want vijftig procent van de gevangenen in de H-vleugel komen uit het zuiden en daardoor is het moeilijk contact met kinderen, verwanten en vrienden te onderhouden'.

Ik wist natuurlijk niets van de geschiedenis van de H-vleugel af. Het enige dat ik wist was dat het een echte gevangenis was en ik slaakte een zucht van verlichting. Het was een gevangenis, grimmig en grauw, hopeloos en geestdodend. Hij beantwoordde aan al mijn verwachtingen van afschrikwekkendheid en al mijn visioenen van een plek die speciaal als straf was bedoeld.

Het was een groot gebouw. De vrouwenafdeling werd omringd door de mannengevangenis, een slordig alle kanten op uitgebouwd huis van bewaring voor kortgestraften. De buitenkant en ontvangst waren van lichte steen, nieuw en mooi, maar bedrieglijk. Eenmaal door de hoofdpoort, ging je door nog twee poorten en kwam op een open plek die naar een oud gebouw van donkere, vuile grijze steen leidde. Ontelbare kleine raampjes met kruiselings tralies ervoor zodat het absoluut onmogelijk was de binnenkant te zien. Overal duivepoep. Geschreeuw, geluiden van mishandeling, van ziekte, de stank van rottend voedsel. Toen we dicht bij het hek kwamen dat door vele beveiligingscamera's in het oog gehouden werd, zag ik overlopende emmers met stinkende menselijke afvalprodukten. Eenmaal binnen het hek werd ik niet opgewekter door de doolhof van deuren met veiligheidssloten waar we nog doorheen moesten. Bij elke deur wachtten zwijgende cipiers totdat de alleziende camera ons prijsgaf en daarmee de deur automatisch opende. Omdat ik van aard nogal netjes ben, trok ik er een achter me dicht.

'Waag het niet die deur aan te raken! Dat is tegen de veiligheidsvoorschriften!' blafte de cipier.

Bij de derde deur sprak een stem door de intercom: 'Wat is er aan de hand?'

'Een gevangene raakte deur nr. 3 aan,' zei de man en keek woedend naar me.

Ik durfde niet te vragen waarom het tegen de veiligheidsvoorschriften was. Ik wist heel, heel zeker dat het antwoord onzinnig zou zijn. De cipier duwde me door de laatste deur en met knipperende ogen stond ik eindelijk op de afdeling.

Het eerste wat ik zag was licht. Grote plekken fel neonlicht die me pijn deden aan de ogen. De afdeling zelf was klein voor achtendertig vrouwen en een bijzonder groot aantal bewakers. We gingen omhoog, laag na laag, lange rijen celdeuren; het open middenstuk was bedekt door een net van ijzerdraad om te voorkomen dat iemand een zelfmoordpoging zou wagen. Tralies, glimmend metaal, doffe deuren met goed geoliede sloten. Weinig lawaai, wat me vooral verraste na de hel in Holloway waar lachende, huilende, kletsende en vechtende vrouwen overal rondhingen. De overheersende kleur was grijs. Het grijs van metalen emmers, deuren, tralies en sloten. En sleutels, natuurlijk.

Die eerste avond op de afdeling ging voorbij als een nevelig beeld; ik probeerde te wennen aan al het nieuwe en vreemde. Gelukkig kwam er de volgende dag nog een vrouw uit een huis van bewaring. Mijn gezicht was niet meer het nieuwste; er was nu een later aangekomen vreemde. Sarah leek erg op me wat schuldgevoelens betrof en behoefte aan zelfkastijding. Zodra ze binnenkwam vond ze het vreselijk op de afdeling en wij werden vriendinnen die elkaar in die ruwe omgeving geruststelden door onszelf steeds voor te houden dat dit was Wat We Nodig Hadden.

Walging verdreef alle andere emoties toen we ontdekten dat er geen toiletten in de cellen waren en dat we tussen de opsluiting om zeven uur 's avonds en ontsluiting 's morgens onze behoeften in een pot moesten doen. Onder het bed stond een kleine, wit plastic po die ook niet erg schoon was en die moesten we tijdens de uren van opsluiting gebruiken en zelfs overdag als we niet uit de cel werden gehaald, omdat er vaak personeelstekort was. De potten werden van de ene gevangene aan de andere doorgegeven. Eerst spraken we af die niet te gebruiken uit angst ons laatste restje zelfrespect en waardigheid te verliezen, maar algauw werd de pijn in onze blaas ons te machtig. We gingen in de rij staan met alle anderen die bij het komen op de afdeling voor hetzelfde dilemma hadden gestaan en we gooiden de dingen leeg in een grote goot naast de wastafels en gemeenschappelijke toiletten. Later op de ochtend – niet erg veel later, eigenlijk onmiddellijk na het ontbijt – was het mijn taak die goten grondig schoon te maken. We hadden geen rubber handschoenen, desinfecterende middelen of zwabbers. We hadden alleen maar lappen die we daarna gebruikten om de gootsteen schoon te maken en een pannensponsje dat ook overal voor werd gebruikt. Terwijl ik voor het eerst over de wc gebogen stond en bijna overgaf van de stank, peinsde ik over de ironie van het lot dat ik nu letterlijk midden in de stront zat waar ik voelde dat ik thuishoorde. ('Het doel van de behandeling en training van veroordeelde gevangenen moet zijn hen aan te moedigen na vrijlating een goed en nuttig leven te leiden.' Gevangenisregel nummer één.)

Op een kwade dag traden deze verschrikkelijke goten – de vloek van mijn leven – buiten hun oevers. Ze konden er niet meer tegenop, schreeuwden ze, en tilden hun deksels op en stierven. Het eerste wat achtendertig vrouwen 's morgens deden was hun pot erin leeg gooien, vermoedelijk compleet met gebruikt maandverband, tampons en dergelijke. Waar moesten ze die bebloede dingen anders midden in de nacht laten? De hoofdgoot, die op de parterre, liep opeens hevig over. We stonden net allemaal in de rij voor het ontbijt en sommige vrouwen waren al aan het eten. De ontbijtruimte was naast de goot. We kregen bevel bezems, emmers en dweilen te halen en met onze handen de stinkende rommel op te ruimen. Zoals ook al eerder hadden we geen zwabbers, geen rubber handschoenen en geen desinfecterende middelen. We duwden die oude dweilen wat rond aan het eind van een bezem, pakten ze dan op en wrongen ze boven een emmer uit. Nadat het ergste was verwijderd, werd ons gezegd dat we maar verder moesten gaan met ons ontbijt. Dank je wel. Niemand was er erg op gesteld een voedselvergiftiging op te lopen.

Na enkele van dergelijke voorvallen en met de winter voor de deur wanneer de waterbuizen zouden bevriezen, besloot een van de vrouwen in opstand te komen. Op een ochtend, als zo vaak eerder, liepen de goten weer eens over. Hoofden werden om de deuren van kantoortjes gestoken. Het gebruikelijke opstandige geschreeuw ging op. Niemand bewoog zich. Niemand was van plan voor de zoveelste keer de rommel op te ruimen die het gevolg was van het Victoriaanse afvoerbuizenstelsel. Het geschreeuw werd luider en nijdiger, en er werd gedreigd met het strafblok. Er werden directe bevelen gegeven. De leidster van de opstand keek de zwakkere vrouwen dreigend aan. Niemand bewoog zich. Ze durfden niet. Sarah en ik waren het liefst begonnen te giechelen – het was zo'n belachelijke krachtmeting. Maar de stemming werd steeds grimmiger en de dreigementen erger. Sommige vrouwen zouden die dag hun kinderen op bezoek krijgen en wilden dat niet mislopen, dus die schuifelden schuldig naar voren om te helpen de zaak op te ruimen. Voldaan trok het personeel zich in hun veilige kantoortjes terug. Alle anderen werden opgesloten als straf voor weigering hun eigen stront twee keer op één morgen op te ruimen.

Nu ik erover nadenk geloof ik niet dat een van ons opgewassen was tegen het leven op deze afdeling. Het was zo'n onnatuurlijke manier van leven. Elke week werden onze cellen en lichamen geïnspecteerd en al je bezittingen werden ondersteboven gehaald om te zien of je ergens drugs had verborgen, meegebracht door bezoekers die je niet had gekregen omdat die in Plymouth of ergens anders heel ver weg woonden. Er was een kijkgaatje in de deur, zodat je heimelijk bespied kon worden, zelfs als je met tegenzin op die vieze pot een plas deed; het licht kon alleen van buiten worden aan- en uitgedaan, zodat je zelfs dat deel van je leven niet zelf in de hand had. Je kon niet naar buiten kijken tenzij je op je tenen op het bed ging staan, en zelfs dan zag je alleen nog maar de mannengevangenis. 's Winters was het ijskoud. Zelfs 's zomers droegen we drie lagen kleren en handschoenen in bed. We boenden dagelijks de hele afdeling, maakten de vloeren schoon en droegen grote wasmanden rond. We maakten zo goed mogelijk schoon met vrijwel geen materiaal daarvoor, maar ja, een slechte arbeider geeft altijd zijn gereedschap de schuld, zouden ze gezegd hebben.

En soms, al kwam het zelden voor en dan nog vaak uit wanhoop, lachten we. Op een keer gebeurde er iets in de H-vleugel. Sarah zag van de bovenste verdieping een blad neervallen en we vroegen ons af hoe ter wereld dat ding de beveiliging van het gebouw had doorbroken. 'Maar hoe komt het er weer uit, daar gaat het om,' zei ze. We moesten erom lachen. Een ander liep net langs ons. 'Dat is geen blad,' zei ze. Ik dacht dat het weer zo'n speelgoedtrucje was. Ik ging het ding halen om het aan haar terug te geven zodat ze haar grapje ergens anders kon herhalen. Een bewaakster kwam op ons toe en schreeuwde: 'Het is geen namaak! God. Hoe kun je me voor zo stom houden?' Ik was diplomatiek genoeg om hier geen antwoord op te geven, maar bestudeerde het ding. En waarachtig, het was een echte muis, of, liever gezegd, een echte dode muis die tijdens zijn val van de vierde etage hara-kiri had gepleegd en keurig alle drie de netten had gemist. Dus die draden om zelfmoord te voorkomen hielpen ook al niet erg.

Afgezien van het zinloze en afschuwelijke schoonmaken, was er niets anders te doen dan te denken, rond te kijken en alles in je op te nemen. O ja, je kon ook koken. Er was een keuken die de vrouwen 's avonds en tijdens het weekeinde konden gebruiken; die was er gekomen nadat enkele gevangenen er actie om hadden gevoerd. Je kon er cake bakken, een maaltijd bereiden, enzovoort – maar je moest wel de ingrediënten zelf betalen uit je £3 wekelijkse loon. Maar eigenlijk was dat alles maar het topje van de ijsberg. Achtendertig vrouwen samen op een kleine afdeling veroorzaakten veel spanning, vaak om niets, en heel wat werkelijke wrijving. Er werd gevochten als resultaat van het opkroppen van al je geestelijke en lichamelijke noden en dat moest je wel doen wilde je niet de hele tijd in het strafblok doorbrengen. Eén keer werden we zelfs – wegens personeelstekort – vrijdagmiddag na het werk al opgesloten tot maandagmorgen wanneer we weer aan het werk moesten; want wat er ook gebeurde, de afdeling moest schoongemaakt worden. Vele keren. Dan kwamen er een paar mannelijke cipiers met grote, natte laarzen aan binnen en liepen over de mooi glanzende, schone vloer, en dan – dan had je ook 's middags weer werk. Dat was toch goed geregeld?

Dat weekeinde dat we werden opgesloten, viel in december en de verwarming werkte niet. We zaten allemaal in onze cellen te bevriezen. Ik was ongesteld en, zoals gewoonlijk, heel erg. We kregen maar één stuk maandverband of twee tampons tegelijk, uit angst dat we zouden proberen ze op te eten, of zo. Ik liet overal een bloedspoor na. De po zat vol bloed, stolsels en al. De lakens zaten vol bloedvlekken van twee dagen en nachten, omdat er maar eens per week schone lakens werden verstrekt. Een laken per week was voldoende.

Soms ontstond er een vreemde solidariteit tussen ons allen op de afdeling, zoals toen bij het gevecht over de overlopende afvoergoten. Maar onder druk verdween het weer. Er waren ook andere dingen geweest, zoals hongerstakingen en zo; de vrouwen vormden aanvankelijk een hecht front, maar werden door het personeel weer bedwongen. De afdeling zelf bedwong je – niemand kon er lang tegenop zonder af en toe een compromis te sluiten. Het gebouw zelf scheen het leven uit je lichaam te trekken: het was zo hoog, groot en donker, zelfs met al dat neonlicht aan. De stenen muren waren eeuwig koud en door het vocht kreeg je pijn in je botten. Het maakte geen enkel verschil of het nu zomer of winter was, voor de bewoners overigens ook niet; we konden geen hitte of zonnestralen zien of voelen zolang we tussen deze muren zaten opgesloten. Mijn gezichtsvermogen werd geleidelijk aan slechter en ik kon niet tegen het daglicht tijdens het dagelijkse half uurtje luchten op de kleine binnenplaats, begluurd en toegeschreeuwd door de mannelijke gevangenen. Migraine en hoofdpijn kwamen zo veelvuldig voor dat sommigen dagelijks pijnstillende middelen nodig hadden.

Ik begon te begrijpen waarom de vrouwen die allang op de H-vleugel waren (een vrouw was er al veertien jaar, een andere zeven, en verscheidenen langer dan vier jaar) allemaal zo dof keken, alsof ze niet verder dachten dan de dag van vandaag, en hoe die door te komen. Ze zagen eruit alsof ze in een droom ten gevolge van drugs rondliepen, nietszeggende gezichten, lichamen automatisch ontspannen als reactie op hun manier van leven, bewegingen ingesteld op gekregen en gehoorzaamde bevelen.

Om deze geestelijke stagnatie zo lang mogelijk uit te stellen ging ik naar de gevangenisbibliotheek. Daar vond ik een massa help-je-zelf-boeken: *Hoe ga je om met depressie, Hoe ga je om met kalmerende middelen en het staken van het gebruik daarvan, Hoe verwerk je verlies* – maar geen een droeg de titel *Hoe leer je je aan te passen aan de H-vleugel.* Ik vond *Angel Face*, de autobiografie van Walter Probyn, waarin ik de volgende woorden uit een Witboek van Binnenlandse Zaken las: 'De contacten van de gevangene met de buitenwereld zijn de brug waarover hij terug kan gaan naar een behoorlijke samenleving, en deze contacten mogen onder geen enkele voorwaarde worden ondermijnd. Door beperkingen en afstand worden in feite de contacten onderdrukt waarvan algemeen wordt beweerd dat ze de vitale factoren voor een reclassering zijn.' Ik vond ook het levensverhaal van Jean Harris in een zwaar beveiligde Amerikaanse gevangenis, *Vreemde in twee werelden*, en daarin schreef ze: 'De discipline in de gevangenis heeft weinig te maken met overtredingen. Het heeft er alleen mee te maken hoe de mensen je beschouwen, of hoe bang het personeel is voor de mensen die over jou klagen.' Ze voegde er, geheel open, aan toe dat het 'trauma van het wakker worden voor een dagelijkse nachtmerrie waarin mensen voor wier oordeel je weinig of geen respect hebt je volledig de baas zijn, een aaneenschakeling van ellende is.'

Ik ging met boeken gewapend terug en las met een leeshonger die ik in lang niet meer had gehad. Gretig bekeek ik het werk van Stan Cohen en Laurie Taylor *Psychologische overleving*. Zij zeggen duidelijk dat de omstandigheden in een maximaal beveiligde gevangenis anders zijn dan in normale gevangenissen en in de gevangene

> een wanhopige en ondraaglijke druk doen ontstaan. Daaraan is niet te ontkomen. Het publiek betaalt de som van £256 (tegenwoordig dichter bij de £700, volgens de schattingen voor maximaal beveiligde omstandigheden) om gevangenen onder vernietigende voorwaarden vast te houden die erop berekend zijn de slachtoffers tot net zulke moordzuchtige maniakken te maken als door Amerikaanse gevangenissen worden geproduceerd. Ze betalen dat geld voor een toekomst waarin een nieuw soort misdadigers op hen wordt losgelaten die even wreed, meedogenloos

en vernietigend tegen de gemeenschap zullen optreden als die dat tegen hen deed.

Maar terwijl al deze overpeinzingen in me losbrandden, waren er in het zuiden dingen aan het gebeuren. De wielen van de machine van het hoger beroep waren aan het draaien gegaan en brachten de datum nader die ik vastbesloten uit mijn gedachtenwereld had verbannen. De media waren nog steeds geïnteresseerd. Het tijdschrift *Bella* wijdde een hoofdartikel aan de zaak. Esther Rantzen en *Rough Justice* waren erin geïnteresseerd het gebeuren eromheen te filmen. Het leek of de wereld me ergens anders wilde hebben dan waar ik me bevond. Het personeel in de H-vleugel dat ik eigenlijk had beschouwd als types die alleen iets voor zwaardere straffen voelden, leek van harte te wensen dat mijn hoger beroep een succes zou zijn. Iedereen scheen te denken dat alles voor het eind van het jaar achter de rug zou zijn.

Er kwam meer psychiatrie op me af, alles ten bate van het hoger beroep. Een dokter uit Newcastle kwam mijn geest onderzoeken. Hij dacht dat het heel waarschijnlijk was dat 'het een dunne lijn tussen je moeder en de baby was, en als je de baby had gehouden, dan aarzel ik niet te voorspellen dat de baby gedood zou zijn, gezien de toestand waarin je je toen bevond'.

Omstreeks die tijd schreef Roy me om te vertellen dat hij wilde dat ik naar Holloway kwam om dr. Katharina Dalton te bezoeken, de expert op premenstrueel syndroom gebied die op de radio was geweest. Hij had zich tot het ministerie van Binnenlandse Zaken gewend en ik zou spoedig overgeplaatst worden. Dus ging ik eind augustus 1987 terug naar Holloway. Ik ging naar dr. Dalton die me opdracht gaf mijn menstruatie precies te registreren en die me zei dat ik een bloedproef zou ondergaan om vast te stellen of ik al dan niet aan een premenstrueel syndroom leed. Ik was er enigszins door van streek en al die opwinding maakte me onrustig; het leek me allemaal zo bruusk en vastbesloten. Wanneer had ik overigens gezegd dat ik aan zo'n syndroom leed? Al mijn 'aanhangers' vestigden nu hun hoop op dat syndroom, maar ik was bang dat het weer nergens op uit zou draaien.

Terug in Holloway werd ik een nerveus wrak. In de H-vleugel had ik me op mijn gemak gevoeld; het was er zo klein dat je iedereen kende en niets hoefde uit te leggen. Hier zag ik onbekende gezichten en die maakten me bang. Ze waren nieuwsgierig. Ik was pas negentien en kwam uit de beruchte H-vleugel. Wat had ik gedaan dat ik daar was beland? Ik kon die stroom van vragen niet onder ogen zien en kwam dus alleen mijn cel uit om mijn maaltijden te weigeren. Als ik terugkwam, verzonk ik in een toestand van halve bewusteloosheid en beet op mijn nagels. Ik voelde me slecht beschermd door het relatieve gebrek aan discipline in Holloway na de strenge regels van de H-vleugel. Hier moest ik zelf denken en af en toe beslissingen nemen. Ik mocht hier ook bezoek ontvangen dat ik eigenlijk niet wilde hebben: ik had niemand iets te vertellen.

Na drie weken lieten de Hoge Heren me terugbrengen naar de H-vleugel. Ik was dankbaar terug te zijn in een omgeving waar de enige uitdaging was in leven te blijven, en – moeilijker – energiek ook. De kaalheid van de afdeling werkte kalmerend op me, de strengheid daar was heerlijk voor mijn schuldgevoelens.

Algauw werd ik naar het kantoortje van de verpleegkundige gebracht voor mijn bloedproef. De verpleegster probeerde het echt. Niemand zou kunnen zeggen dat ze dat niet deed. De aderen in beide armen wilden niet. Ze probeerde alle twee twee keer. Niets. Mijn polsen kregen prikken. Ook daar kwam niets. Ik dacht even dat, gezien de enorme maandelijkse bloedstroom, het misschien mogelijk was dat ik geen bloed voor een proef meer over had. Ten slotte werd de verpleegster nijdig, pakte een echt dikke naald en stak die flink in mijn linkerarm. Het bloed spatte over me heen, en over de verpleegster in haar sneeuwwitte uniform. Het spatte overal heen, behalve in de injectienaald. De volgende dag had ik angstig grote blauwe plekken waar ze geprobeerd had de naald naar binnen te brengen, maar ze had geen bloed kunnen optrekken.

Later die week slaagde de verpleegster erin haar bloed van me te krijgen en ze zei dat het snel naar Londen zou worden gestuurd om behandeld en geanalyseerd te worden. Het kon me weinig schelen – nog minder nadat ik zojuist in een haastige brief van Roy had gelezen dat de hoorzitting over de adoptie op 18 december was bepaald. Toen mij dit werd verteld, was het eind november, en hij verontschuldigde zich daarvoor. Om twee redenen had ik geaarzeld om de laatste papieren te ondertekenen. Ik wist dat ik de hoorzitting kon afhouden tot na het hoger beroep als ik me nu verzette; de advocaten van de adoptie-ouders hadden zich daar een tijdje geleden al mee akkoord verklaard, en ik dacht dat – zelfs als ik verloor – Alex eens zou horen dat ik zo erg m'n best had gedaan om hem te houden, ondanks het feit dat ik aan alle kanten was gebonden.

In de eerste plaats was er het probleem om verlof te krijgen naar de hoorzitting toe te gaan. Ik had niet veel tijd en het was altijd een hele toestand iets van Binnenlandse Zaken gedaan te krijgen. Na ettelijke verzoekschriften en brieven, en nadat ik de directeur had lastig gevallen, werd me verteld dat ik mocht gaan. Ik zou de avond tevoren vertrekken en een paar dagen in Holloway blijven voor ik weer naar Durham terugkwam.

Opnieuw vertrok ik. Het leek of ik meer tijd met reizen verspilde dan het me zo ver weg sturen rechtvaardigde. Nu moest ik het ergste nog krijgen: het laatste deel van de geschiedenis van mijn verleden. Dus daar ging ik weer zuidwaarts.

Hoofdstuk tien

Het bleek dat het gerechtshof geweigerd had de hoorzitting voor het hoger beroep nog langer uit te stellen; men wilde doorgaan met de behandeling van de adoptie van Alex. Ik vond het dwaas dat ze de zaken nu snel wilden regelen, voordat de kleine kans dat ik vrijgelaten zou worden, was afgehandeld.

Ik sliep slecht in de nacht voor de zitting. Ik kleedde me keurig, een vergeefse poging om te proberen de rechter ervan te overtuigen dat ik een verstandig en redelijk mens was. De hoorzitting zou in St. Albans plaatsvinden. We kwamen er vroeg aan en ik keek rond om te zien waar Roy was. In plaats daarvan zag ik zijn klerk op me toe snellen; hij was bijzonder opgewekt, maar niets wees erop dat hij iets van de zaak af wist die behandeld zou worden.

De ochtend verstreek pijnlijk duidelijk. De gebeurtenissen die van alle kanten werden belicht, waren dezelfde als voorheen. Ik was intussen zo aan rechtszalen gewend geraakt dat ze me niet meer intimideerden.

De behandeling duurde niet lang. De in burgerkleding gehulde agenten die me vergezelden, keken een andere kant op en schenen toch nog medelijden met me te hebben. Maar tijdens de hoorzitting werden mij slagen toegebracht waarvan ik voelde dat ze dodelijk waren. Ik had niet zo'n wrede en snelle veroordeling van mijn karakter verwacht. De sociaal werkster die namens de mensen sprak die ze de 'ouders' noemde – bij deze woorden wierp ik woedende blikken op de groep van sociaal werkers – was zenuwachtig, en verraadde per ongeluk de naam en het adres van de adoptie-ouders, een fatale fout. De rechtbank dacht duidelijk dat ik bij de eerste de beste gelegenheid naar het huis toe zou gaan – om wat te doen? Ze schenen heel even vergeten te zijn dat ik opgesloten was. Nooit was dat nog vergeten. Mijn hopeloos incompetente advocaat die nog bijna een puber was, drong niet aan op uitstel van de hoorzitting, maar probeerde een verdediging op te stellen voor de adoptie. Ik was woedend, maar hulpeloos. Ik had geen verhaal op mijn eigen verdediging zonder onverantwoordelijk en onstabiel te lijken.

Toen het zover was dat mijn toeziend voogd haar zegje moest doen, werd de rechtbank kribbig verteld – met verwijtende blikken in mijn richting – dat de moeder van het kind 'haar toestemming op onredelijke gronden weigerde'. De wettige positie in de regels van het Hogerhuis is dat de rechtbanken meer nadruk moeten leggen op wat goed is voor het kind dan op wat het beste voor de ouder is. Het probleem was duidelijk: hoewel de clausules over verwaarlozing of mishandeling van het kind, of gebrek aan liefde en zorg, niet van toepassing waren, was dat wel het geval met de clausule 'Bestaat er een ernstig tekort in de geestelijke conditie, karaktervastheid en temperament, of de manier van leven van de ouder die schadelijk voor het kind zou kunnen zijn?' Ook de volgende was toepasselijk: 'Bestaat er een redelijke kans dat de ouder in staat is het kind een thuis te bieden?'

Ik werd beschouwd als 'de moeder die volgens eigen zeggen niet in staat is een dergelijk thuis aan te bieden, maar die haar toestemming voor de adoptie niet geeft omdat ze daarmee de natuurlijke band zou verbreken en de indruk wekken dat ze haar kind zonder reden in de steek heeft gelaten'. Er bestonden geen regels voor ouders die wachtten op een beslissing in hoger beroep. Ik kon geen enkele verzekering geven – het enige dat ik wilde en verwachtte was uitstel. Opnieuw de fel kritiserende blikken. 'De gevoelens zijn dat deze zaak lang genoeg gerekt is. De ouders' (daar was het weer, dat wettig onjuiste en o zo pijnlijke woord. Welk recht hadden ze op die benaming? Zij konden geen kind krijgen en daarom wilden ze het mijne) 'hebben te lang door deze besluiteloosheid geleden. De moeder heeft problemen met haar zenuwen en moet valium slikken, en de vader heeft nu moeilijkheden op zijn werk.'

Nu stond ik voor een ondraaglijk dilemma. Ik moest getuigen en het tegen de rechter opnemen die wel een vrouw was, maar harder, halsstarriger en minachtender dan een man zou kunnen zijn – en ik zat weer in een val. Als mijn houding en gedrag beschouwd werden als onevenwichtig zou niemand mij een geschikte moeder vinden, maar als ik als volkomen normaal werd beschouwd, dan was mijn veroordeling het bewijs van slechtheid, niet van krankzinnigheid. Hoe dan ook, dit kon ik niet winnen, leek het. En opnieuw leek het alsof ik terechtstond. Ik kon er niet meer tegen steeds weer terecht te staan en in ieders ogen te kort te schieten.

Die dag vocht ik voor het recht een moeder voor het kind te zijn waarvoor ik zo gebloed had en waarom ik zo gehuild had. Ik wist dat het een verloren zaak was nog voordat het begon. De sociaal werkster voor de 'andere zijde' glimlachte hulpeloos tegen me. Ik keek haar door een mist van tranen die ik niet durfde te laten neerdruppelen, woedend aan. Korte tijd erna kreeg ik een brief van haar waarin ze me vroeg of ik met haar wilde spreken; alleen maar om je te vertellen wat ik van je denk, dacht ik grimmig. Ze ging door met te zeggen dat ze hoopte dat ik intussen hersteld was van mijn 'droeve ervaring' (dat was drie dagen later – is dat de normale periode om te herstellen van het verlies van een kind?) en dat ze begreep waarom ik 'oogcontact' met haar vermeed.

Na de hoorzitting zat ik versuft op de bank – weer een harde houten bank om aan mijn collectie toe te voegen – terwijl de verrassend tactvolle cipiers op hun tenen bij mij vandaan liepen. Daar zat ik, geflankeerd door de klerk en advocaat, beiden even nutteloos. Ze waren geagiteerd door de snelheid waarmee de zaak was behandeld en door de onverwachte beslissing; beiden waren sprakeloos. Voor het eerst kwamen de tranen los, en ik deed geen poging ze tegen te houden... ik had er de kracht niet voor. De advocaten deden een belachelijke poging me op te monteren door me enkele scènes te vertellen die blijkbaar tijdens het proces achter de schermen hadden plaatsgevonden. Maar nu kon niets meer erger worden. Het was bijna een soort voldoening toen een innerlijke stem, een plaatsvervanger voor mijn geweten, me zei: 'Zo! Dat is allemaal voor het heil van de katholieke ziel.'

We bleven nog even in de nu stille rechtszaal hangen zodat ik mezelf weer een beetje onder controle kreeg. Weer in de auto zaten we nogal benauwd op elkaar gedrukt, uit noodzaak, niet omdat we het wilden: de agenten waren beiden grote, forse vrouwen en het was een betrekkelijk kleine auto. We durfden elkaar niet aankijken, zo dicht op elkaar zaten we. Om extra diep adem te halen moest je je zo diplomatiek mogelijk zijwaarts keren. Ik keek op mijn handen neer en wilde niet over de gebeurtenissen van die dag nadenken. Dat kwam later wel als ik weer in Holloway terug was. Ik verlangde wanhopig weer naar de betrekkelijke rust van een gesloten cel, zodat ik de pijnduivels in me kon loslaten die nu jammerden en losgelaten wilden worden. Ik zag als tegen een berg op tegen het lange, lange wachten bij de ontvangst dat absoluut onvermijdelijk was. O, wat zag ik daar tegenop.

Toen ik me naderhand naar het deurluikje bij de ontvangst sleepte, herkende ik een bewaakster van een van de afdelingen met wie ik bevriend was geraakt. Ze kwam op me toe en slaakte ongelovig een kreet toen ze zag hoe bleek ik was en hoe dof mijn ogen stonden; ze zei dat ik een heel ander meisje was dan het kind dat een tijdje terug naar Durham was gegaan. Was dat nog maar zo kort geleden? Het leek me een vreselijke eeuwigheid.

Eindelijk weer op de afdeling plofte ik op het bed neer, volslagen uitgeput, en daar bleef ik versuft zitten; ik kon nauwelijks geloven wat er gebeurd was. Het was dus eindelijk zover gekomen: er was niets meer waar ik me aan kon vasthouden. Ik schreef in mijn dagboek:

> Nu heb ik eindelijk geen enkele reden meer over om aan het leven te hechten, laat staan ergens om te geven... vandaag is een dag waarop ik graag zou willen sterven. Ik ben bang om te gaan slapen, want er komen vast nachtmerries op me af. En ik val toch al niet zo gemakkelijk in slaap. Ik kan die pijnwolven niet langer op een afstand houden. O, God, hoe kan ik dit verdragen? Ik wil niemand zien of spreken. Helemaal niemand.

Bij terugkomst in de cel ontdekte ik veel bloemen van goedbedoelende maar misleide actievoerders voor me, maar ik was er in het geheel niet dankbaar voor. Ik werd verscheurd door snikken. Ik hield van bloemen, maar die dag leken ze een wreed eerbetoon voor de beslissing van de rechtbank. Ik ging op de grond zitten en huilde om de kleurige bossen.

Die nacht kon ik niet slapen; ik had het ook niet verwacht. Het enige dat ik kon verwachten waren nachtmerries en een huilend ontwaken, geen rust. Ik lag plat op het harde metalen bed en wilde er niet meer aan denken. Ik keerde met opzet terug naar de droomwereld van het verleden, waar ik een landschap vol witte huisjes zag met rokende schoorstenen en kinderen met roze wangetjes. Ik begreep hoe dit me zou beïnvloeden wat mijn dagelijkse reactie op alles betrof. Ik zou moeten oppassen als ik een tijdschrift opensloeg – niet dat we die vaak kregen – en op mijn hoede zijn bij foto's van baby's. Net zoals tijdens de laatste tijd van mijn zwangerschap toen alle foto's en advertenties alleen maar over luiers en mollige, schattige baby's gingen, over gelukkige moeders, kruippakjes en lieve kleine schoentjes voor heel kleine voetjes. Die beelden vervolgden me nog dagelijks en 's nachts slopen ze in mijn dromen als ik sliep, hoewel dat steeds minder vaak gebeurde.

Het was bijna Kerstmis en ik wilde terug naar de meedogenloze kou van Durham. Hoewel ik vrij suf was als gevolg van de lethargie van een echte depressie, wist ik absoluut zeker dat ik niet meer 'normaal' was. Ik wilde om allerlei verkeerde redenen terug naar de

H-vleugel. Ik verlangde naar de stilte die die afdeling karakteriseerde. Ik verlangde naar de kou die bij mijn emoties paste. Ik verlangde vurig naar de eenzaamheid van mijn ziel die ik daar zou voelen, naar de routine die zo strikt en hard was als in een krijgsgevangenkamp, maar me verloste van de kwelling van beslissingen nemen en verantwoordelijkheid dragen. Ik verlangde naar de wetenschap dat ik daar, onder de ergste omstandigheden, was waar ik thuishoorde, waar 'slechte' mensen waren.

Het kerstfeest in Holloway verliep zonder enige bijdrage van mij, natuurlijk – anderen mochten feest vieren, met die vreselijke valse feeststemming waarmee dit seizoen in de gevangenis wordt gevierd. Er werden grimmig papieren hoedjes uitgedeeld, papieren slingers langs de kale wanden gespannen en versleten engelenhaar opgehangen. Er werden oude platen met kerstliederen op de grammofoon gespeeld die bijna kapot waren. Op de dag zelf lagen er kleine aardappeltjes en een stuk vreemd uitziend kippeborst op onze borden, half gestold. Ik voelde me misselijk en weigerde. Zowel bewaaksters als gevangenen keken me verwijtend aan. Ik werd als een spelbreekster beschouwd, een vervelend mens. Ze konden de pest krijgen, dacht ik grimmig.

Kerstavond moest ik huilen, die avond en alle avonden daarop. Niet zo maar tranen, maar harde droge snikken scheurden me aan stukken en daarna was ik doodmoe. Het personeel maakte zich ongerust dat ik steeds weigerde te eten. Ik merkte nauwelijks dat de tijd voorbijging, want ik ging helemaal op in dit laatste alles overtreffende en verscheurende verdriet. Dit was dus het middernachtelijk uur van Keats' wanhoop, deze wens om

...fade far away, dissolve and quite forget
...the weariness, the fever and the fret
Where but to think is to be full of sorrow
And leaden-eyed despairs.
...I cannot see what flowers are at my feet
Nor what soft incense hangs upon the boughs.
Darkling I listen; and for many a time
I have been half in love with easeful Death.

Wat begreep ik dit goed, het zette zich in me vast en versterkte mijn besef dat

Now more than ever seems it rich to die
To cease upon the midnight with no pain.

Daar was ik niet gereed voor, maar het had me desondanks toch getroffen, en ik was niet in staat de stroom gif te stuiten waarvan ik doortrokken raakte.

Hoofdstuk elf

De hele toestand werd erger en de tijd scheen te kruipen. De wanhoop bereikte nieuwe diepten en niets kon me eruit lostrekken. Ik wilde er ook niet uit getild worden – er was niets wat het kon vervangen. Ik sprak weinig, en dan nog alleen door op elkaar geklemde tanden. De meeste tijd was ik bijna bewusteloos van ellende. Als dat niet het geval was, werd ik door een primitieve woede bevangen zodat ik van top tot teen rilde.

Om een of andere onbekende reden stelden ze het uit me naar de H-vleugel terug te brengen. Maar het deed er niet toe – het gevoel van ellende zou me verscheuren waar ik me ook bevond. Op een dag kwamen ze mijn cel binnen en zeiden dat ik een gang moest gaan schrobben. Tot dan had ik al mijn tijd doorgebracht met door het raam over het terrein heen te kijken en elke keer dat mijn stilte werd verstoord doordat de deur openging om ontbijt, lunch of avondeten aan te kondigen, sprong ik nerveus op. Dan moest ik naar de eetzaal gaan om voedsel te weigeren – dit moest gebeuren, want op die manier werd er gecontroleerd wie at en wie niet. Toen ze me kwamen zeggen dat ik de vloer moest schrobben, begon ik te lachen. Het leek belachelijk dat ik zoiets onproduktiefs moest doen als een vloer schrobben waar wel duizend mensen tijdens de dag overheen liepen en hem weer even vuil maakten als voorheen.

Ik was toen nog niet zover dat ik het stelsel durfde negeren en de regels niet gehoorzamen. Een van de grootste angstcomplexen was altijd gevormd door de afgrijselijke dingen die in het blok gebeurden – in de strafcellen – en hoe ik het ooit zou kunnen overleven als ik daarnaar toe zou worden gestuurd. Dus stond ik op en liep onvast naar de gang. Ik had ongeveer twee weken lang niet gegeten en nauwelijks iets gedronken. Nu voelde ik de gevolgen daarvan. Mijn schrobpogingen waren maar halfslachtig. De bewaakster die bij ons was, zei stralend tegen me: 'Goed zo, kind. Fijn je weer buiten je kamertje te zien. Ben je wat opgekikkerd? Je moet er niet aan toegeven. Achter de wolken blijft de zon schijnen.'

Jezus, dacht ik, wat een clichés. Ik lachte zuinigjes en m'n gezichtspieren deden pijn, want ze werden te weinig gebruikt.

Na een periode die een eeuwigheid van eindeloze dagen en weken scheen te duren, ging ik terug naar de H-vleugel. Ik weet niet meer of ik bezoek kreeg. Ik nam niets in me op, behalve de diepe wanhoop waarin ik was verzonken.

Weer in Durham werd ik gretig verwelkomd door Sarah en de andere vrouwen die me brieven hadden geschreven terwijl ik in Holloway was. Die van Sarah luidde: 'Maak je niet druk, schat. Kom maar gauw bij ons terug en dan zorgen wij er wel voor dat alles weer in orde komt...' Ik viel in Sarahs armen en snikte; dat had ik ook al stilletjes gedaan de hele weg in de auto terug. Ze zette koffie uit haar kostbare voorraadje, met koekjes die ze speciaal voor mijn terugkomst had gebakken. 'Je ziet eruit alsof je geen hap gegeten hebt,' zei ze.

'Dat heb ik ook niet,' antwoordde ik. Maar haar koekjes at ik wel op.

Als je in de H-vleugel bent, pas je dan aan de gewoonten daar aan. Dat was de regel en die volgde ik, afgestompt als ik was. Om te beginnen was het bijna een opluchting dat er een routine bestond die ik absoluut moest volgen. Het werk was hard en het was koud op de afdeling doordat de muren zo oud waren; er was ook een merkwaardig gebrek aan lawaai of gezonde emoties. We waren werkmieren die onze vastgestelde opdrachten plichtmatig uitvoerden.

Ik functioneerde, maar daar was dan ook alles mee gezegd. Ik haalde adem, bewoog me, deed wat me gezegd werd – maar dat was het. Een enorme lethargie die de hele dag duurde had zich van me meester gemaakt waardoor ik doodmoe wakker werd; die weerhield me er ook van goed te slapen en maakte de dagen nog langer en moeilijker dan gewoonlijk. Het werk werd me veel te veel; ik voelde me duizelig en zwak door mijn pogingen om elke dag opnieuw mijn pijn te verdoezelen. Terwijl ik veegde en boende om de reeds smetteloze gangen schoon te houden, werd ik gekweld door een nauwelijks verholen smart. Bewaaksters vroegen me wat er aan de hand was. Ik schudde alleen mijn hoofd. Ik bracht het in die tijd niet op ook maar iets te zeggen.

Op een dag liep een bewaakster over de natte vloer die ik net had geschrobd; het had me de hele ochtend gekost. Ze deed het met opzet, want er was een andere weg die de meesten gebruikten om juist dit te voorkomen. Ik lag net geknield en keek op; daar stond ze en staarde me uitdagend aan.

'Die vloer is vuil, Anna. Je zult hem moeten overdoen, hè... ? En denk erom, vóór het eten.'

Ik ging op mijn hurken zitten en keek haar lang aan voor ik zei: 'Het is uw schuld.'

'Wat zeg je daar? Hoorde ik dat goed?'

Ik keek om me heen. Er stond een brandemmer vol ijswater vlak bij me. Ik keek weer moe omhoog. Wat zou me dat opleveren? Ik wist dat de meeste bewaaksters erg gemeen werden als je ze tegensprak en ik kon me maar net staande houden op de afdeling – zonder opgesloten te worden omdat ik de inhoud van de emmer over haar hoofd had uitgestort. Met mijn hoofd omlaag boende ik verder. Ik dacht dat als ik me uitsluitend opde vloer concentreerde en nergens anders op, ik sneller de dag zou doorkomen. Ik durfde er nooit aan te denken hoe ik de volgende dag zou overleven. Dat ging me veel en veel te ver.

Toen ik op de afdeling terug was, kreeg ik slaapmiddelen. Het enige effect was dat ik er een minuut of tien doezelig van werd, alsof ik een gezellige dronk over me had, maar dan hield het opeens op, wat een enorme anticlimax was. De ene nacht na de andere lag ik met droge ogen en bleef klaar wakker. 's Morgens was ik dan kapot en ik zei geen woord. Ik wist dat ik regelrecht op een of andere explosie afstevende, maar ik had er geen idee van hoe ik dat moest voorkomen, of zelfs of ik dat wílde voorkomen. Ik voelde me te reddeloos losgeslagen en te moe om te proberen deze innerlijke ontwrichting een halt toe te roepen. Elke dag zei en deed ik minder. Misschien zou ik straks helemaal met alles ophouden. Sarah en Jane werden steeds bezorgder en ik vermeed zelfs hun gezelschap. Ik had geen bezoek, want ik had mijn bezoekers al een tijd geleden gezegd dat ze niet naar Durham hoefden te komen. Ik wist wat hun reactie zou zijn als ze de afdeling zagen. Ik ging naar de kerk in de ijdele hoop dat God mijn wanhoop zou merken; maar ik had kunnen weten dat Hij me afgevoerd had van Zijn lijst van mensen die Hij de helpende hand toestak.

Er kwam een avond waarop ik een iets andere dosis slaapmiddel kreeg – iets meer. Ik slikte het door en knikte tegen de verpleegster die me argwanend gadesloeg.

Ik liep terug naar de cel waar ik het gebruikelijke geruis in mijn oren voelde. Maar toen kwam er een ander gevoel, het gevoel van mijn greep ergens op kwijt te raken... Ik ging op het bed zitten en wiegde mezelf heen en weer. Daar bleef ik mee aan de gang en werkte me naar een dieptepunt van verlangen en wanhoop. Om mijn hals hing de Walkman waar ik met een half oor naar had geluisterd. In mijn kast zag ik een glazen pot staan. We mochten glas hebben. Ik pakte het ding beet en gooide het tegen de muur. Hij brak in vele stukken en ik pakte die onmiddellijk op; die met de gemeenste punten trok ik over mijn handen en armen. De eerste sneden haalden al bloed omhoog.

Ik verloor elk besef van gezond verstand. Ik kraste woedend met het glas en begon ook mijn benen te bewerken die al bloot waren voor de nacht. Ook die begonnen onmiddellijk te bloeden. Ik pakte de Walkman en smeet die door mijn cel. Hij kwam tegen de muur terecht en viel op de glanzende, koude vloer, de hele inhoud om zich heen. Er druppelde wat bloed op.

Ik keek weer naar mijn polsen. Ik zocht om me heen. Meer glas. Dat gooide ik ook kapot. Aardewerk, al het glas, alles wat flink herrie maakte als het kapotging, gooide ik om me heen op de grond of tegen de muur. Ik trok al het beddegoed van het bed en de kleren uit de kast. Koortsachtig sneed ik me met het glas en probeerde de pijn weg te krabben.

Er werd op de deur gebonsd. De moed zonk me in de schoenen. Ik bleef stil zitten, helemaal verward in het van het bed afgetrokken beddegoed. De bewaakster riep me. Ik gaf geen antwoord. Ze holde weg. Algauw kwamen er twee mannen en nog een gevangenbewaarster. De deur werd van het slot af gedaan. Ik bleef zwijgend zitten. Ze probeerden het glas uit mijn handen te trekken, maar dat wilde ik niet. Ik bleef het vasthouden. De man was groot en zwaar. Hij trok en ik hield het vast totdat zijn hand rauw van het glas was. De mijne zat al vol bloed. Hij gaf een kreet van pijn. Toch bleef ik vasthouden. De andere man maakte mijn vingers los. Eindelijk gaf ik het glas af. De man vloekte tegen me. De vrouwen stonden er nogal hulpeloos bij. Ik wilde hen niet aankijken.

Op de een of andere manier werd ik naar een cel gebracht. Daar kreeg ik een bruine nylon jurk die ik moest aantrekken en een paar dekens van hetzelfde materiaal. De deur werd dichtgesmeten. Ik hurkte in een hoek en voelde me eindelijk veilig.

De cel was zo kaal als die van een monnik. Er hing een enkel peertje dat door dik plexiglas tegen boze handen werd beschermd. Langs het raam liepen twee grote buizen over de muur. Ik ging erheen en liet me ertegenaan zakken, want ze gaven een heerlijke warmte. Het raam zelf was veel te hoog; je kon er niet doorheen kijken. Dan niet. Het bed was alleen een kale grijze matras. In de hoek van de kamer stond een omgekeerde cowboyhoed. Verder niets. Ik vroeg me af waar ik moest plassen. Er waren geen kranen.

Ik ging me weer zitten wiegen en krabde aan mijn wonden. Na een tijdje kwam de dokter binnen. Hij knielde neer en onderzocht mijn handen, armen en benen. Daarna keek hij me vriendelijk aan. Hij verbond me en gaf me een medicijn om me te kalmeren. Vervolgens ging de deur weer op slot. Ik voelde me algauw slaperig worden, maar wilde er niet aan toegeven. Mijn handen staken. Er druppelden tranen uit mijn ogen. Ik krulde me tegen de buizen op en dacht...

De volgende ochtend bracht de verwachte onaangename gevolgen. Psychiaters wilden weten waarom ik het gedaan had. Ik zag geen enkele reden daar antwoord op te geven. Ik was hun geen rekenschap meer verschuldigd. Ik dacht dat hun heerschappij over mij ten einde was gekomen. Ze praatten tegen me, maakten notities en waren zo knap vast te stellen dat ik gedeprimeerd was. Ze gaven me medicijnen zonder naam en ik nam ze graag in. Ik had geen reden het niet te doen. Ik ging op de buizen zitten, mijn veilige plekje, bleef daar de hele ochtend en huilde – nog steeds die droge, alles verscheurende snikken – of staarde voor me uit terwijl ik aan het verleden dacht. De verpleegster kwam me vragen of ik me wilde douchen. Ik kon haar nauwelijks zien, en weigerde. Waarom zou ik douchen? Ik ging nergens heen. Dat vond ik grappig. Nog meer medicijnen. Ik ging liggen, vlak bij de buizen. De dag verstreek zonder dat ik het merkte. Niemand mocht me bezoeken voor het geval me dat van streek zou maken. Goed zo. Ik wilde ook niemand zien. Ik had mijn wonden en mijn hele lichaam deed pijn. Ik had mijn dromen en mijn tranen. Wat kon ik nog meer verlangen? Ik mocht me niet aankleden, voor het geval ik me aan mijn hemd of blouse zou ophangen. Ik bleef in die nylon jurk zitten met een peignoir eroverheen die eruitzag of hij door de motten was aangevreten. De cel werd door de zon verlicht, al was het licht wat vaag door het mat plexiglas raam dat hoog in de muur zat.

De dagen en nachten gingen ongemerkt in elkaar over en het was heerlijk dat er geen verschil was. Ik lag vlak bij de warme buizen en rilde alleen al bij het idee dat ik dat vertrek zou moeten verlaten. Ik voelde me daar veilig. Ik wilde niet eten of drinken, maar nam gretig de medicijnen die ze me gaven. Er werden verschillende soorten op me uitgeprobeerd totdat ze iets vonden dat 'goed' voor me was. Douchen was een noodzakelijke en verlichting brengende dagelijkse ellende: de sneden op mijn armen en benen staken en deden pijn als ze aangeraakt werden door warm water en zeep. Pijn scheen het enige te zijn dat ik waarnam. Ik had geen gevoel van vernedering terwijl ik daar zo de hele dag in elkaar gedoken zat met alleen mijn nachtpon en peignoir aan.

Ik ontving allerlei doktoren en psychologen die zo diep mogelijk in mijn psyche prikten, geheimzinnige notities op stukjes papier maakten en weer weggingen. Mijn stemming ging op en neer, als een jojo, met de voortdurende en verwarrende veranderingen in de medicijnen. Ik leefde naar elke dosis toe. Die weerde een groot deel van de pijn af; op die manier nam ik afstand van mezelf en zag alleen onder ogen wat ik op dat ogenblik kon. Ik had even tijd. Soms huilde ik – om Alex, en om mijn moeder, en om de hele tragedie.

Ik ontwikkelde een tactiek die ik zelf heel begrijpelijk vond. Nadat ik die eerste wilde nacht op mezelf ingesneden had, likte ik nu als het ware mijn wonden af, als een klein, tevreden maar zwaargewond diertje; daarna had ik er niet meer aan gedacht. Om acht uur 's avonds ging de deur op slot en werden de laatste doses medicijnen uitgedeeld; dan bleef ik alleen met mijn verwarring. De uren kropen en ik schreef en schreef terwijl ik wachtte totdat de radio om vier uur weer begon. Ik begon te beseffen dat een deel van mijn frustratie was ontstaan door het gebrek aan ontbering dat mijn korte oponthoud me had gebracht. De wonden hadden een tijdje pijn gedaan, maar slechts korte tijd, en ze waren niet voldoende. Ik zocht overal en vond algauw een stuk gereedschap.

De tube van de tandpasta, die iets bevat dat goed en gezond is, werd voor mij een wapen om mij te krabben, mezelf mee te snijden en te verwonden. Elke nacht trok ik hem over mijn rauwe wonden, zo scherp als hij was; de huid was nog nauwelijks hersteld. Elke nacht voelde ik me gedwongen dit te doen en ik voelde me pas ontspannen als ik alles zo kapot had getrokken dat ik de volgende ochtend zou vergaan van de pijn. Het werd een heerlijke obsessie. Ik voelde weer een soort tevredenheid dat ik iets te doen had gevonden dat strookte met de zelfvernietigingsdrang in me. Ik had er geen idee van dat het heel slecht was en door beschaafde mensen vol afschuw werd bekeken. Ik voelde me beter als ik het gedaan had, schreef ik in mijn dagboek.

> Tja, het ziet ernaar uit dat ik eindelijk een soort oplossing heb gevonden; ik ben echt in staat mezelf op een of andere manier toe te takelen. Ik heb littekens op mijn armen, benen en polsen, maar nog niet genoeg. Morgen word ik gewogen en ik moet niet eten of drinken, behalve dan de medicijnen waarnaar ik altijd hartstochtelijk verlang... Ik heb over het hoger beroep nagedacht en hoop dat het niet zoiets als weer een rechtszaak is, dat levert alleen meer verdriet op... ik voel me nu wat doezelig, maar toch niet op mijn gemak. Waarom zou ik ook, verdomme? Schuldgevoelens maken

het bed hard. Ik dacht net dat ik aan de beterende hand was, en nu besef ik pas hoe verwrongen ik alles zie.

Waarom ben ik bang voor het hoger beroep terwijl dat mijn eigen beslissing is? Dat is belachelijk... Is het zelfvervolging. een einde, of alleen de laatste resten van een bijna uitgeputte hoop? Ik denk dat ik al heel lang geen hoop meer koester. Weg ermee! Goed zo, vanavond kwam er meer bloed, nu kan ik mezelf misschien laten slapen.

In het bloed zie ik nu de slechtheid weglekken, langzaam... het zal wel littekens opleveren, om me eraan te herinneren, en ze zullen zichtbare bewijzen van de pijn blijven.

Al mijn verwarde gedachten in die tijd werden op papier gezet:

9.00 v.m.... gespannen, heel zenuwachtig. Vochtige handpalmen... mijn pols klopt als een razende.
12.00 v.m.... met de psycholoog gesproken... zal dat helpen? Waarom heb ik een psycholoog nodig?
1.30 n.m.... praatte lang met de hoofdzuster over dingen uit mijn jeugd. Voel me rustiger, maar bekaf; zo zie ik er ook uit. De zuster zei dat ik moest gaan liggen. Maar ik doe hier de hele dag al niet veel anders.
4.15 n.m.... tijd voor medicijnen. Voel me kalmer als ik die inneem.
7.00 n.m.... weer medicijnen, vanavond een ander soort, ouderwets, heet Weldorm. Voel me wat slaperig.
8.00 n.m.... Helemaal opgesloten. Voel me suf.
9.10 n.m.... begin me helemaal wakker te voelen.
10.00 n.m.... nog steeds geen slaap.
11.00 n.m.... nou word ik toch echt nijdig.
Tien over twaalf, 's nachts... Schrijf aan Mona. Ik zou het prettig vinden als zij bij het hoger beroep aanwezig was. Verder wil ik er niemand bij; ze raken toch maar van streek. Mona begrijpt dat het nu eenmaal zo kan gaan als het misloopt. Mijn haar moet geknipt worden. Ook al kan ik het niet zien, ik weet dat het er verwilderd uitziet. Ik zie er vandaag weer vreselijk uit; ik denk dat het door al die verschillende soorten medicijnen komt.
1.00 v.m.... Waarom kan ik verdomme niet slapen????
4.00 v.m.... elke keer dat ik naar mijn handen kijk, kijk ik gauw de andere kant op. Die zijn de bron van alle ellende. Of is dat te gemakkelijk gezegd en wend ik me af van het kwaad dat zich in

mijn hoofd nestelt? Mijn handen, zijn vreemd genoeg, het enige mooie dat ik heb en zij moeten weg.
5.20 v.m.... ik wil eigenlijk helemaal niet leven, maar ik ben te bang om te sterven. Ik wil weer pijn aan de buitenkant van mijn lichaam waar ik de reden voor de pijn kan zien. Op deze manier...
7.00 v.m.... straks gaat de deur van het slot. Ik hoor het gebruikelijke lawaai. Mijn handen en borsten doen pijn. Hoop dat ze het metaal niet vinden en me afnemen.
8.30 v.m.... slot open. Douchen misschien? Jezus, dat zal pijn doen als ik met deze wonden onder de douche moet.
9.00 v.m.... Bloed weer weggewassen. Doet verschrikkelijk pijn.

Op de dertiende:

Een jaar geleden ben ik veroordeeld... dit is het tweede jaar. Niet vergeten veel papier mee te nemen naar Holloway wanneer ik daarheen moet, want ik denk dat ik het er best te kwaad zal hebben.
Vandaag weer gewogen... natuurlijk weer lichter; nog geen eetlust. Kan niet slapen of me ontspannen, denk maar steeds dat over vijftig dagen de hoorzitting voor het hoger beroep is. Ik moet iets doen, wilde dat ik een scheermesje had. Ik ben nu zover dat het me niet meer kan schelen... ik geef niet meer om mijn gezondheid of geestelijke toestand... ik voel me al maanden in de greep van een doffe, alles doordringende, afschuwelijke pijn die helemaal door me heen trekt.

Een paar dagen later:

5.00 v.m.... Ik wil dood. Ik kan huilen – nog steeds geluidloos – maar ik wil niet langer wachten om me te bevrijden van mijn lichaam. Toch ben ik nog altijd te bang om dood te gaan... is dat niet gek...? Ik heb het gevoel dat mijn ziel schreeuwt om tederheid en liefde, maar zonder enige hoop die te vinden... hij verdroogt als een plant die geen water krijgt.

De volgende dag:

Vandaag gebeurt er iets vreemds. Ik ben totaal ontspannen... niet suf of slaperig, maar ontspannen naar lichaam en geest. Hoe lang is het geleden dat ik me zo heerlijk heb gevoeld? Ik moet me terugslepen naar de werkelijke wereld voordat de hoorzitting voor het gerechtshof me overvalt.

Natuurlijk – ik heb vandaag een veel grotere dosis gekregen, daar komt het door. Ik voel me echt een beetje *high.*

4.00 v.m. ... Ik heb het gevoel dat er een dreigende wolk boven m'n hoofd hangt en daar is ook nog dat liedje op de radio van Otis Redding *Sittin' on the Dock of the Bay.* Dat stemt me altijd zo triest... de laatste tijd denk ik veel aan Alan, en Alex, maar ik wil die gedachten niet... ik denk nooit aan háár, dat doet me te veel pijn, maar die pijn wordt wel minder hoe meer ik mijn lichaam pijnig met sneden en krabben. Ik geloof dat ik die pijn nodig heb – dan haal ik gemakkelijker adem. Ik suf nu zo'n beetje weg... dagdromen en een vreemd soort buitenaards gevoel, ik wou dat het altijd zo kon blijven, dat ik me nooit meer hoefde aan te kleden of mensen zien en spreken of dingen doen die me pijn doen, alleen dingen die ik wil doen... ik kan vannacht niet slapen en toch heb ik een grotere dosis Largactil gekregen dan ooit eerder. Waarom? Klaar wakker om vier uur, en ik wil slapen. Heb te veel pijn om te gaan liggen – mijn eigen schuld.

Ik hoor de klok op de heuvel slaan, maar heb hem nog nooit gezien.

Hoewel ik niet sliep, was ik nooit moe. De hele dag bleef mijn celdeur van het slot af, hoewel ik zelden naar buiten ging. Elke dag kwamen de directeur en zijn gevolg even naar me kijken; dat was onderdeel van de ochtendroutine – alle gevangenen in bijzondere cellen moesten door de directeur worden geïnspecteerd. Hij glimlachte vaag tegen me, knikte en vroeg of het goed met me ging. Ik begon dan een zin te zeggen, maar hij viel me altijd in de rede en zei: 'En hoe voel je je vandaag?'

'Ik...'

'Goed zo. Tot morgen.'

Dan ging hij met de hele groep naar de nieuwste aanschaf op veiligheidsgebied.

Uiteindelijk vonden de bewaaksters mijn tandpastatube, verroest en vuil, en stonden er geschrokken op dat ik een tetanusinjectie kreeg, voor het geval er roest in mijn bloed was gekomen. Zo veel geluk zou ik vast niet hebben, dacht ik somber. Ik was niet op zelfmoord uit, zoals zij blijkbaar dachten, maar ik wilde aldoor zo veel mogelijk pijn voelen. De opzichteressen wisten niet altijd of ik mezelf verwond had of niet. Ik werd erg slim en maakte alleen krabwonden op mijn borsten en dijen die ze niet konden zien. Alleen het douchen werd een moeilijke zaak. Ik begreep zelf wel hoe dwaas mijn plannen waren, maar ik was als bezeten. Ik kon zelfs beter slapen als de sneden die ik gemaakt had, erg veel pijn deden. Misschien was het een soort zelfvernietiging, maar het maakte in elk geval dat ik 's nachts beter sliep.

Zo verstreken de dagen en ik was langzamerhand één massa zwerende wonden en wondjes. Ik liep nog steeds rond in mijn nachtpon en peignoir die Sarah me af en toe bijna met geweld uittrok en waste. Op een dag zag ik mezelf in een spiegel en merkte dat het me niet meer kon schelen hoe vreselijk ik eruitzag. Ik kreeg brieven, maar beantwoordde ze niet. Ik las ze zelfs vaak niet eens – ze waren voor mij al bedorven door het feit dat iemand anders ze eerst had gelezen. In mijn geval zelfs een paar mensen – niet alleen de bewaaksters, maar ook de verpleegsters moesten controleren dat ik geen verontrustend nieuws kreeg dat me van streek kon maken, zeiden ze. Ik zei vaak tegen ze dat er nu niets meer kon gebeuren – alles was al gebeurd. Daarom kon het me ook niet schelen hoe ik eruitzag, hoe ver ik ging in de wereld die me nu omringde.

Op een gegeven ogenblik maakte de roep van de Kerk me bijna ten einde raad. De priester daar, een bekeerde katholiek, de ergste soort, probeerde op allerlei manieren met een subtiel soort chantage, me op het goede pad terug te brengen dat ik had verlaten. Ik was stomverbaasd dat hij niet merkte dat ik in die tijd totaal geen belangstelling voor God had. Hij nam absoluut geen notitie van de bezwaren van de verpleegsters die zeiden dat hij de patiënt van streek maakte en sloop achter de hoofdverpleegster aan naar binnen. Het was een klein, bolrond mannetje en elke woensdag als hij de trap opkwam, hoorde je hem al protesteren.

Na een periode waarin ik heel egoïstisch heer en meester in het ziekenhuis was, begonnen de verpleegsters te proberen me over te halen weer naar het leven op de afdeling terug te keren. Ik werd meegenomen om mijn cel weer eens te bekijken en toen ik daar was, pakte ik grote stukken kapot glas op die nog steeds op de vloer lagen. Alles was zo achtergelaten als het was, want ik moest het zelf schoonmaken wanneer ik weer goed genoeg was om naar de afdeling terug te keren – dat hoorde allemaal bij het strenge strafregime. Bovendien verwachtte ik ook niet dat een andere gevangene mijn bloed en rommel zou opruimen. Ik stopte het glas in de zak van mijn peignoir. Ik voelde me een beetje schuldig dat ik zoveel schade had aangericht, maar ik had het beperkt tot mijn eigen spullen. Zo niet, dan waren de moeilijkheden nog veel groter geweest.

Weer boven werd me gevraagd of ik mijn eigen kleren weer aan wilde hebben. Dat wilde ik niet. Dat leek me een stap naar een normaal leven toe en dat wenste ik nog niet – misschien nooit meer. Ik was doodsbang dat ik naar beneden zou moeten, doodsbang voor die ijs- en ijskoude cel. Ik vond het hier prettig; er waren hier warme buizen en een troostgevend rood licht en de matras op de grond en de cowboyhoed. (Ik had ontdekt dat dit in de strafcel de po was. Hij was van karton en lekte.)

Ze waren toegeeflijk en zeiden dat ik als ik me nog niet klaar voelde, nog naar een paar psychiaters toe moest. God sta me bij, dacht ik vermoeid. Nóg meer, ik had zeker al met tien psychiaters gesproken. Was dat nog niet genoeg? Maar ik gaf toe – alles om maar te mogen blijven waar ik was.

Natuurlijk was ik het hele hoger beroep vergeten; ik wílde het vergeten. Ik was er van overtuigd dat het verworpen zou worden, net zo goed als ik van tevoren had geweten hoe de oorspronkelijke rechtszaak zou verlopen. Het leek me ook allemaal zo onbelangrijk toe. Ik wilde zelfs niet meer op de afdeling zijn met de andere vrouwen, bezoek ontvangen, naar de rechtbank gaan, laat staan zo maar terug worden gezet in de samenleving. Ik durfde er nauwelijks aan te denken.

En toen gebeurden er in februari twee dingen die me vrij wreed terugbrachten naar de werkelijkheid. Het eerste was dat de datum voor het hoger beroep werd vastgesteld; het zou op 28 maart plaatsvinden. Het andere was een attest van dr. Dalton, de endocrinoloog die om een bloedmonster van me gevraagd had. Ik was haar totaal vergeten. Het duurde even voor de woorden van het attest tot me doordrongen, want de taal was erg technisch en ik was nog steeds gauw in de war.

> Een premenstrueel syndroom is het steeds terugkomen van symptomen voor de menstruatie en complete afwezigheid van symptomen in het postmenstruum . . . het normale gehalte progesteron bij gezonde vrouwen die geen premenstrueel syndroom hebben, is tussen 50-80nmols/1. Er werd een bloedmonster genomen bij mejuffrouw Reynolds en haar gehalte bleek uitzonderlijk laag te zijn, n.l. 14nmol/1. Na een gesprek met mejuffrouw Reynolds en gezien het resultaat van de bloedproef neem ik aan dat mejuffrouw Reynolds, op het ogenblik dat zij haar daad beging, leed aan een premenstrueel syndroom en een postnatale depressie die beide zo ernstig waren dat ze leidden tot een tijdelijk verlies van zelfbeheersing. Deze abnormaliteit was dusdanig dat haar geestelijk verantwoordelijkheidsbesef er ernstig door werd aangetast

zodat ze nauwelijks voor haar daad verantwoordelijk kan worden geacht.

Dr. Dalton beval onmiddellijk behandeling aan met progesteron-pessaria om het tekort te corrigeren – en het was nu voldoende legitiem voor de autoriteiten om deze gedrukte woorden eindelijk te aanvaarden. Als ik niet bloedde, gebruikte ik ze. Het personeel gaf me er maar een tegelijk, voor het geval ik zou proberen de sloten met die dingen af te sluiten, of ze op te eten, of er iets anders vreemds mee zou doen.

Het attest gaf me wel antwoord op enkele vragen. Al was ik aanvankelijk bij het noemen van een PMS sceptisch geweest, nu moest ik toch wel toegeven dat ik me jarenlang vreemd had gevoeld rondom mijn menstruatieperiode. De moeilijkheid was toen alleen dat er zovele geldige redenen in mijn leven waren om me vreemd te voelen en daardoor was het een probleem geweest er nog een op te merken. Ik was benieuwd of de progesteron enig verschil zou maken. (De ochtend nadat ik alles in elkaar had geslagen in mijn cel, was ik begonnen te bloeden.)

Het vaststellen van de datum voor het hoger beroep bracht me erger in de war dan ik had verwacht. Ik was geschrokken en zenuwachtig. Alles wat ik tot nu toe had ontweken, diep in me had opgesloten, kwam naar boven. Zou het een mislukking worden en zou ik de anticlimax beleven van weer te worden teruggezet? Ik zou uit mijn hol worden getrokken en zou mezelf weer voor de rechters moeten vertonen.

Na het nieuws over de datum begonnen ze op de afdeling allemaal samen te proberen me weer normaal te maken. Sarah en de anderen kwamen de trap naar de ziekenafdeling op om me te bezoeken, om te proberen me over te halen me aan te kleden, weer te eten, te praten en te denken over de verhuizing naar Holloway en de rechtszitting. De verpleegsters probeerden me over te halen toestemming voor bezoek aan de familie te sturen, brieven te beantwoorden, brieven te lezen die ik had ontvangen. Maar ik kroop in mijn schulp terug om mezelf te beschermen en wilde niets van hun gevlei weten.

Op een dag kreeg ik een schaar te pakken en hakte mijn slordige haren in een kapsel waarvan ik – zonder spiegel – dacht dat het een pagekopje was. Sarah sloeg haar handen van afschuw voor haar mond toen ze me zag en huilde bijna. Het kon mij niet schelen hoe ik eruitzag: hoe lelijker, hoe beter. Op de een of andere manier moest de buitenkant lijken op mijn rauwe, kale binnenste. Ik voelde me gereinigd, alsof ik het binnenste van mijn geest en lichaam had afgekrabd en herboren was. Niet gelouterd, of schuldeloos, maar met een ander, nieuw, tastend, kinderlijk bewustzijn van alles.

Met tegenzin gaf ik toe aan mijn eigen wens om op de kleine binnenplaats met Sarah rond te lopen. De lucht was koud en fris, en ik was verbaasd dat ik zo gauw vergeten was hoe die aanvoelde. Mijn benen waren verzwakt doordat ik ze een tijd niet had gebruikt en mijn ogen traanden in de bijtende wind. Ik genoot van dat alles en liet Sarah een paar handschoenen voor me breien en een grote, allesomvattende sjaal om mijn reeds roze oren en neus tegen het weer te beschermen.

En zo kwam ik onvermijdelijk weer tot het leven terug, al wilde ik nog zo graag dat mijn lethargie eeuwig kon duren. Ik had overwinterd in de duistere winter van mijn eigen wanhoop en was er als een ander wezen uit te voorschijn gekomen. Ik kreeg weer energie, een grote dosis energie die geen plaats bood voor een compromis, maar die me aanzette – al was het nutteloos – te slaan en te schoppen tegen de muren die me vasthielden. Het leven was weer van mij en ik begon er langzaam doch vastbesloten aan te proberen terug te krijgen wat ik was kwijtgeraakt – zelfrespect, liefde voor mezelf. Vrijheid? Ik herinner me niet dat ik daar ooit bewust naar heb verlangd, althans niet op fysiek gebied. Ik was vrijer dan ik in lange tijd was geweest in de schaduw van de ketenen die ik zelf had verbroken.

Maar natuurlijk was het pad van mijn terugkeer naar het leven niet zonder obstakels; het ging langzaam en geleidelijk. Zij die me een tijd niet hadden gezien, vonden het echter een alarmerend verschil. Ze waren het niet met zichzelf eens over wat mijn instorting als gevolg had gehad. Een mening was dat het iets onherstelbaars was waaruit ik vast als gebroken te voorschijn zou komen; een andere opvatting was dat ik, tenminste als ik passief was, een 'slachtoffer' van de gevangenis, uit de moeilijkheden was, meegaand, zonder enig leven. Men zag ook dat ik werd gestraft door een onzichtbare Furie. In de H-vleugel las ik iets gemaakt door een vroegere bewoner ervan:

> Ik weet niet wat ik moet schrijven...
>
> Niet lang geleden huilde ik als ik een zonsondergang boven de kathedraal zag en was krankzinnig jaloers op alles en iedereen die vrij was.
>
> Keten me dan aan een muur vast. Geef me brood en water, laat me weten wat jullie eigenlijk willen, in godsnaam. Dood me.
>
> Jullie kunnen het nooit begrijpen. Ik zou zelf geen ketel water

kunnen koken. Ik zou geen weg kunnen oversteken. Ik ben doodsbang voor kinderen. En stel dat iemand zo maar beleefd tegen me zou zijn? Wat moet ik dan doen? Ik ben het vergeten.

Het is afgelopen met me... en ik kan er niets aan doen.

Toen ik dat las, voelde ik op een of andere manier dat mijn nieuwe vorm, mijn kinderlijke toestand waarin ik niets over had, me de kracht gaf te proberen iets nieuws te vormen uit de ruïnes van het oude leven dat de afgelopen maanden bijna was weggevaagd. Ik had het gevoel dat ik enorm oud was geworden, en ik voelde me een beetje wijzer.

Ik sprak met Graham, mijn reclasseringsambtenaar. Hij had het attest gezien en hij zei dat hij hoopvol gestemd was over het hoger beroep. Maar daar wilde ik eigenlijk niet aan denken – ik was niet in zo'n speculatie geïnteresseerd. Ik liep wat rond op de afdeling en werd algauw weer aan het werk gezet. Het zou 'goed voor me zijn iets om handen te hebben', zeiden ze, maar gezien mijn gynaecologische problemen mocht ik niet tillen en niet te veel schrobben of boenen, voor het geval het bloeden zou verergeren. Maar er waren tijden dat alleen Sarah en ik op de afdeling werkten en de anderen in de werkplaats of bij de dokter waren, en ik kon haar toch niet al het zware werk alleen laten doen. De verpleegster schudde afkeurend haar hoofd en gaf me een standje als ze me iets zag optillen.

Maar innerlijk was ik zo veranderd dat ik bereid was mijn eigen zin te volgen over wat ik wel en niet kon. Ik nam het niet meer dat een beambte over de pas geboende vloer van mijn nog embryonale zelfrespect liep. De dagen begonnen met de bekende verschrikking van de eentonigheid. Sarah zag dat ik rusteloos werd en maakte zich bezorgd dat ik zou proberen tegen de dingen te trappen. Maar ik was niet van plan mijn kostbare en pas gevonden energie aan kleinigheden te verspillen; ik spaarde alles op.

Ik begon me allerlei dingen af te vragen, het goede en verkeerde van elke situatie. Ik zag geen enkele zin in de regels, zo kleinzielig en zo wreed, die onze levens tot in de kleinste kleinigheden regelden. Ik vroeg en er kwamen geen antwoorden, want er waren geen antwoorden. 'Daarom' was niet meer voldoende. Ik was de fase van passiviteit ontgroeid en eiste nu enige logica of rechtvaardiging. Maar die kwamen ook niet.

Toen gingen de zaken weer aan het rollen. Plotseling werd me meegedeeld dat ik voor het hoger beroep terugging naar Holloway voor rechtskundige consulten. Voor mijn vertrek hing er een vreemd gevoel op de afdeling, een mengeling van afgunst van degenen die niet op een hoger beroep konden hopen, en stille hoop bij hen die meeleefden en geloofden dat het hoger beroep een succes zou worden. Op de ochtend van mijn vertrek had Sarah rode ogen. Ik zei haar dat ik terugkwam en dat ze dan koekjes moest bakken. Ze schudde plechtig haar hoofd en scheen iets te weten dat ik niet wist. We omhelsden elkaar niet – het ogenblik was te emotioneel daarvoor; ik wilde niet beginnen te huilen op de dag dat ik naar Holloway terugging.

De vrouwen van de afdeling verzamelden zich om me uit te zwaaien, beladen met dozen en koffers, gevolgd door een heel stel bewaaksters. Ze vormden een zwijgende, wachtende menigte. Ze riepen me bemoedigende woorden vanuit de raampjes toe en Sarah huilde. Ik had een brok in mijn keel en slikte die weg.

Hoofdstuk twaalf

De rit naar Londen nam de hele dag in beslag; ik zat in elkaar gedoken en was doodsbang voor het ogenblik van aankomst en al de onvermijdelijke vragen die bij elke ontvangst steeds weer werden gesteld. Nu zou ik niemand kennen; al mijn medegevangenen die mij hadden belet krankzinnig te worden, zouden allang weer weg zijn. Ik had het koud, was bang, voelde me onbetekenend, en de toekomst scheen me somberder toe dan ooit.

De hoorzitting zou op een vrijdag plaatsvinden. Het leek erop dat vrijdag niet bepaald mijn geluksdag was. Maar het was in elk geval niet de dertiende van de maand.

Ik had het koud, altijd. Wat mankeerde me? Innerlijk voelde ik me ook opstandig. Maar dat liet ik niet blijken – ik was nog niet zeker genoeg van mijn omgeving. Ik was boos en ik vóelde dingen. Het was lang geleden dat me dat overkwam; meestal was ik alleen doordrongen van een versuffend gevoel van eentonigheid en wanhoop dat toch niet sterk genoeg was om woede te produceren. Ik had er geen idee van waarop dit nieuwe gevoel van opstandigheid zich zou moeten concentreren.

De tijd in Holloway verstreek ondraaglijk langzaam. Ik telde de dagen. Ik telde de uren. Ik had er geen begrip van gehad hoe frustrerend wachten wel kon zijn. Ik had nooit op iets gewacht dat zo ondefinieerbaar was als dit. Bij het proces had ik vrij goed geweten wat er zou gebeuren. Nu had ik geen enkel voorgevoel, absoluut geen intuïtie. Optimisme was roekeloos en niet op zijn plaats, en pessimisme in tegenspraak met wat ik had gedaan: ik had er zelf in toegestemd dat ze me voor deze laatste beproeving haalden. Ik wist dat ik door dezelfde hel moest als tijdens het proces, en al was dat twee jaar geleden, toch kon dit vooruitzicht me nog steeds misselijk van angst maken.

Ik was nu sterker, maar ook zwakker. De instorting was zo ernstig geweest, zo intens, dat mijn hele bestaan in nieuwe en eerlijker banen werd gedrongen. Maar ik was er ook veel kwetsbaarder door geworden. Daar had ik niet op gerekend. Ik had gedacht dat ik – wat dat betrof – het absolute dieptepunt had bereikt, maar wat ik niet had beseft was de kracht die het kostte om de waarheid over je eigen innerlijk in te zien en ik had niet geweten hoe bloot ik mezelf bij het zoeken daarnaar had gegeven. Ik wist nog niet of het de moeite waard was geweest. Het hoger beroep zou me opnieuw op de proef stellen. Dit kinderlijke gevoel was iets nieuws voor me – ik had het nooit gevoeld toen het er moest zijn, in elk geval niet zo lang als het geval had moeten zijn.

Dit keer werd ik in Holloway gestuurd naar een afdeling waar veel langgestraften zaten. Ik werd aanvankelijk niet gedwongen de hele dag te werken en kon me dus van de anderen afzijdig houden. Ik bracht de meeste dagen door met me in mijn cel te verbergen en de grote ruimten op de afdeling maakten me zenuwachtig na de beperkte afmetingen in Durham.

Ik las bijna de hele dag, wat ik ook maar in handen kon krijgen, want ik wilde mijn geest bezighouden en voorkomen dat ik ging nadenken over wat er zou gaan gebeuren. Bij dat lezen kwam ik een prachtig gedicht tegen:

Ik heb vele levens geleefd, en
Ik heb de stad als één groot ziekenhuis gezien,
Vol ziektes, het leven zelf
Een epidemie die zich oncontroleerbaar verspreidde
waarvoor, uiteindelijk, maar
Eén oplossing kon bestaan.

Ik heb over die zaken nagedacht
Duizend keren, helemaal tot aan
Mijn eigen persoonlijke buitenpost der wanhoop
En heb geen antwoord gevonden.

Dit keer kwam er al snel angst opzetten. Als hetgeen ik niet onder woorden durfde te brengen, zou gebeuren, en dat zou op een gegeven moment toch gebeuren ('Ze kunnen je niet eeuwig blijven vasthouden…'), hoe zou ik het leven dan vinden? Intussen, nu al bijna twee jaar, was ik zo gewend geraakt aan een leven in de tinten grijs en zwart dat ik pijn bijna verwelkomde, want die was me bekend en vrijwel steeds in me aanwezig.

Ik kreeg nog altijd dezelfde dosis kalmeringsmiddelen die ik in de H-vleugel had gehad. Ik was niet erg gesteld op de bijverschijnselen van het middel en ik schreef in mijn dagboek: 'Ik vind het gevoel dat het middel mij beheerst in plaats van andersom, niet prettig... het maakt ook dat ik me soms leeg voel, alsof er geen gevoelens meer over zijn, maar dat is een illusie, want ik weet dat ik weer kan voelen.'

De datum van de dag der verschrikking naderde steeds meer. Ik werd steeds pessimistischer en kon dat niet verdringen.

> O, God, laat het gauw voorbij zijn. Ik moet er niet aan denken dat ik opnieuw een jaar zou moeten wachten op een revisie... de ochtenden zijn het ergst... elke dag sleept zich eindeloos voort. Ik zou zelfs terug in Durham willen zijn waar ik me veiliger voel, al haat ik het daar. Daar zijn geen uitdagingen en geen plichten, en ik hoef er zelfs niet te denken. Mijn leven daar is duidelijk omlijnd in een patroon, zoals dat van alle vrouwen daar, en we gehoorzamen of lopen het risico op een nog wredere opsluiting... een gevangenis in een gevangenis in een gevangenis. Er is geen plaats voor opstandigheid of voor vrijheid van gedachten of meningsuiting... zelfs herinneringen worden opgesloten.

Er bestond natuurlijk nergens in het gevangenisstelsel gelegenheid voor opstandigheid, maar daar dacht ik even niet aan. Ik wilde gehoord worden, argumenteren over de onzin die me in de vorm van regels werd voorgehouden, over de redenen voor die onzin.

Mijn bezoekers kwamen me weer regelmatig opzoeken. Ik vond het nu heel prettig hen te zien, maar ik haatte de uitdrukking van verwachting op hun gezicht. Ze waren zo vol hoop. Ze durfden tegen mij niet te zeggen wat ze voelden voor het geval dat – zoals eerder was gebeurd – ze allen op iets hadden gerekend en een heel andere oplossing moesten aanvaarden. Ik deed alsof ik optimistisch was en huilde niet meer tijdens de bezoekuren. Ik was geharder, niet meer zo naïef en verwachtte geen verrassingen meer. Ik was geen achttien meer en dom genoeg om nog op iets te hopen.

Dit keer waren de omstandigheden in Holloway hard en vreemd voor me. De vrouwen die me niet kenden, maar op de kaart boven mijn celdeur lazen dat ik levenslang had gekregen en negentien was, vroegen zich ziekelijk nieuwsgierig af wat ik had gedaan; ze probeerden het te weten te komen. Ze hadden niet veel anders te doen dan hun tijd te besteden aan geroddel, al was het onderwerp daarvoor nog zo oninteressant. Ik probeerde al lang niet meer dingen te verklaren, en in mijn pas ontdekte en nog slecht passende vermomming van stille opstandigheid kon ik geen enkele reden ontdekken waarom ik, verdomme, mijn pijn moest blootgeven, alleen voor hun plezier. Ik weigerde iets te vertellen, over de H-vleugel te praten –

want dat was ook een interessant onderwerp omdat die afdeling zo berucht was. Ik was niet populair in een wereldje waar praatjes en onthullingen het enige was dat ze hadden.

Na een tijdje werd me verteld dat ik iets zou moeten doen om mijn dagen te vullen. Ze wilden me aan het werk zetten. Prima. Ik wilde ook wel werken, om mijn dagen te vullen, mijn geest bezig te houden met nutteloze onzin en me niet langer te pijnigen over mijn hachelijke toekomst en mijn verpest leven. Dan kon ik me druk maken om hoe schoon de vloeren waren en om het punt of er een stofje op de planken in het kantoortje van de bewaakster lag. Maar dat was nu net niet wat ze wilden.

In plaats daarvan moest ik korte tijd werken aan een baan met enige waardigheid, op de opvoedkundige afdeling, als hulp van de lerares koken. Er werd me ook verteld dat ik overgeplaatst zou worden van de afdeling voor langgestraften waar ik me net een beetje thuis begon te voelen en beter met de vrouwen had leren opschieten. Ik moest naar een afdeling waar de zwaarste gevallen zaten. Het zat er vol onruststokers met wie niemand raad wist. Men ging van de gedachte uit dat als ze allemaal samen op een afdeling zaten, en die afdeling werd door de strengste leden van het personeel bemand, dan de last tot één afdeling werd beperkt. Ik werd koud alleen al bij het idee, maar de werkelijkheid was nog veel erger. Er was voortdurend lawaai, zonder enig respijt. Van de vroege ochtend tot de late avond, tot in de nacht toe, werd er gegild en geschreeuwd en woedend ruzie gemaakt. Vrouwen die al overal waren geweest en nu uiteindelijk hier terecht waren gekomen, waren begrijpelijkerwijs woedend. Ik was dat in elk geval wel.

In de dagen vlak voor en vlak na de hoorzitting voor het hoger beroep vertrouwde ik mijn gedachten toe aan mijn dagboek:

22 maart 1988
Ik denk dat ik me zo vreemd voel omdat de datum voor de rechtszitting zo nabij komt. Het lijkt waarachtig alsof elke seconde een uur duurt. Ik word onnodig nijdig over kleinigheden, zoals geen arts te zien krijgen terwijl ik mijn medicijnen nodig heb. Vannacht dus geen slaap.

23 maart
Ik geloof dat ik moet proberen me dingen voor te stellen die nog niet zijn gebeurd... ik ben kapot van mijn pogingen te denken en van de zorgen. Ik kan in elk geval morgen, wanneer ik die arme Graham spreek, wat stoom afblazen. Hij mag wel blij zijn dat hij

tijdens de hoorzitting met vakantie is. Ik ben ervan overtuigd dat hij niet gesteld is op een herhaling van vorig jaar toen hij met huilende vrouwen werd opgescheept. Maar hij is een echte steun voor me en ik zal proberen hem niet als geestelijke vuilnisbak te gebruiken.

24 maart
God... ik heb er geen idee van hoe ik die maandag moet doorkomen. Ik kan verwachten gespannen en geïrriteerd te zijn. Dat sombere, hopeloze, gedeprimeerde gevoel is wat afgenomen, maar er is een haast ondraaglijke spanning voor in de plaats gekomen. Ik moet echt wat valium hebben.
8.15 n.m. Goddank dat er valium is. Mijn verzoek werd door de dokter ingewilligd. Hij moet weten dat ik officieel niet te redden ben. Er is hem gezegd dat hij al mijn wensen moet inwilligen. O, prima!

27 maart
Het is belachelijk. Hier zit ik met mijn benen over elkaar in mijn cel en lees in een oude krant dat *Out of Court* en *Rough Justice* een film over mij aan het opnemen zijn om te gebruiken zodra ze vernemen dat de hoorzitting niet met succes is bekroond. Nu zou ik wel eens willen dat iemand mij vertelde wie vaststelt wat succes is.
3.00 v.m. Natuurlijk geen slaap. Ha!! Over drie uur schreeuwen ze tegen me dat ik moet opstaan. Ik bén op... en aangekleed.

28 maart
9.30 n.m. Zo... ik ben terug in Holloway. Thuis. Ik ben volslagen murw. Hoe komt het dat de sfeer van een rechtszaal je zo uitput? Je krijgt zeker geen toestemming om maar overal rond te hollen en alles eens te verkennen. De cellen daar waren zo klein dat we praktisch op elkaars schoot moesten zitten.
Het is voorbij, geloof ik; op een kleinigheid na: de einduitspraak. Ik voelde me eigenlijk heel... zeker, ik geloof dat dat het woord is. Ik voelde me zeker tijdens de zitting. Met al die beveiliging daar was iets anders ook niet goed mogelijk. Het ging niet om mij of zo, maar zo zijn ze hier nu eenmaal.
Ik moet weer naar een andere psychiater toe. Ik heb ze eens geteld – binnen twee jaar wordt dit al de veertiende. Als ik het zelf voor het zeggen had gehad, had ik het bij een of twee gehouden. En bovendien – wat voor verschil maakt die ene erbij nu? Het is vast

weer een man; weer een man vol afkeuring en vooroordeel die past in het wereldje van enkel en alleen maar mannen van het gerecht. Het is echt waar – alle advocaten, rechters, artsen, juristen, getuigen, het zijn allemaal mannen. O, natuurlijk, de secretarissen en klerken en boden zijn vrouwen. Maar die tellen niet echt mee, dat is opzet, denk ik.
Ik heb nu slaap, dank zij het zoete drankje dat ze me zojuist gegeven hebben... God, wat ben ik daar toch weer snel van afhankelijk. Alweer... En waarom eigenlijk niet?

29 maart
Werd wakker vanochtend met de gedachte dat ik vandaag weer naar de rechtszaal moest. De wens was de vader van de gedachte.

De vorige dag was er veel in de rechtszaal gebeurd. Om te beginnen kwamen we bij het verkeerde gebouw aan. De bewaaksters dachten dat we naar het CCC (Central Criminal Court, of Centrale Strafrechtbank) gingen die in de Old Bailey is. Maar we moesten natuurlijk naar het CCA, het Hof van Appel. Een A of een C maakt een groot verschil in dezen.

Toen we eindelijk aankwamen, moesten we zes trappen op met acht dozen waarvan de meeste door mij werden gedragen – ze waren van mij, dat is zo, maar ik heb toch geen acht paar armen? Er bestaat een ongeschreven regel dat een gevangene haar eigen spullen draagt en de bewaaksters mogen niet helpen. Verdraaid, dacht ik, buiten adem en vol blauwe plekken terwijl we naar boven zeulden, al die trappen op met die bepakking, net als een krokodil achter elkaar – is er een dokter in de zaal?

Het bleek overigens dat er veel te veel doktoren in de zaal waren. Ze waren allemaal komen opdagen, ondanks mijn pogingen in februari om Roy zover te krijgen dat hij zou zeggen niet te weten wanneer de zitting zou plaatsvinden zodat er dan niemand zou zijn. Maar ze hadden het uit hem losgekregen en daar zaten ze, in hun beste plunje, en keken met hoopvolle gezichten stralend over de zee van journalisten en juristen.

Het hof was zakelijker dan de rechtbank was geweest. De pers zat niet meer vlak naast me, zodat ze elke zucht, elk gefluister konden horen en al mijn gezichtsuitdrukkingen registreren. Ze waren bijna weggestopt. De rechters, drie in getal, zaten op een rij naast me, en op dezelfde hoogte. Voor elk van hen stond een microfoon, en ook voor mij. Wat knap, dacht ik bewonderend. Als er nu een van hen doof is of bijna stom, dan versterkt de microfoon zijn woorden voor ons.

Merkwaardig genoeg waren de rechters niet seniele of al veel oudere heren. De een leek niet ouder dan veertig. De andere twee waren wel ouder dan hij, maar ze leken precies te weten wat ze zeiden en deden. Zozo, dacht ik, we gaan erop vooruit.

Ik herinner me niet veel van de hoorzitting, want het grootste deel ervan bestond uit juridische muggezifterij dat ons wel geholpen had zover te komen als we waren – redenen voor het hoger beroep, gebaseerd op belangrijke opmerkingen van de landsadvocaat en de rechter-commissaris die werden geciteerd, opnieuw van alle kanten bekeken en waarover werd geargumenteerd. Dit nam het grootste deel van de ochtend in beslag.

Na een lunch waar ik niets van at (ik werd niet erg geïnspireerd door de berg niet te identificeren bestanddelen die op een bord was neergekwakt) werd de zitting hervat. De gezichten van de advocaten waren wat roder dan die ochtend, waaruit ik concludeerde dat zij lekkerder hadden gegeten dan ik. De middag verliep niet beter dan de ochtend. Het belangrijkste punt waarover gedebatteerd werd, was de bewering van de officier van justitie, Barker, dat ik voor het proces slechts drie dagen in verzekerde bewaring was geweest en dus had hij geen gelegenheid gehad een tweede, onafhankelijke, dokter te sturen om mij te onderzoeken. Hij beweerde dat mijn advocaten op dat tijdstip het openbaar ministerie hadden belet naar mij toe te gaan. Maar op dat ogenblik stak hij zijn knappe kop in de strop.

Ik was drie en een halve maand in hechtenis geweest voordat ik werd vrijgelaten om naar een gevangenisziekenhuis te gaan waar mijn advocaten geen macht meer over mij hadden; pas een week voor het proces had hij verzocht mij door een tweede dokter te laten onderzoeken. Het openbaar ministerie had toen acht maanden de beschikking over mij gehad. Mijn advocaten stelden dat het op dat tijdstip te laat was en dat een *second opinion* weinig zin meer had, en intussen hadden al voldoende artsen mij onderzocht. De reden voor het verzoek was dat de oorspronkelijke psychiater van het openbaar ministerie, dr. O'Connor, intussen zijn rapport had uitgebracht en dat was bijzonder gunstig voor de verdediging.

Uiteindelijk was men het erover eens dat dr. Dalton haar bewijsvoering kon leveren. Er werd ook in toegestemd, hoewel de drie rechters daar nogal mat over deden, dat ik nog eens door een andere arts kon worden onderzocht om nu voorgoed de kwestie over de psychiater de wereld uit te helpen. Het leek dat de rechters niet bepaald weg waren van de pedante en bijna wanhopig tijd rekkende advocaat. Er werd niet gezegd wie de arts zou zijn, maar ik zag Barker al het land afzoeken naar een arts die (a) niet van vrouwen hield, (b) niet van mensen hield die om een of andere misdaad veroordeeld waren, en (c) alsjeblieft een antipathie tegen mij zou krijgen. Ik hoorde zelfs iets waarvan ik denk dat het alleen een gerucht was, namelijk dat hij probeerde een vooraanstaande Amerikaanse arts naar Engeland te halen die de bewijsvoering van dr. Dalton zou ontkrachten.

De rechters wierpen vriendelijke blikken op me, en een knipoogde zelfs, dacht ik. En ik had gelijk, ik verbeeldde het me niet: de bewaakster die naast me zat, had hem ook zien knipogen. Hij staarde me strak aan en ik voelde mededogen van hem uitgaan. Een van de rechters, degene die het meest kort en bondig was, scheen op een omzichtige manier met Barker, de officier van justitie, te spelen; hij gaf hem toegeeflijk een heel lange lijn en haalde die dan weer in. Het leek me dat ze hem de tijd gaven, wetend dat hij uiteindelijk zou moeten bezwijken. Maar dit alles veronderstelde ik alleen maar op grond van een heel vaag en ondefinieerbaar gevoel.

Onderhand was mijn actiegroep verschenen – allemaal, dacht ik, want de zaal was heel vol. Ze hadden het even flink benauwd gehad. De oudste rechter had op ijskoude toon verklaard dat een van zijn collega's in Brackley was geweest en toevallig aan een van de inwoners van het plaatsje had gevraagd wat die borden met 'Recht voor Anna' erop, toch eigenlijk betekenden. Hij had zich eigenlijk enigszins gecompromitteerd gevoeld en had zich nog afgevraagd of hij al dan niet de behandeling van de zaak kon voortzetten. Iedereen hield zijn adem in. Maar hij had besloten het wel te doen. Een zucht van verlichting. Alle drie de rechters leken oprecht bezorgd voor de beklaagde te zijn. Ik was stomverwonderd.

Toen de hoorzitting afgelopen was, glimlachten de rechters en stemden toe in de eisen van Barker voor nog een psychiatrisch rapport. Dus gingen we terug naar Holloway, gewapend met de belofte van een tweede rechtszitting op heel korte termijn. Het regende en ik vond dat de Strand er fantastisch uitzag met al die mensen die daar vol zelfvertrouwen over de natte trottoirs liepen – allemaal mensen die wisten wat hun leven inhield. Wanneer we ergens bij een van de vele verkeerslichten moesten stilstaan tewijl we het West End uit reden, keken de inzittenden van de auto's naast ons gefascineerd naar het gevangen beest in die wagen. Ik keek ook naar hen en zocht naar een reactie op die gezichten.

De volgende dag op de afdeling wachtte ik hoopvol op bericht dat ik voor de tussentijd naar de H-vleugel zou terugkeren. Mooi niet, hoor. Er werd me verteld dat ik moest werken – ik en een paar andere vrouwen moesten de route van de etenskar schrobben en die liep door de hele gevangenis, binnen en buiten. Het was ongetwijfeld het meest frustrerende baantje tijdens mijn verblijf in de nor, want elke keer dat een deel van de route schoon was, reden de karren met maaltijden er weer overheen en al het zware werk was weer voor niets geweest.

Ik begreep meteen dat zo'n baan mijn arme baarmoeder grote ellende zou bezorgen en besloot dat ik geen zware bloedingen wilde riskeren, net nu alles leek te gaan helen na het ruwe werk in Durham. Ik besloot dat ik moest weigeren dat werk te doen. Maar zo eenvoudig ging dat niet; de autoriteiten vonden het helemaal niet logisch. Het dienstdoend hoofd van de afdeling zei dat ik naar het strafblok zou gaan als ik, om welke reden dan ook, weigerde de mij opgedragen taak uit te voeren.

Even had ik geluk. De zaak werd uitgesteld omdat slecht weer de uitvoering van het schoonmaakproject onmogelijk maakte. Bij dit baantje moesten ook alle grote vuilnisbakken van het ene deel van de gevangenis naar het andere worden gedragen. Maar het slechte weer kon natuurlijk niet eeuwig duren, helaas voor mij. Ik verlangde, hoopte, bad zelfs vurig om regen, sneeuw, ijzel of iets dergelijks om niet tot een besluit te worden gedwongen. Alles alsjeblieft wat het ogenblik van de waarheid kon vermijden.

Op een ochtend begon de nieuwe dag met een heldere blauwe lucht. Om acht uur kwam de bewaakster me zeggen dat ik aan het werk moest gaan. Ik vertelde haar wat mijn redenen waren om dit te weigeren en zei dat ik dit niet wilde doen, en ook niet doen kon. Haar anonieme suikerzoete houding veranderde en ze kneep venijnig haar lippen op elkaar. Daarna vroeg het dienstdoende hoofd me waarom ik niet wilde gaan werken. Ik vertelde opnieuw mijn redenen. Ik was net bij het deel waar ik zei dat het medisch personeel van de H-vleugel zich bezorgd maakte om mijn bloedingen, toen ze me in de rede viel.

'Ga je aan het werk, of niet?'

'Nee.'

'Ik beveel je aan het werk te gaan.'

'Het spijt me, maar ik doe het niet. Ik kan het niet.'

'Ik geef je rechtstreeks bevel te gaan werken.'

'Ik ga niet. Dat zei ik net al!'

'Je weigert dus een rechtstreeks bevel?'

Eindelijk begreep ze de situatie, dacht ik. Ze was nu niet bepaald de bewaakster met de grootste opmerkingsgave.

'Ja.'

Het volgende ogenblik werd ik door de zwijgende bewaakster naar de cel teruggebracht en opgesloten. Een paar uur later werd de deur geopend en kwamen er vijf bewaaksters, allemaal stevige vrouwen, naar binnen en bleven met over elkaar gevouwen armen bij de deur staan. Een van hen zei kortaf dat ik al mijn bezittingen moest inpakken en met hen meegaan. Even sloeg er een vlaag van angst door me heen, maar die verdween ook onmiddellijk weer.

Een uur en drie kapotte, opengebarsten bruine zakken later waren we in het blok. Ik werd helemaal uitgekleed en gefouilleerd en mijn bezittingen werden in de cel achter me aan gesmeten. De deur werd met een slag dichtgegooid en ik was alleen.

Ik bleef even versuft zitten en stond toen op om mijn omgeving enigszins te verkennen. Een bed, van ijzer, een vuile matras, een kussen vol graffiti en met stront besmeerde wanden. In de cel werd ik gezelschap gehouden door – drie kakkerlakken. Ze waren heel groot en heel zwart. Ik slikte eens. Ik was niet meer zo zeker van mezelf. Ik had er niet op gerekend dat ik zou worden aangemoedigd, nee, gedwongen zou worden om zoveel huisdieren te houden. De cel was niet groot genoeg voor ons alle vier. De vriendelijkste oplossing leek ze te verdrinken. De kranen waren stijf aangedraaid en na enige moeite kwamen er nog twee kakkerlakken uit in plaats van water. Ik begon me af te vragen of het toch niet prettiger was geweest om te gaan schrobben en daarna dood te bloeden.

Een uur later had ik die beesten voor het laatst gezien, dacht ik optimistisch. Ze waren in de afvoer verdwenen, al was het met veel wanhopig gekrabbel van poten op de gladde kanten van de wasbak. Dat dacht ik tenminste. Ik ontdekte dat ze door de afvoerpijp omhoog konden kruipen zodra ze eens even een frisse neus wilden halen.

Ik mocht mijn boeken, Walkman en schrijfpapier houden en stelde me er die eerste avond mee tevreden om met gekruiste benen op het ijzeren bed te gaan zitten en te proberen yoga te doen. Ik voelde me enorm ontspannen vergeleken met hoe ik op de afdeling was geweest. Maar ik wachtte met angst in mijn hart op de volgende dag wanneer ik voor de directeur of diens plaatsvervanger zou moeten verschijnen om verantwoording voor mijn zonden af te leggen.

Als gewoonlijk sliep ik onrustig; de slaapdrank hielp een paar uur en toen kwamen mijn zorgen weer boven. Ik had vrijwel elke nacht angstdromen – en maakte me bezorgd als ze eens niet verschenen. De volgende dag was ik nerveus, en misschien ook wel een beetje bang. Ik brak meestal geen regels en ik voelde me vernederd dat ik in het strafblok was geplaatst omdat ik geprobeerd had mijn gezondheid te redden.

De directeur was afwezig. Een van zijn slaafse volgelingen was een magere, mannelijke vrouw die meer blafte dan sprak; het leek alsof ze een hondje bevelen toeriep. Het verhoor begon. Ik moest tegenover de plaatsvervangster gaan staan, met twee bewaaksters naast me met hun gezicht naar me toe en hun rug naar de plaatsvervangster. Dit werd waarschijnlijk gedaan omdat ik wat prettiger was om te zien dan Degene Die Gehoorzaamd Moest Worden. Er werd me gevraagd waarom ik werk had geweigerd. Ik gaf hetzelfde antwoord dat nu tekenen begon te vertonen al enkele keren te zijn gegeven, waarna me werd verteld dat de zaak even verdaagd zou worden om mijn verhaal te laten controleren; over drie dagen zou erop worden teruggekomen. In de tussentijd zou ik op A1 blijven. Nou, dat was tijd genoeg voor een grondig onderzoek, dacht ik hoopvol. Drie dagen is al lang genoeg om Scotland Yard erbij te halen. Er zal recht geschieden!

Ik zweefde gewoon terug naar mijn cel en ging zitten. Wat een zaligheid. Helemaal geen lawaai, geen strenge bevelen van bewaaksters, geen contact met nieuwsgierige en pijn oproepende medegevangenen. Die dag las ik drie hoofdstukken en die nacht sliep ik acht uur. En daar was ik bang voor geweest...

Maar het werd wel wat erger. Toen de plaatsvervangster de zaak hervatte, vertelde ze me dat de verzekering van de gevangenisarts voor haar niet voldoende was. Ik zei dat als ze zich met de medische afdeling van de H-vleugel in verbinding wilde stellen, zij de zaak wel zouden regelen. Maar dat weigerde ze te doen. Ik wist ook dat mijn medische gegevens niet met mij mee uit Durham waren gekomen, dus had niemand het recht te controleren of ik – nu of vroeger – gynaecologische problemen had.

Ik werd drie dagen in mijn cel opgesloten en raakte al mijn privileges kwijt. De bewaakster haalde mijn matras en beddegoed weg, met het kussen, maar de boeken en pen en papier bleven – dat waren zeker rechten, geen privileges, dacht ik. Ik ging op het ijzeren bed zitten en vroeg me af waarom beddegoed als een privilege werd beschouwd. De zelfingenomen bewaakster vertelde me door het luikje dat het doel ervan was gestrafte gevangenen ervan te weerhouden om overdag te slapen of te zitten. 's Nachts zou ik de matras en het beddegoed terugkrijgen, zei ze.

'Wat wordt er van me verwacht – dat ik de hele dag blijf staan?'

Ik was niet brutaal, ik was alleen nieuwsgierig wat ze van me wilden.

'Dat kan mij niet schelen.'

Ik maakte een soort zitje van een stapeltje kleren en mijn voddige peignoir, en daar ging ik op zitten. 's Middags kreeg ik mijn kalmeringsmiddel en voelde me onmiddellijk slaperig. Ik kreeg nog steeds een grote dosis. Omdat ik geen andere keus had, krulde ik me op op het kale ijzeren bed en viel onmiddellijk in slaap. De boete daarvoor was natuurlijk een vreselijke rugpijn.

De bewaakster was stomverbaasd. 'Je mag overdag niet slapen. Daarom nemen we nou juist het beddegoed weg,' wees ze me terecht.

'Ik weet het, maar wat kan ik eraan doen? Nadat ik 's middags die dosis kalmeringsmiddel heb gekregen, val ik meteen in slaap. Wat zijn jullie van plan: willen jullie me een spijkerbed geven om zeker te weten dat ik niet in slaap val?' zei ik niet onredelijk. Wat kon ik tenslotte anders doen? Ik had de hele avond nog om te lezen, te schrijven en uit het raam te kijken, te denken en tien minuten lang van mijn kopje lauwe thee te genieten.

Er overkwam me iets vreemds. De doses kalmeringsmiddel die ik drie keer per dag kreeg, werden steeds groter. Dat komt door de eenzame opsluiting, dacht ik eerst. Ik verbeeld me van alles. Maar ik vroeg het toch aan de zuster die me het spul bracht: en kreeg bij wijze van uitzondering eens een regelrecht antwoord. (Typerend was dat de dokter je 'iets' voorschreef, maar je niet wilde vertellen wat het was. Dan vroeg je aan de zuster die het je bracht 'Wat is het toch?' En dan zei zij: 'Dat doet er niet toe. Wil je het of niet?'En jij zei: 'Ja, maar ik wil weten wat het is.' Dan zei zij boos dat ik maar een afspraak met de dokter moest maken en hem vragen wat het was. Dan drong je aan en zei: 'Maar ik wil de dokter helemaal niet spreken. Ik wil alleen maar weten wat het is.' En dit kon zo ver doorgaan als je wilde.)

Maar het was een feit dat de dosis bijna verdubbeld was. De kleine potjes met het spul die ik oorspronkelijk had gekregen waren nu vervangen door een pot zo groot als een kroes. Geschrokken wilde ik van de dokter weten waarom, maar toen bedacht ik dat, als ik er de aandacht op vestigde, ze het me zouden afnemen.

De drie strafdagen gingen te snel voorbij en ik kreeg maagpijn als ik eraan dacht weer naar die vreselijke afdeling terug te moeten; dan zou ik toch weer weigeren aan het werk te gaan. Ik voelde me intussen thuis in de strafcel – al woonden er kakkerlakken bij me in, was het bed hard en was het er ijskoud en eenzaam, ik voelde me er veilig. Ik was me er goed van bewust dat als ik aan degenen die me deze straf hadden bezorgd, liet merken dat ik de tijd daar prettig vond, ze iets anders zouden verzinnen, me een of ander voorrecht zouden afnemen – maar er was een ding dat ze me niet konden afnemen en dat was bezoek van buitenaf ontvangen, want bezoek is een recht, geen privilege. Het was een vrij hopeloze situatie. De wens iets weg te nemen dat de ander dierbaar is, is niet altijd op wreedheid gebaseerd, maar vaak op het vage idee dat gevangenisstraf onplezierig moet zijn wil hij enige zin hebben. Het toestaan van iets dat plezier betekent, zou de corrigerende werking van de straf teniet kunnen doen.

Dus ging ik terug naar de afdeling terwijl ik mijn bruine zakken over de vloer achter me aantrok; ze maakten een soort sissend geluid. Dat werd mijn kenmerk. 'O, daar is Anna weer, terug van/gaand naar het blok'. Eenmaal op de afdeling, werd me onmiddellijk gevraagd/bevolen/toegeschreeuwd dat ik aan het werk moest gaan. Opnieuw weigerde ik en de hele procedure begon van voren af aan. Terug in de cel, wachten op de Zware Brigade. Bruine zakken en ik weer naar de strafcel. De volgende dag, geflankeerd door de Verschrikkelijke Tweeling naar de plaatsvervangende directeur. Zelfde vragen, zelfde antwoorden. Er was tenslotte niets veranderd. Intussen zette ik mijn tanden op elkaar en gaf toe dat ik werk weigerde. Het leek verstandig dat te doen, want wat ik wilde was de straf die ze me onvermijdelijk zouden geven. Maar dit keer namen ze me tot mijn afschuw gewoon al mijn privileges en verdiensten af (als boete – God sta hen bij, waren de financiën van de gevangenis in zo'n slechte staat dat ze echt mijn £ 1,37 weekloon nodig hadden?) En regelrecht terug naar de afdeling. Het proces werd herhaald totdat ik lang genoeg de tijd op A1 kreeg om het echt de moeite waard te maken mijn zakken uit te pakken.

Ik weet niet meer hoe ik het klaarspeelde om dagenlang door te brengen zonder echt iets te doen, maar ik deed het wel. Want er was verder niets te doen behalve denken en de paar boeken lezen die ik had – Dickens en Hardy en soms een bibliotheekboek, een of ander flutromannetje om een paar uur mijn hersens niet te hoeven gebruiken – en schrijven. Ik zette alles op papier: mijn gedachten, gevoelens, angsten, vrees en probeerde ook mijn pijn te beschrijven. Soms hielp het. Ik zat in de warme zon – voor zover die door het raam met het matte witte plexiglas kon doordringen; je kon alleen door de spleten wat zien – en zag groepen vrouwen voorbijgaan naar en van het opvoedingsblok, met natte haren, handdoeken om hun hals, van en naar de gymzaal en het zwembad. Ik dacht aan allerlei dingen die me daar waren overkomen toen ik gestraft werd, sommige waren prettig en waren dingen waarnaar ik terugverlangde; andere waren echter zo naar dat ik onmiddellijk probeerde aan iets anders te denken om mezelf tegen die ideeën te beschermen. Maar ik kon tenminste weer voelen – na de adoptie had ik gedacht dat ik dood was, in elk geval emotioneel, en ik had graag gewild dat het werkelijk zo was. Nu dacht ik er anders over. Als ik heel eerlijk was, kon ik niet zeggen dat ik wilde sterven. Ik wilde dat er iets veranderde, ik probeerde iets te veranderen, iets groots en pijnlijks binnen in me, al wist ik niet wat het precies was.

Mona was korte tijd geleden ontslagen en ze kwam me opzoeken. Ze schrok toen ze hoorde op welke afdeling ik zat. 'Dat is niks voor jou,' zei ze ontsteld en verbaasd.

'Dat weet ik ook,' bekende ik. 'Maar ik moest me dit keer verzetten – niet tegen iemand in het bijzonder, maar tegen dat alles. Het was te stom om dat werk te doen en dan ziek te worden; dan kon ik alleen maar mezelf de schuld geven omdat ik niet dapper genoeg was geweest om te zeggen waar het op stond.'

Ze begreep het.

Het was moeilijk dit aan mijn andere bezoekers uit te leggen, zoals Alans moeder of mijn familie, want zij leefden in zo'n andere wereld. Ze begrepen niet dat ik plotseling veranderd was van gedwee en meegaand in strijdbaar opkomend voor mijn rechten. Maar ik kon werkelijk niet langer doen alsof ik alleen maar iemand was die het iedereen naar de zin wilde maken en tot elke prijs de vrede bewaren, zoals toen ik nog jonger was. Ik had begrepen dat ik eindelijk met mezelf in het reine was gekomen en mijn nieuwe ik moest respecteren. Hoe kon ik anders verwachten dat een ander het deed?

Ik was er niet altijd zo van overtuigd dat het 'kind' dat ik in me schiep, zo zou worden dat het in de wereld zou kunnen leven. Ik leerde mezelf helemaal opnieuw hoe ik moest leven, en dit keer probeerde ik het zo goed mogelijk te doen. Soms begreep zelfs ik de zin ervan niet. Ik wist alleen dat ik op een keerpunt van mijn leven terecht was gekomen en dat er ditmaal maar één keus was. Ik kon uit alle macht gaan vechten, proberen en mogelijk falen, pogend alles te begrijpen en te verbeteren. Of ik kon ook alles loslaten en laten wegglijden. Dan was er maar één einde mogelijk.

Een van de dingen waar ik me schuldig over voelde was het feit dat ik zelden brieven beantwoordde. Eén correspondent (de reden dat al die vreemden mij schreven was in hoofdzaak dat een priester in Oxfordshire zijn gemeente had gevraagd dat te doen om mijn levenslust op te vijzelen) schreef meer en vaker dan de anderen, uiteindelijk zelfs vier keer per dag – ik kreeg brieven, kaarten, zelfs pakjes en bloemen. En ik was er nooit verwonderd over.

Terwijl de dagen langzaam omkropen leek het alsof een minuut nog nooit zo veel extra seconden had geteld. Elke dag weer was ik doodmoe van het wachten en de gedachten tolden door mijn hoofd zonder dat ik tot enige conclusie kwam. Ik bracht mijn tijd nog door half in het strafblok en half op de afdeling waar ik alles steeds meer begon te haten. De vrouwen waren nieuwsgierig, verschrikkelijk nieuwsgierig en het leek me dat ze met alles wat ze deden, veel te veel lawaai maakten. Maar in die tijd was er maar weinig wat me niet irriteerde en ik wachtte totdat mijn laatste verschijning voor het gerecht voorbij zou zijn.

Eindelijk, zonder enige waarschuwing, wie kwam me daar opzoeken? De dokter die door het O.M. was gestuurd. Ik had het gevoel dat het weer zo'n psychiater zou zijn die dezelfde pijnlijke vragen stelde en die elke stilte argwanend interpreteerde; daarna ging hij dan weg om notities te maken en liet het aan mij over al die restanten van opnieuw opgeroepen verdriet en pijn te verwerken. Niets nieuws onder de zon.

Al was het niet bepaald een bijzonder prettige man, toch was hij niet echt onaardig en ik had het gevoel dat dit ten slotte de laatste van al die verhoren was waarbij dingen naar voren werden gehaald, waarbij een soort spelletje werd gespeeld dat me dodelijk vermoeide. Hij kwam 's middags om een uur of vier en bleef tot zeven uur; ik voelde dat ik kringen onder mijn ogen kreeg. Hij was kordaat, zelfs scherp en zette me aan het denken, herinneren en praten, en ik was spaarzaam met mijn woorden, voorzichtig met mijn zo behoedzaam opgebouwde afweersysteem. Hij merkte dat en drong niet te zeer aan. Hij had alle rapporten die al eerder over me waren opgesteld en had met anderen gesproken, zoals met Graham en de advocaten. Er waren niet veel dingen die ik hem nog extra kon vertellen. Hij ging weg en zei dat hij nog eens zou terugkomen. Ik knikte, uitgeput, en kroop weg in de strafcel. Ik ging op het bed zonder matras liggen en huilde, te moe en zwak om enig geluid te maken.

Toen hij terugkwam, had ik elk idee van tijd verloren. Ik had geen klok, geen kalender, geen idee van de tijd behalve de vage regelmaat van de komst van de maaltijden; dat was de enige leidraad. Als ik hem zag voelde ik alleen maar een suf soort hoop dat hij de onrust niet zou verstoren van het onrustig graf waarin ik mijn herinneringen had weggestopt. Hij vroeg alleen naar mijn gevoelens omtrent het hoger beroep, over wat er zou kunnen gebeuren en hoe ik dacht het leven buiten weer aan te kunnen – dat soort vragen. Hij vuurde ze snel achter elkaar op me af en verwachtte antwoorden die ik – stomverbaasd over het idee en de mogelijkheid van 'buiten' dat nu dichterbij kwam – niet kon geven. Voor hij wegging zei hij dat hij van mening was dat ik het leven 'buiten' niet aan zou kunnen, maar ik zou hulp krijgen en de kans om te proberen door te gaan. Ik was onmiddellijk doodsbang. Hij scheurde een blaadje uit zijn opschrijfboekje en schreef er de naam, het adres en het telefoonnummer op van een psychiater die werkte in de buurt waar ik vandaan kwam. Ik begreep eigenlijk niet waarom hij dat deed.

Soms wist ik niet of ik nu eigenlijk wel of niet ontslagen wilde worden en overwoog het idee van alle kanten. Ik was vergeten – en waarschijnlijk bewust, als onderdeel van mijn pogingen te overleven – wat woorden en gevoelens eigenlijk waren. Geuren, geluid, de straten, verkeer – oversteken! – mensen, die vreemde wezens. Baby's op straat. Vrouwen die van achteren of van opzij vluchtig op mijn moeder leken, of mannen die er misschien net zo uitzagen als Alan. Meisjes met een graad van de universiteit en heldere ogen. En wat moest ik doen? Waar moest ik heen? Hoe stond het met een baan, en zo? Mijn hoofd begon er pijn van te doen, dus zette ik alles maar van me af.

In sommige opzichten had ik echt wel geluk. De drugs die ik nog steeds innam, verdrongen veel van dat soort zorgen. En er was tenslotte niet zoveel voor nodig. Alleen als ik aan de H-vleugel dacht en de lange jaren die ik voor me had, was dat al genoeg om me te overtuigen dat gedachten aan 'buiten' ongegronde angsten waren. Ik was dankbaar dat mijn dagen zo zonder enige bijzonderheid verstreken.

En toen kwam de datum voor de laatste dag voor het hof: 22 april. Ik hoorde het pas een week tevoren, evenals de advocaten en alle supporters. Ze zouden allemaal komen, zeiden ze. Maar ik wilde er niemand bij hebben. Ik wilde alleen beleven wat ik als een onvermijdelijke anticlimax beschouwde. De avond tevoren schreef ik in mijn dagboek:

> Laatste dag in de strafcel. God, ik blijf maar doormalen over morgen. Ik hoop dat er niemand is, maar ik weet dat ze er allemaal zullen zijn. Ik geloof dat ik een herhaling van het oorspronkelijke proces niet aankan.
> *4.00 v.m.* Waarom kan ik vannacht niet slapen? Drie maal raden! God, wat haat ik die cel. Braaksel en stront – de stank die hier altijd van vorige bewoonsters blijft hangen. Bah!

Eindelijk brak de bewuste ochtend aan. Ik voelde me suf en afschuwelijk doordat ik niet had geslapen. Toen ik de cel uit liep, voelde ik er even een vreemd soort genegenheid voor. Het was in elk geval iets zekers, en vandaag was een dag vol onzekerheden. Ik sleepte mijn spullen in de eeuwige bruine zakken mee naar beneden naar de ontvangst en naar buiten de vrachtauto in en vroeg me af of dit de laatste keer zou zijn. Ik had midden in de onmetelijke chaos van de ochtendontvangst gezeten, net toen het op z'n drukst was, en had gezien hoe iedereen zich klaar maakte voor diverse rechtszittingen.

Onderweg zat ik stilletjes te overleggen wat er allemaal zou kunnen gebeuren. De dag zou in elk geval snel verstrijken, dacht ik. En als die voorbij is, dan gaat de pers ook wel gauw weg, naar hun telefoons en kantoren. De rechters en klerken zijn dan al weg, zodra de zaak behandeld is. Net als bij een executie. De smaak van een anticlimax zal duidelijk in mijn mond hangen en tegen het eind van de dag was ik vast afgepeigerd. Een bed vol graffiti in een met stront besmeerde cel die krioelde van de kakkerlakken zou me wachten. Dus er zou niets veranderen.

Maar ik moest vandaag niet op de dingen vooruitlopen. Ik zal gaan zitten en wachten, niets dan wachten... en op een gegeven moment ga ik met de bewaaksters dezelfde rechtszaal binnen als de vorige keer. Ik voel me hier niet al te vreemd. De rechters kijken me enigszins geïnteresseerd aan. Voor hen ben ik gewoon weer zo'n wezen, misschien zielig, misschien slecht, dat dagelijks aan hen voorbijtrekt. Ze denken er zelfs niet over na hoe hun beslissing van vandaag de gang van mijn leven zal bepalen.

Ik schrijf in de tegenwoordige tijd omdat het allemaal zo helder en duidelijk in mijn hoofd hangt en op mijn tong ligt, alsof ik weer daar ben, zelfs al zijn we nu anderhalf jaar verder.

Het is stil in de zaal. De rechters komen achter elkaar binnen en we gaan allemaal zitten. Ze zien er knap uit, met edele, enigszins aristocratische gezichten.

Het gesprek is heel technisch. Het gaat in hoofdzaak over de PMT-proef en de bevindingen van de laatste psychiater. De arts geeft zijn standpunt en de rechters knikken wijs. Ze begrijpen wat hij zegt. Ik meestal niet. Dat is een bevoorrechte klasse. Misschien.

Ik wil me uitrekken, geeuwen, opstaan en rondlopen. Opnieuw voel ik me los van alles. Het duurt allemaal veel te lang.

De rechter zegt iets tegen me. Ik concentreer me niet snel genoeg op hem om zijn woorden op te vangen. Ik knik om net te doen alsof ik luisterde. Iedereen ziet er blij uit. Ze lachen. Ik voel me als een kind, onredelijk – ik heb de grap niet begrepen, was te traag om te horen wat er gezegd werd. Ik wil huilen.

Ik transpireer wanneer ik naar beneden word gebracht voor de lunchpauze. Ik weiger zelfs de kop thee die de mannelijke bewakers, die beneden de rechtszaal de touwtjes in handen hebben, hebben gezet.

Ik ben aan mijn middagdosis medicijnen toe. Ik voel dat ik nerveus word, achterdochtig. De drang en het misselijk makende gevoel van mijn groeiende behoefte aan die medicijnen bekruipen me steeds sterker.

Terug in de rechtszaal. Iedereen glimlacht nog steeds. De oudste rechter glimlacht ook en praat tegen me. Hij buigt zich voorover en ik zie de kringen dunne rimpels om zijn ogen. Hij vertelt me dat hij zich afvraagt of een korte gevangenisstraf goed zou zijn om mijn behoefte aan straf te doen verdwijnen. Hij zegt dat hij heeft nagedacht over de meningen van de arts en de reclasseringsambtenaar en het gevoel heeft dat een voorwaardelijke invrijheidstelling het beste zou zijn. Ik zit daar en geloof mijn oren niet, ik ben me er niet van bewust dat het vonnis is gewijzigd.

Nu staat er een vrouw op. Ze ziet er wat wild, wat vreemd uit. Ik weet niet wie het is. Ze zegt dat zij de psychiatrische verantwoording voor mij op zich wil nemen. Mijn reclasseringsambtenaar legt ook een belofte af met betrekking tot verantwoordelijkheid en toezicht wanneer ik word vrijgelaten. Vrijgelaten?

De rechter wendt zich weer tot mij. De bewaakster naast me sist dat ik moet opstaan. Opeens beginnen mijn knieën te knikken. De rechter zegt tegen me dat hij me voor een periode van twee jaar voorwaardelijk vrijlaat en vraagt of ik weet wat dat inhoudt. Ik knik, helemaal daas. Doet het er iets toe? Hij schijnt het wel te denken. Zijn ogen twinkelen, ik weet het zeker. Alans moeder, Pat, verschijnt in het getuigenbankje en zegt dat zij me een thuis aanbiedt zolang dat nodig is. Iedereen glimlacht weer. De pers zit te popelen om weg te gaan en bij een telefoon te komen. Na een eeuwigheid wordt me gezegd uit de bank te gaan en ik word begeleid door de nu zwijgende en vreemd onvriendelijke bewaakster naar de cellen beneden.

Ik ben een beetje bezorgd. Ik dacht dat hij zei dat ik werd vrijgelaten. Waarom dan nu die cellen? Paniek overvalt me. Is het allemaal maar een grap? Waarom ben ik hier beneden? Ik begrijp het niet. Op mijn vragen krijg ik geen antwoord. De sfeer is heel subtiel veranderd. Als gevangene word ik geaccepteerd, ze hebben zelfs medelijden met me en waken als een kloek over me. Als vrije vrouw ben ik nu iemand waar ze bang voor moeten zijn, bang dat er woedend wraak zal worden genomen voor de genoten behandeling? Het is te belachelijk voor woorden.

Er wordt me gevraagd formulieren te tekenen die mijn ontslag regelen en mij mijn bezittingen terugbezorgen. Ik krijg een groen formulier en ze zeggen dat het voor de sociale dienst is, met £26 om me verder te kunnen verzorgen in de stijl waaraan ik gewend ben geraakt. Ze brengen me naar mijn diverse bruine zakken en kartonnen dozen en zeggen dat ik moet opschieten. Er wordt geen afscheid genomen, geen geluk gewenst, niemand glimlacht zelfs. Ze lijken wel bevroren en vormen geen deel van mijn leven meer. Ik besef het en trek me zonder een woord terug.

Uiteindelijk worden al mijn bezittingen in een taxi gezet, door anderen. Ze zeggen dat ik bij de achterkant van het gebouw moet blijven, want buiten staat een stel persmuskieten. Ik zucht en ben opeens moe. Mona komt op me toe en we omhelzen elkaar, zwijgend bevestigen we een vriendschap die van nu af anders zal zijn. Alle anderen hebben tranen in de ogen, omhelzen en kussen elkaar. Ik snak ernaar om alleen te zijn.

Ze zeggen dat ik de achterdeur uit moet gaan en daar in de taxi springen. Maar het lijkt mij dat ik dan de pers alleen maar op een andere manier naar me toe lok. Ik weet hoe zoiets gaat. Ik zeg tegen de mensen om me heen dat ik gewoon de voordeur uit wil en zonder enige schaamte wil weggaan. Ze zijn bezorgd, maar ze weten dat ik niet om te praten ben.

Ik ben niet alleen, zoals ik wenste; ik ben eraan gewend dingen zelf onder ogen te zien, met mijn eigen moed. Ik loop onder de prachtige oude poort van het gebouw door dat zoveel triomfen heeft gezien en zoveel tragedies, maar er nog steeds staat. Dat geeft me het beetje moed dat ik nodig heb om nog een laatste ding te doen, om met gedrukte woorden en afgaand op mijn fotografisch geheugen vast te leggen dat ik nu eindelijk gereed ben, weliswaar aarzelend, angstig maar toch zelfverzekerd, gereed om onder ogen te zien wat er daar buiten allemaal is. Ik weet nog niet wat het zal zijn. Misschien is het erger.

Ik zie even niets anders dan het flitslicht van de fotografen die proberen mijn gelaatsuitdrukking vast te leggen terwijl ik de trap af kom. Ik maak mijn arm los van degenen die me willen ondersteunen, want die steun heb ik niet meer nodig. Journalisten proberen me beet te pakken, schreeuwen en roepen mijn naam, maar het kan me niet schelen. Het brengt me niet van mijn stuk. Ik weet dat dit belangrijk is. Ik haal diep adem en ril terwijl ik op de treden sta die de restanten zijn van alles wat gevangen-zijn inhoudt, en wacht even en probeer nergens aan te denken, maar toch word ik bevangen door nervositeit, angst en nog iets anders – opwinding komt langzaam in me naar boven. Dat is voorlopig voldoende. Ik loop door, het volle daglicht tegemoet.

Epiloog

Natuurlijk was het absurde melodramatische al snel verdwenen. Door vrienden werd ik naar een huis in de buurt van Baker Street gebracht waar ik enigszins versuft ging zitten, een kop thee in de hand, terwijl zij naar zichzelf en mij op het nieuws van zes uur keken.

Nu is het oktober 1989, meer dan anderhalf jaar na die vreemde dag waarop ik officieel werd ontslagen. Het afgelopen anderhalf jaar was vol ingrijpende veranderingen, die misschien niet zo ingrijpend voor de meeste mensen zouden zijn, maar wel voor mij, want ze houden iets in waaraan ik niet meer gewend was: een normaal leven. Niet zonder moeilijkheden heb ik een soort rust in mezelf bereikt, maar ik moet niet te diep nadenken, of mijn gedachten of dromen napluizen. Ik werk, ik leef en ik heb vrienden, goede vrienden; ik heb een minnaar die niet volmaakt is en dus mijn onvolmaaktheid accepteert.

Destijds leek het me zo'n contrast tussen de vrijheid die ik mezelf heb gegund – die van het ontslag uit de banden van levensbedreigende gevoelens van schuld en pijn – en de vrijheid die het gerecht me heeft toegestaan, de vrijheid om zonder beperkingen te leven. Bijna vanaf de dag waarop ik werd geboren ben ik in de gevangenis geweest, meestal een door mijzelf opgetrokken gevangenis, een vol misleidende besluiteloosheid, haat jegens mezelf, schuld- en angstgevoelens – angst voor de God die ik geleerd had te vrezen, een vrees voor het leven zelf. De vrijheid scheen bijna te laat voor me te komen, en toch verwelkomde en omhelsde ik die, ik voelde de zon warm op mijn huid, en de regen – de regen! Die was ik helemaal vergeten! En ik liep winkels in en was stomverbaasd over wat er allemaal te koop was, de in mijn ogen prachtige artikelen, in alle kleuren en alle soorten...

Ik was ook verwonderd over de mensen en ik hield mijn adem in als ik een vrouw zag die leek op... nou ja, ik hoef het niet nog eens te zeggen, nietwaar? Ik heb ingezien dat dit iets is dat me altijd pijn zal blijven doen.

Ik had het gevoel alsof ik een eeuwigheid in een beschermde omgeving was geweest, niet slechts twee jaar. Alles scheen zijn eigen bijzondere weerklank en bedoeling te hebben, zijn eigen schoonheid en dat is nog steeds niet veranderd in de anderhalf jaar die ik nu in de werkelijke wereld heb doorgebracht.